ASP.NET Core MVC

Domine este potente framework web abierto y multiplataforma

Prefacio de Christopher Maneu - Principal Cloud Advocate en Microsoft

Christophe Gigax

ISBN: 978-2-409-04773-2
Edición original: 978-2-409-04112-9

Ediciones ENI

P° Ferrocarriles Catalanes, 97-117, 2a pl. of. 18
08940 - Cornellà de Llobregat (Barcelona)

Tel: 934 246 401
Fax: 934 231 576

e-mail: info@ediciones-eni.com
http://www.ediciones-eni.com

Autor: Christophe GIGAX
Edición española: Angel Mª SÁNCHEZ CONEJO
Colección **Expert IT** dirigida por Émilie VILLETORTE

Para poder acceder durante un año
a la versión online de este libro,
envíenos su justificante de compra a

librodigital@ediciones-eni.com

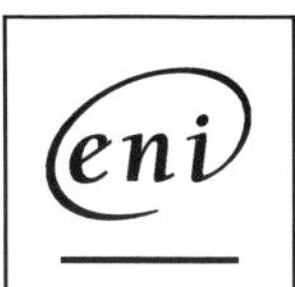

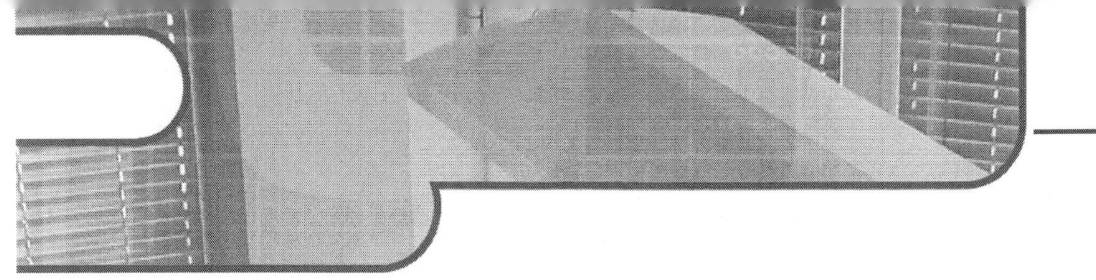

Prefacio

¿Cuánto tiempo se tarda en desarrollar e implantar una sola página web cumpliendo las normas actuales del sector?

La Web lleva años evolucionando constantemente. Aún recuerdo los primeros sitios que "desarrollé" con Microsoft FrontPage y Macromedia Dreamweaver. El desarrollo era sencillo, y el despliegue aún más: una copia vía FTP y listo.

Veinte años después y, a pesar de los numerosos avances tecnológicos, es evidente que el número de requisitos indispensables para cualquier sitio web ha aumentado considerablemente: seguridad, pruebas, contenedorización, accesibilidad, sobriedad digital, gestión de la caché, respeto de los datos personales, apertura de la aplicación mediante API, etc. ¡Cuántas decisiones que tomar y conocimientos que se deben tener, antes incluso de elegir el color de su página de inicio!

Para desarrollar aplicaciones web hoy en díaf necesita herramientas que le permitan ser productivo. ASP.NET Core MVC ofrece un enfoque sólido y flexible para crear aplicaciones web modernas. Con su arquitectura Modelo-Vista-Controlador (MVC), los desarrolladores pueden crear aplicaciones escalables, de alto rendimiento y estándar del sector. Tanto si se trata de crear sitios web sencillos como aplicaciones empresariales complejas, ASP.NET Core MVC proporciona las herramientas necesarias para afrontar cualquier reto.

Pero no basta con tener esta herramienta en las manos. Ahora tiene que ser capaz de utilizarla. Y aunque tenga GitHub Copilot, sigue siendo el capitán. Ahí es donde entra este libro, para darle un mapa de navegación completo.

A lo largo de los capítulos, explorará las características esenciales de ASP.NET Core MVC, como el enrutamiento, la gestión de vistas y plantillas y la manipulación de formularios. También descubrirá cómo crear API web seguras e integrar tecnologías frontales populares para crear aplicaciones web modernas y con capacidad de respuesta.

Este libro será un primer paso sólido en su viaje por el apasionante mundo del desarrollo .NET. Espero que disfrute de su lectura y se divierta desarrollando con ASP.NET.

Christopher MANEU

Principal Cloud Advocate- Microsoft

Prólogo

ASP.NET Core es la nueva referencia tecnológica de Microsoft para el desarrollo web. No es una capa más de software que añadir a la ya extensa historia del framework, es realmente una profunda renovación del mismo, al tiempo que conserva los principios básicos que lo han hecho tan fuerte.

Este libro está dirigido a desarrolladores web que deseen aprender una nueva metodología de trabajo propuesta por Microsoft y basada en técnicas utilizadas por el mundo del código abierto. El libro no se ocupa de lenguajes de desarrollo básicos como HTML, CSS o C#: éstos son requisitos previos imprescindibles para abordar el libro de la mejor manera posible. En cambio, sí se centra en los frameworks basados en estos lenguajes que se pueden utilizar para construir aplicaciones web ricas y modernas, como ASP.NET Core, MVC routing, Angular 2, etc.

El objetivo es que el lector comprenda las bases técnicas de los frameworks explicados y que se sumerja en la filosofía de código propuesta por los autores de estas librerías, para que se pueda acercar mejor a ellas a medida que avance en el tiempo. El tema principal de este libro sigue siendo la Web: no hace concesiones entre el lado del cliente y el lado del servidor y abarca todos los problemas clásicos que puede encontrar un sistema de información basado en la Web, en un entorno empresarial.

Hemos intentado agrupar los capítulos de este libro de la forma más precisa posible, proporcionando así un desglose claro entre los distintos componentes de un sitio diseñado con ASP.NET Core. En primer lugar, el libro aborda la nueva estructura general de un proyecto ASP.NET Core y enumera los nuevos mecanismos importantes integrados en el framework, como el ORM Entity Framework Core y la inyección de dependencias. A continuación, los capítulos se centran en cuestiones como la optimización (tanto del lado del servidor como del cliente), la globalización y la gestión de rutas y errores, todos ellos elementos importantes de una aplicación web.

No se ignora el desarrollo front-end, y algunos capítulos abordan el uso de una serie de importantes y modernos frameworks como Bootstrap, Knockout y Angular 2. Estos capítulos permiten al lector comprender los conceptos importantes de estas librerías, de modo que se puedan utilizar con mayor eficacia en un proyecto ASP.NET Core.

Por último, los últimos capítulos abordan dos temas importantes. En primer lugar, las pruebas, que hoy en día son una faceta esencial de nuestra actividad y que los equipos de desarrollo deben integrar inmediatamente en su proceso de integración continua. El desarrollo web sólo vale la pena si el sistema en cuestión se pone en producción. El despliegue es el tema del último capítulo y permitirá a los lectores desplegar una aplicación web en Azure, IIS e incluso Linux.

Contenido 1

Prefacio

Prólogo

Capítulo 1
Introducción

Capítulo 2
¿Por qué .NET Core?

Capítulo 3
Novedades de ASP.NET Core

Capítulo 4
Modelos con Entity Framework Core

Capítulo 5
El framework MVC

Capítulo 6
Nuevos mecanismos de ASP.NET Core

Capítulo 7
Estrategias de optimización

Capítulo 8
Enrutamiento y errores

Capítulo 9
Ergonomía y comportamiento del cliente

Capítulo 10
Implementación de Angular

Capítulo 11
Seguridad

Capítulo 12
Las pruebas

Capítulo 13
Globalización y localización

Capítulo 14
Despliegue

Capítulo 15
Arquitectura de contenedores y microservicios

Capítulo 16
Documentación de API

Capítulo 1
Introducción

1. Prólogo

"Sólo hay dos cosas difíciles en Informática: cache invalidation and naming things " (Phil Karlton).

Como sabe cualquier buen desarrollador, la nomenclatura es importante y debe reflejar la intención del autor con la mayor exactitud posible. Lo mismo ocurre con los frameworks y las tecnologías creadas a lo largo de la historia de la informática.

Inicialmente llamada .NET Core 5 (igual que ASP.NET 5 y Entity Framework 7), los equipos decidieron cambiar completamente el nombre de la nueva versión de ASP.NET, porque no, ASP.NET 5 no es más grande ni más completa, simplemente es diferente. Así que mantener exactamente el mismo nombre y solo cambiar el número de versión era irrelevante. En julio de 2016, ASP.NET 5 se convirtió en ASP.NET Core y con él, toda una nueva página en la historia del framework .NET y de Microsoft.

Dejemos una cosa clara desde el principio: el framework .NET clásico no está muerto. Miles de sistemas informáticos funcionan con él y seguirán haciéndolo. La llegada de .NET Core no significa la muerte de todos los viejos programas desarrollados antes y el .NET Framework seguirá evolucionando y creciendo. Sin embargo, hoy en día es importante estudiar qué framework se adapta mejor a sus necesidades y a las competencias disponibles en sus equipos, para hacer la mejor elección posible en función de estas consideraciones.

El objetivo de esta introducción es explicar por qué se creó .NET Core y para qué se utiliza. ¿Tengo que empezar un nuevo proyecto con .NET Core? ¿Tengo que volver a aprenderlo todo? ¿Cuáles son las diferencias con la versión anterior?

2. La llegada de .NET Core

.NET Core es un framework de desarrollo multiplataforma, diseñado por los equipos de Microsoft, para desarrollar sitios web, servicios y aplicaciones de consola. Puede parecer simplista a primera vista, pero .NET Core tiene muchas diferencias importantes con su predecesor.

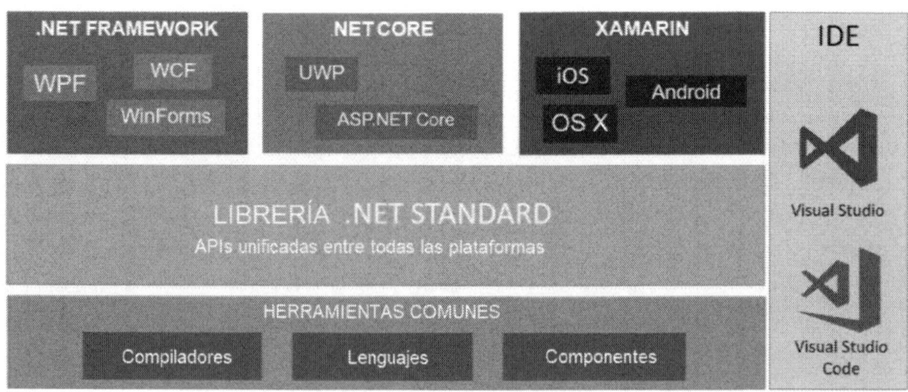

Diagrama resumido de .NET Core en el ecosistema de Microsoft

La primera gran diferencia con el framework .NET es su capacidad para ejecutarse en cualquier plataforma. Los desarrolladores que deseen desarrollar con el framework .NET sólo podrán crear aplicaciones que se ejecuten en Windows, lo que resulta ideal para aplicaciones WPF, WinForms o WCF. La versión Core, en cambio, es capaz de ejecutarse tanto en Linux como en Windows o Mac, lo que la hace completamente portable de un sistema a otro.

Su portabilidad es una característica que debe tenerse en cuenta cuando se utilizan API específicas de una plataforma. Si el API en cuestión no es compatible con todas las plataformas, seguramente no estará presente en .NET Core. En cambio, el framework de .NET admite absolutamente todas las API de Windows, lo que puede ser decisivo según el caso de uso. En segundo lugar, es posible ejecutar varios runtimes de .NET Core al mismo tiempo, en la misma máquina. Por tanto, cuando se trata de compartir servidores y reducir costes, este framework puede ofrecer una ventaja considerable sobre el framework de .NET clásico.

Sin embargo, aún no todas las librerías NuGet son compatibles con .NET Core, a pesar del excelente trabajo de compatibilidad con versiones anteriores (alrededor del 70% de las librerías dirigidas al framework de .NET son compatibles con .NET Core). Dependiendo de las librerías externas a las que se dirija, es importante elegir el framework adecuado para evitar quedarse atascado.

La arquitectura global del sistema de información también puede influir en la elección del framework elegido. El framework .NET se ha utilizado a menudo para sistemas monolíticos, que ofrecen una escalabilidad relativamente pobre. Cuando el sistema se amplía resulta difícil reducirlo, simplemente porque se asienta en una base tecnológica poco escalable y engorrosa. En cambio, el framework .NET Core se ha optimizado para resolver estos problemas. Se adapta perfectamente a los problemas de escalabilidad, en particular mediante arquitecturas de microservicios y el uso de Docker. Una profunda revisión del framework significa que los desarrollos cloud en .NET son ahora más eficientes y capaces de satisfacer estos nuevos requisitos.

3. La supercapa ASP.NET Core

Una de las primeras tecnologías introducidas en el framework fue ASP.NET. ASP.NET Core es en sí mismo un framework basado en .NET Core, que permite la creación de aplicaciones web, IoT y backend móvil. Por sí solo, permite:

- unificar el API UI y el Web API,
- integrar frameworks de desarrollo Front,
- aprovechar un sistema de configuración cloud-ready,
- aprovechar la inyección de dependencias,
- alojar la aplicación con Nginx, IIS, Docker, etc.,
- integrarse fácilmente en cada parte de la petición HTTP para procesarla o modificarla.

Este framework es decididamente de código abierto y cuenta con innumerables repositorios de GitHub en los que cualquiera puede contribuir: https://github.com/aspnet

En este sentido, los equipos de Microsoft organizan periódicamente ***Community Standups***, que permiten a los desarrolladores de la comunidad conocer los últimos avances en inteligencia de negocio y desarrollos técnicos de la plataforma: https://live.asp.net/. Estos vídeos son una gran oportunidad para intercambios privilegiados entre los equipos y el resto del mundo. También brindan la oportunidad de conocer a las personas que están detrás de las tecnologías que se están desarrollando.

El pattern MVC siempre ha desempeñado un papel importante en ASP.NET, con diferentes versiones del framework que se ofrecen en línea con este pattern de diseño, siendo la última la versión 5. La versión Core no es una excepción a la regla y cuenta con características específicas de MVC que permiten crear aplicaciones web y API web como:

- la separación de las capas **Modelo, Vista** y **Controlador**,
- las **Razor Pages** para crear rápidamente páginas web inteligentes,
- la sintaxis **Razor** para generar vistas en el lado del servidor,

- los **Tag Helpers**, una nueva versión de HTML Helpers, que se puede utilizar para generar fragmentos de código conservando las etiquetas HTML originales;
- el **Model binding** y **Model validation** para facilitar el tratamiento de los datos que entran y salen de la aplicación.

La arquitectura interna también ha cambiado significativamente. El framework ya no se basa en la dependencia *System.Web.dll*, sino en varios paquetes NuGet con una granularidad más fina para gestionar mejor la modularidad del framework. El proyecto MVC es de código abierto: https://github.com/aspnet/Mvc

Probablemente, la característica más obvia de ASP.NET Core es la composición de la aplicación: se trata simplemente de una aplicación de consola que lanza un servidor web.

```
using System;
using Microsoft.AspNetCore.Hosting;

namespace aspnetcoreapp
{
    public class Program
    {
        public static void Main(string[] args)
        {
             var host = new WebHostBuilder()
                .UseKestrel()
                .UseStartup<Startup>()
                 .Build();

            host.Run();
        }
    }
}
```

Kestrel es el nombre que recibe el servidor web incluido en ASP.NET Core. Gestiona las peticiones HTTP entrantes y proporciona respuestas a través de un único objeto **HttpContext**. Es posible utilizarlo por sí solo, pero no se recomienda para un uso en producción. Es preferible utilizar un *reverse-proxy* como IIS o Nginx para esto.

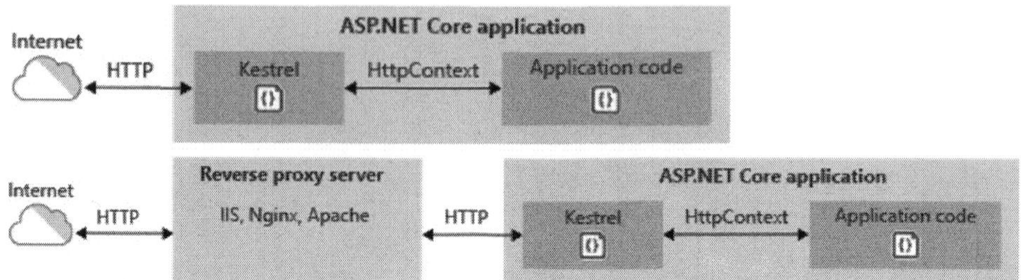

El papel de Kestrel con ASP.NET Core

Por lo tanto, cuando creamos una aplicación ASP.NET Core, simplemente creamos una aplicación de consola que se ejecuta en el runtime .NET Core y utiliza las librerías ASP.NET Core.

4. La renovación de un ecosistema

El objetivo de Microsoft es llevar sus herramientas al mayor número posible de plataformas, para ampliar su ecosistema y llegar a más profesionales de TI (desarrolladores, arquitectos, responsables de TI, etc.). Además, al abrirse al código abierto, Microsoft se beneficia de una creciente comunidad de expertos que contribuyen a sus proyectos en GitHub. VS Code es el repositorio con más contribuciones y todo el framework ASP.NET Core está en GitHub. Redmond se ha convertido así en el mayor contribuyente al mundo del código abierto y, con la adquisición de GitHub, la compañía estadounidense pretende invertir cada vez más en este sector integrándolo aún mejor en su ecosistema.

Están surgiendo nuevas arquitecturas y otras destacan claramente en mercados de rápido crecimiento. Con x64 dominando los mercados cloud, los servidores y los PC y ARM en smartphones y tabletas, las tecnologías de software tienen que adaptarse para sacar el máximo partido de una experiencia común, sea cual sea la arquitectura subyacente. Y no hay que olvidar el IoT, que está empujando cada vez más a ARM, permitiendo una mayor conectividad dentro de los objetos conectados. Todos estos factores hacen que .NET se tenga que adaptar y proponer cambios para dar una respuesta coherente a todas estas cuestiones.

Microsoft también se enfrenta a la creciente competencia de NodeJS para el desarrollo de servidores. JavaScript es uno de los lenguajes más adoptados en el mundo, por lo que resulta ventajoso para las empresas utilizar NodeJS para aunar competencias en la medida de lo posible. El rendimiento también es una característica clave. Por tanto, los equipos de Microsoft han tenido que reaccionar para ofrecer un framework más potente.

El ecosistema también está sujeto a un cambio creciente en las soluciones desarrolladas. Hace unas décadas, la tendencia en las mejores prácticas y en las soluciones denominadas de "calidad" se orientaba hacia filosofías de desarrollo: programación orientada a objetos, fuertemente tipada y código estático. Hoy hablamos de integración continua, despliegue continuo, *Dockerización* y arquitectura de microservicios. En este sentido, las herramientas y las tecnologías se deben adaptar para adoptar mejor estas nuevas prácticas. Nuestros equipos han comprendido claramente esta tendencia y han diseñado un entorno en el que es fácil configurar pipelines de despliegue y orquestación de contenedores con .NET Core.

Por último, la renovación del ecosistema Microsoft se refleja en su deseo de abrirse al código abierto. Este deseo enfrenta a los dos mundos de Windows y Linux: el "todo en interfaz gráfica" frente al "todo en línea de comandos". En consecuencia, las herramientas han tenido que adaptarse y ofrecer SDK que se puedan utilizar en modo *command-line first*.

5. Convergencia con .NET 5

Hasta la versión 3.1 de .NET Core, el framework se denominaba .NET Core y con él todas las herramientas y SDK asociados, como Entity Framework Core y ASP.NET Core. Por aquel entonces, las librerías .NET conocidas como .NET Standard estaban cada vez más extendidas y se beneficiaban de una amplia cobertura de API dentro de la BCL. Con .NET Standard, los desarrolladores pueden crear librerías reutilizables en prácticamente todo el ecosistema .NET.

Como su nombre indica, .NET Standard es un estándar, una especie de abstracción que cada plataforma subyacente debe implementar para beneficiarse de la reutilización en todo el ecosistema. Tecnologías como ASP.NET Core, Xamarin y UWP implementan este estándar, lo que permite a los desarrolladores crear librerías .NET Standard que se pueden utilizar en todas las plataformas compatibles con .NET Standard. La versión de .NET Standard también es una dimensión importante, ya que los desarrolladores se deben dirigir a una versión que cumpla las versiones admitidas por las plataformas a las que desean dirigirse. Por ejemplo, no podrán crear una librería .NET Standard 2.0 para una aplicación ASP.NET Core 2, porque .NET Core 2 no implementa el estándar en la versión 1.6. La matriz siguiente muestra la correspondencia entre .NET Standard y el ecosistema.

.NET Standard	1.0	1.1	1.2	1.3	1.4	1.5	1.6	2.0	2.1
.NET Core	1.0	1.0	1.0	1.0	1.0	1.0	1.0	2.0	3.0
.NET Framework	4.5	4.5	4.5.1	4.6	4.6.1	4.6.1[1]	4.6.1[1]	4.6.1[1]	*N/A*[2]
Mono	4.6	4.6	4.6	4.6	4.6	4.6	4.6	5.4	6.2
Xamarin.iOS	10.0	10.0	10.0	10.0	10.0	10.0	10.0	10.14	12.12
Xamarin.Mac	3.0	3.0	3.0	3.0	3.0	3.0	3.0	3.8	5.12
Xamarin.Android	7.0	7.0	7.0	7.0	7.0	7.0	7.0	8.0	9.3
Unity	2018.1	2018.1	2018.1	2018.1	2018.1	2018.1	2018.1	2018.1	*TBD*
Universal Windows Platform	8.0	8.0	8.1	10.0	10.0	10.0.16299	10.0.16299	10.0.16299	*TBD*

La matriz de correspondencias entre .NET Standard y otras plataformas .NET

La primera línea muestra las versiones de .NET Standard y, debajo, todas las plataformas del ecosistema .NET. Las distintas versiones de plataforma hacen referencia a la versión mínima a la que se debe apuntar para que sea compatible con la versión de .NET Standard, indicada en la primera línea.

Este enfoque presenta varios inconvenientes. El primero es la lentitud con la que se introducen nuevas funciones en la norma. El hecho de que el estándar tenga que implantarse en cada una de las plataformas exige la coordinación entre todos los equipos de las plataformas y el equipo que diseña el estándar.

Hasta la versión .NET Standard 2, esto no era un problema, ya que la tarea principal consistía en reconstituir los API existentes, sobre todo las presentes en el framework de .NET. Pero el futuro va a ser innovador y la innovación implica nuevas versiones de .NET Standard. Por tanto, dar soporte a nuevos API a través de .NET Standard y ver aparecer rápidamente nuevas versiones, es muy complicado.

El segundo inconveniente es el fuerte vínculo existente entre la abstracción que proporciona el estándar, la implementación por parte de las distintas plataformas y la complejidad resultante de esta unión. .NET Standard unifica las plataformas introduciendo una nueva que pretende ser el estándar para todas las demás. El mapeo sigue siendo difícil de entender, aunque esta no era la intención original.

El último inconveniente es la exposición de APIs específicas para una plataforma determinada. Para ser compatibles con .NET Standard, los equipos de las plataformas obviamente tienen que hacer concesiones. No todas las API son 100% transponibles de una plataforma a otra. Por ejemplo, es imposible implementar API relativas al registro de Windows en Android, ya que el registro no existe. Por tanto, esta concesión obliga a los desarrolladores a estar atentos a sus implementaciones y a introducir código específico para gestionar estos casos de incompatibilidad.

```
private static string GetLoggingDirectory()
{
    if (OperatingSystem.IsWindows())
    {
        using (RegistryKey key =
Registry.CurrentUser.OpenSubKey(@"Software\Fabrikam"))
        {
            if (key?.GetValue("LoggingDirectoryPath") is string
configuredPath)
                return configuredPath;
        }
    }

    string exePath =
Process.GetCurrentProcess().MainModule.FileName;
    string folder = Path.GetDirectoryName(exePath);
    return Path.Combine(folder, "Logging");

}
```

A partir de .NET 5, las plataformas convergen realmente. En otras palabras, en lugar de tener por un lado un estándar que rige las API disponibles y por otro las plataformas que implementan este estándar, .NET 5 se construye sobre una única base de código, en todas las plataformas e implementa de facto el estándar sin pasar por una abstracción adicional. Extender el estándar sigue siendo posible, ya que basta con crear una rama desde el repositorio dotnet/runtime en GitHub. .NET 5 está disponible desde noviembre de 2020.

La lógica que subyace a las versiones de .NET también está cambiando con el lanzamiento de .NET 5. Los equipos de Microsoft ofrecerán una nueva versión principal de .NET cada año de forma fija, pero sólo una de cada dos versiones será de soporte a largo plazo. Este proceso proporciona un calendario fijo y predecible para las versiones de .NET. Como la versión 5 no es un LTS, la versión 6 (noviembre de 2021) y luego la versión 8 (noviembre de 2023), recibirán soporte a largo plazo. El soporte dura 3 años, lo que significa que durante estos 3 años puede que siga habiendo parches sobre esta versión en concreto. Después, no habrá más actualizaciones del framework para esta versión principal.

¿Qué podemos aprender de esta convergencia? A partir de la versión 5, debemos centrarnos al máximo en proyectos de tipo **net5.0** (y variantes específicas como **net5.0-windows**, por ejemplo) que sustituyan a los proyectos de tipo **netcoreapp** y **netstandard**. Esto facilita mucho el modelo mental para los desarrolladores que, independientemente del proyecto que estén construyendo, aplicación o librería apuntarán al mismo tipo de proyecto para todo.

En conclusión, .NET Core es el emblema de la renovación de Microsoft, tanto tecnológica como filosóficamente. Se beneficia de todos los aspectos positivos del framework .NET con sus 20 años de historia, pero se ha reescrito para afrontar los nuevos retos que se avecinan. Ahora las empresas pueden diseñar soluciones maduras y robustas utilizando este framework. Este libro pretende abarcar todas las características de ASP.NET Core, cubriendo innumerables temas como seguridad, bases de datos, internacionalización, despliegue y mucho más. Se destacan las nuevas API y se intercalan innumerables consejos a lo largo de los capítulos, procedentes de fuentes de experiencia diversas.

Capítulo 2
¿Por qué .NET Core?

1. Los distintos componentes de .NET Core

Para comprender plenamente por qué se creó .NET Core, es importante analizar y entender cada componente del framework. Cada pieza ocupa un lugar muy específico en la arquitectura del framework: runtime, librería de clases, herramientas, etc. Comprender las dependencias entre ellas es la clave para entender por qué este framework es tan flexible y potente.

La modularidad desempeña un papel clave con .NET Core, porque tiene que ser un framework que funcione en un número muy elevado de plataformas: móvil, escritorio y tableta con UWP, web y cloud con ASP.NET, IoT con Windows 10 IoT Core. En función del runtime, el framework se debe adaptar para utilizar únicamente las librerías que le interesan, razón por la que la gran mayoría de estas se despliegan mediante paquetes NuGet, optimizando la gestión de versiones, la centralización de paquetes y la distribución del código.

Este capítulo es una oportunidad para echar un vistazo a las diferentes piezas de software de .NET Core: el runtime, las librerías, las herramientas, etc. y ver cómo estos componentes hacen de .NET Core un framework tan potente y multiplataforma.

1.1 Las librerías de CoreFX

El nombre CoreFX se refiere principalmente al conjunto de clases básicas disponibles bajo el espacio de nombres **System.*** y ciertas extensiones **Microsoft.***. Las conocemos mejor como Base Class Library, por lo que podemos decir que CoreFX es la BCL de .NET Core. Todas estas clases sirven como una base sólida de bajo nivel para que otros componentes, como ASP.NET, puedan construir el framework sobre ellas. La característica importante de CoreFX es que la mayoría de las API disponibles en .NET Core también están disponibles en el framework .NET clásico. Es fácil conciliar ambas cosas diciendo que CoreFX es un fork de la BCL de framework .NET.

La función principal de esta BCL es garantizar que las API disponibles sean ejecutables en el mayor número de plataformas posible. Tomemos el ejemplo de la criptografía, que utiliza librerías del sistema para funcionar. Implementar la criptografía en .NET Core es un asunto delicado, porque dependiendo del sistema subyacente, la misma funcionalidad puede estar disponible en Windows, pero no en Mac OS. Los equipos de Microsoft trabajan duro para garantizar que el mayor número posible de algoritmos sean compatibles entre plataformas, pero no siempre es así. A continuación, se muestra una tabla que resume los algoritmos RSA disponibles:

	Windows (CNG)	Linux (OpenSSL)	mac OS	Windows (CAPI)
PKCS1 Encryption	☑	☑	☑	☑
OAEP - SHA-1	☑	☑	☑	☑
OAEP - SHA-2 (SHA256, SHA384, SHA512)	☑	✖	✖	✖
PKCS1 Signature (MD5, SHA-1)	☑	☑	☑	☑
PKCS1 Signature (SHA-2)	☑	☑	☑	?
PSS	☑	✖	✖	✖

Tabla de algoritmos RSA compatibles por plataforma

Cuando un API no está soportado por la plataforma, el código lanza una *PlatformNotSupportedException*. Por lo tanto, es importante entender que, dependiendo de las APIs utilizadas, si dependen estrechamente del sistema, se puede lanzar una excepción porque no están soportadas por CoreFX. Afortunadamente, las APIs más comunes (colección, serialización, async, consola, sistema de archivos, etc.) están totalmente soportadas en todas las plataformas.

1.2 El runtime histórico a través de CoreCLR

El runtime de .NET Core es CoreCLR y se basa en la misma base de código CLR clásica e histórica con la que .NET está familiarizado. CoreCLR era originalmente el runtime de Silverlight y se diseñó específicamente para funcionar en todas las plataformas, incluidas Windows y Mac OS. CoreCLR es ahora parte integrante de .NET Core y representa una versión simplificada del CLR clásico. Su gran ventaja es su naturaleza multiplataforma, sobre todo desde que se añadió compatibilidad con Linux para satisfacer las necesidades de .NET Core. El runtime también es una máquina virtual, que incluye JIT para ejecutar código sobre la marcha y el *garbage* collector para garantizar una gestión adecuada de la memoria.

CoreCLR, que se hizo de código abierto a principios de 2015, tiene como objetivo proporcionar un entorno de ejecución multiplataforma, razón por la que el código de ejecución es una mezcla de C# y C++. El proyecto utiliza CMake, una herramienta también multiplataforma que permite el *builder* del proyecto en Windows, Linux y Mac.

El siguiente diagrama muestra la distribución de los 2,6 millones de líneas de código que contiene CoreCLR:

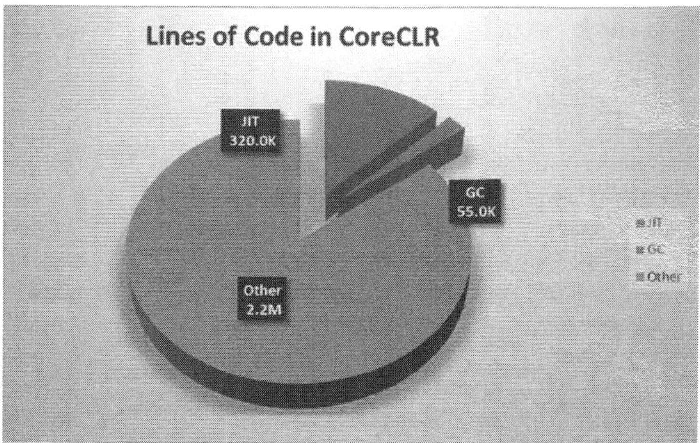

Distribución del código CoreCLR

CoreCLR se une así a CoreFX como uno de los principales proyectos de código abierto de Microsoft. La principal diferencia entre ambos radica en la integración del código C++ en CoreCLR: este proyecto necesita más herramientas de compilación para funcionar.

1.3 El futuro a través de CoreRT

El proyecto CoreRT, aún en desarrollo, es un runtime dedicado para .NET Core que potenciará su rendimiento. En primer lugar, CoreRT permite la compilación nativa, evitando así la etapa de código intermedio que .NET ha conocido durante mucho tiempo. Esto significa que se incrementa el rendimiento de compilación y ejecución de un proyecto. En segundo lugar, este compilador permite AOT a través de RyuJIT (un nuevo compilador para CoreRT), es decir, es capaz, mediante un sistema de metadatos, de explorar el código fuente y detectar qué se utiliza y qué no. A continuación, generará un único ejecutable que contendrá sólo lo que necesita y limpiará, en la medida de lo posible, las dependencias del proyecto durante la compilación. El despliegue de un entregable así también es mucho más ligero.

Al mismo tiempo, también estamos hablando de .NET Native para el flujo de trabajo de compilación general optimizado, utilizando CoreRT de forma subyacente y totalmente transparente.

Las ventajas de CoreRT son las siguientes:

- compilación nativa que genera un único binario final, incluidas las dependencias, el código gestionado y el archivo,
- puesta en marcha más rápida de las aplicaciones, ya que se compilan de forma nativa,
- nuevos escenarios de despliegue, ya que el despliegue se simplifica (mediante un único despliegue o a través de un contenedor Docker).

Mono ya sabía compilar AoT nativo y UWP a través de .NET Native. Sin embargo, para ejecutar aplicaciones .NET en Windows, Linux y Mac, Microsoft necesitaba un nuevo CLR, razón por la que se creó CoreRT. Como el código es abierto, se pueden identificar los componentes principales:

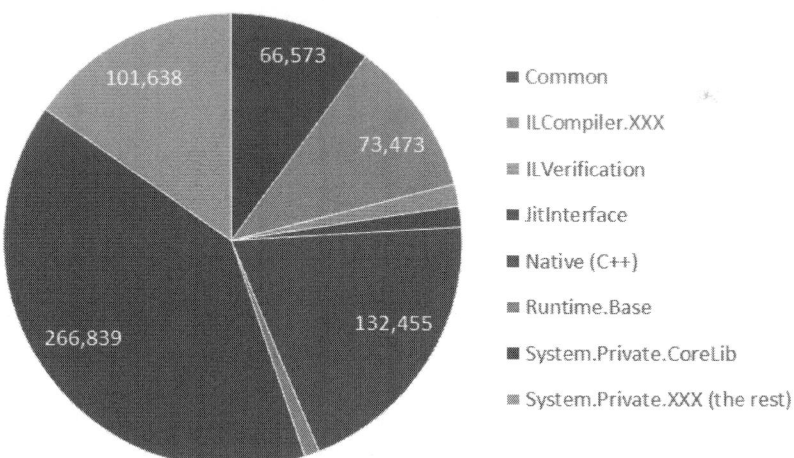

Número de líneas de código por componente CoreRT

Podemos ver que el componente más utilizado es **System.Private.CoreLib**, escrito en C#. La ventaja de este lenguaje es que es gestionado, con lo que se evitan al máximo las fugas de memoria. Los componentes nativos están escritos en C++.

Podemos ver que el runtime también incluye un compilador (a través de los componentes **ILCompiler.XXX** e **ILVerification**). Su función es la siguiente:

- escanear módulos y clases para determinar el árbol de dependencias entre ellos,
- generar los metadatos mediante **Reflection**,
- compilar código IL (mediante RyuJit, Web Assembly o C++),
- generar métodos compilados.

El runtime de CoreRT depende de una serie de servicios para ejecutar el motor de ejecución, tanto si está escrito en C# como en código nativo C/C++. Entre ellos se incluyen:

- el garbage collector (37.000 líneas de código),
- la gestión de excepciones,
- la gestión de la *stack*,
- la asignación de memoria,
- al depuración y creación de perfiles,
- la interfaz con el sistema operativo,
- la gestión de procesos y tareas.

Si tomamos un simple proyecto *Hello World*, el desglose del binario se ve así:

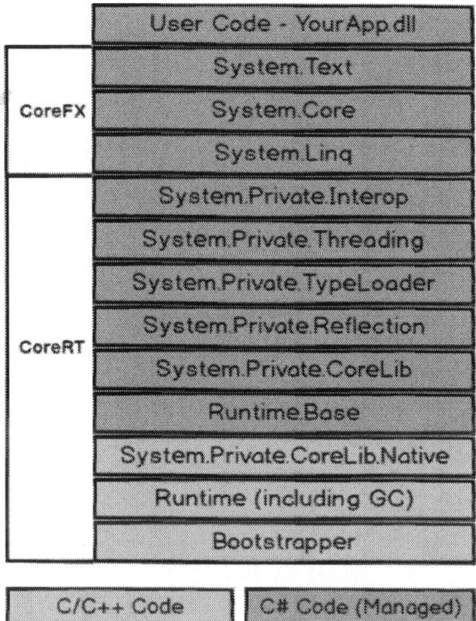

Desglose de un ejecutable según los componentes CoreRT

Podemos ver que un programa sencillo (4 Mb al fin y al cabo) contiene mucha funcionalidad, tanto de CoreFX como de CoreRT. Este análisis también destaca las partes de la aplicación que se ejecutan mediante código gestionado y aquellas en las que el código nativo toma el control (normalmente la GC).

Al final, hemos identificado los distintos componentes de .NET Core que le permiten funcionar y ofrecer a los desarrolladores una gran cantidad de funcionalidades. La mayoría de las capas inferiores se han reescrito y modularizado, lo que nos proporciona una plataforma de alto rendimiento tanto en velocidad de ejecución como en arquitectura.

2. Aspectos destacados del framework

Cada tecnología tiene derecho a sus propias comparaciones y puntos de referencia. Lo mismo ocurre con .NET Core, que a menudo se compara con otras tecnologías como NodeJS o PHP. La competencia no es necesariamente algo malo. En primer lugar, ayuda a satisfacer todas las tendencias entre los desarrolladores, pero también a desafiar a los equipos para que puedan ofrecer las mejores herramientas posibles.

El rendimiento se ha citado a menudo en comparaciones y pruebas, entre otras cosas porque Microsoft ha comunicado ampliamente sobre el tema, destacando las importantes ganancias con respecto a la versión antigua y a los competidores. Como resultado, muchos de los principales actores de TI han adoptado .NET Core por la solidez y madurez que ha demostrado en los últimos años, reconociendo el profundo trabajo que se ha realizado en el framework.

2.1 Pruebas de rendimiento

El rendimiento es realmente una característica que Microsoft ha querido situar en el centro del framework. Para demostrarlo, es posible escribir pruebas de rendimiento de forma muy sencilla, ya que los equipos han diseñado un mini framework de pruebas basado en xUnit. Esto permite orientar el código que se va a comprobar, mediante un sistema de iteración que el framework ejecutará y supervisará a lo largo de la prueba. El proyecto es de código abierto: https://github.com/Microsoft/xunit-performance/

El código mínimo requerido para una prueba de rendimiento es el siguiente:

```
[Benchmark]
void TestMethod()
{
    // Cada caso de test irá en esta iteración
    foreach (var iteration in Benchmark.Iterations)
    {
        // Inicio de la iteración
        using (iteration.StartMeasurement())
        {
            // Código a medir
        }
    }
}
```

Utilizamos el atributo **[Benchmark]** en lugar del **[Fact]**. Cada prueba contendrá entonces iteraciones con el código a probar en su interior. Al final, la herramienta es capaz de recoger la siguiente información:

- Llamadas al garbage collector.
- Duración.
- Asignación de memoria.
- Fugas de memoria.
- El número de instrucciones ejecutadas.

Además, la herramienta es capaz de generar un informe en varios formatos (CSV, ETL, Markdown o XML). Los equipos mejoran continuamente la herramienta, añadiendo medidas de rendimiento.

La librería **BenchmarkDotNet** también se puede utilizar para medir el rendimiento de aplicaciones .NET Core, framework .NET y Mono. La herramienta es muy completa:

- Autoselección del número de iteraciones a realizar para las mediciones.
- Control de ejecución sobre varios parámetros de runtime (variable de entorno, GC, etc.).
- Comparación en diferentes entornos (arquitectura x86/x64 JIT vs RyuJIT...).
- Diagnóstico de memoria.
- Diagnóstico de paquetes.
- Amplia configuración de estadísticas, datos de entrada y runtime.
- Recupera información del contexto de ejecución del benchmark.

La herramienta también es de código abierto: https://benchmarkdotnet.org/.

Cada prueba generará un informe de este tipo:

```
BenchmarkDotNet=v0.11.0, OS=Windows 10.0.16299.309 (1709/FallCreatorsUpdate/Redstone3)
Intel Xeon CPU E5-1650 v4 3.60GHz, 1 CPU, 12 logical and 6 physical cores
Frequency=3507504 Hz, Resolution=285.1030 ns, Timer=TSC
.NET Core SDK=2.1.300-preview1-008174
  [Host]     : .NET Core 2.1.0-preview1-26216-03 (CoreCLR 4.6.26216.04, CoreFX 4.6.26216.02), 64bit RyuJIT
  Job-HKEEXO : .NET Framework 4.7.1 (CLR 4.0.30319.42000), 64bit RyuJIT-v4.7.2633.0
  Core       : .NET Core 2.1.0-preview1-26216-03 (CoreCLR 4.6.26216.04, CoreFX 4.6.26216.02), 64bit RyuJIT
  CoreRT     : .NET CoreRT 1.0.26414.01, 64bit AOT
  Mono       : Mono 5.10.0 (Visual Studio), 64bit

| Method | Runtime |     N |       Mean |      Error |     StdDev | Scaled | Rank |
|------- |-------- |------ |-----------:|-----------:|-----------:|-------:|-----:|
| Sha256 |     Clr |  1000 |   8.009 us |  0.0370 us |  0.0346 us |   1.00 |    3 |
| Sha256 |    Core |  1000 |   4.447 us |  0.0117 us |  0.0110 us |   0.56 |    2 |
| Sha256 |  CoreRT |  1000 |   4.321 us |  0.0139 us |  0.0130 us |   0.54 |    1 |
| Sha256 |    Mono |  1000 |  14.924 us |  0.0574 us |  0.0479 us |   1.86 |    4 |
|        |         |       |            |            |            |        |      |
|    Md5 |     Clr |  1000 |   3.051 us |  0.0604 us |  0.0742 us |   1.00 |    3 |
|    Md5 |    Core |  1000 |   2.004 us |  0.0058 us |  0.0054 us |   0.66 |    2 |
|    Md5 |  CoreRT |  1000 |   1.892 us |  0.0087 us |  0.0077 us |   0.62 |    1 |
|    Md5 |    Mono |  1000 |   3.878 us |  0.0181 us |  0.0170 us |   1.27 |    4 |
|        |         |       |            |            |            |        |      |
| Sha256 |     Clr | 10000 |  75.780 us |  1.0445 us |  0.9771 us |   1.00 |    3 |
| Sha256 |    Core | 10000 |  41.134 us |  0.2185 us |  0.1937 us |   0.54 |    2 |
| Sha256 |  CoreRT | 10000 |  40.895 us |  0.0804 us |  0.0628 us |   0.54 |    1 |
| Sha256 |    Mono | 10000 | 141.377 us |  0.5598 us |  0.5236 us |   1.87 |    4 |
|        |         |       |            |            |            |        |      |
|    Md5 |     Clr | 10000 |  18.575 us |  0.0727 us |  0.0644 us |   1.00 |    3 |
|    Md5 |    Core | 10000 |  17.562 us |  0.0436 us |  0.0408 us |   0.95 |    2 |
|    Md5 |  CoreRT | 10000 |  17.447 us |  0.0293 us |  0.0244 us |   0.94 |    1 |
|    Md5 |    Mono | 10000 |  34.500 us |  0.1553 us |  0.1452 us |   1.86 |    4 |
```

Informe generado por BenchmarkDotNet

Puede ver una serie de métricas, como el tiempo empleado, el número de iteraciones, el runtime de la prueba, el informe de rendimiento, etc. Este tipo de herramienta puede ser muy útil en tus proyectos para comprender y analizar mejor los posibles problemas de rendimiento.

En Internet se pueden encontrar numerosas pruebas de rendimiento que muestran las mejoras entre la versión .NET Core y el framework .NET. En general, la asignación de memoria ha mejorado mucho y el tiempo de procesador ha aumentado su rendimiento, según las siguientes escalas (en comparación con el framework .NET):

- **Lambda expression con LINQ**: entre 8 y 30 veces más rápida.
- **Compresión**: 6 veces más rápida.

- **Criptografía**: 3 veces más rápida.
- **Math**: el doble de rápido.
- **Serialización**: 12 veces más rápida, a pesar de que .NET Core incluye ahora una auténtica librería de serialización. La serialización ha experimentado el mayor aumento de rendimiento, gracias en particular a los nuevos tipos *Span* y *Span*<T>.
- **File system** : un 30% más rápido.

En comparación con sus rivales, en particular NodeJS, .NET Core va en cabeza. En las pruebas habituales, el framework de Microsoft es entre 3 y 4 veces más rápido que su competidor JavaScript. Sin embargo, tenga cuidado de desactivar las funciones de registro, que consumen mucho tiempo de CPU.

La mayoría de los sitios de pruebas comparativas alaban el trabajo realizado por .NET Core. El sitio web **techempower.com** contiene un gran número de pruebas comparativas con cientos de frameworks y servidores web diferentes del mercado. Las comparaciones son creíbles y dan una buena idea del rendimiento de las tecnologías actuales. ASP.NET Core suele estar en lo alto de la tabla. Está sistemáticamente bien situado en cada una de las categorías de las pruebas y compite con librerías que normalmente están especializadas en las áreas en cuestión.

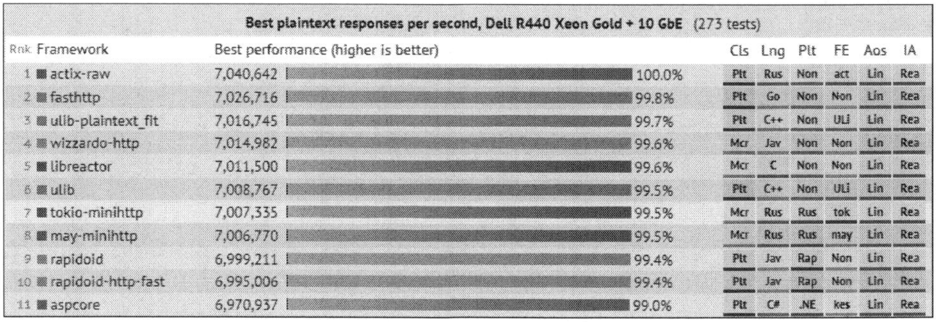

Best plaintext responses per second, Dell R440 Xeon Gold + 10 GbE (273 tests)

Rnk	Framework	Best performance (higher is better)		Cls	Lng	Plt	FE	Aos	IA
1	actix-raw	7,040,642	100.0%	Plt	Rus	Non	act	Lin	Rea
2	fasthttp	7,026,716	99.8%	Plt	Go	Non	Non	Lin	Rea
3	ulib-plaintext_fit	7,016,745	99.7%	Plt	C++	Non	ULi	Lin	Rea
4	wizzardo-http	7,014,982	99.6%	Mcr	Jav	Non	Non	Lin	Rea
5	libreactor	7,011,500	99.6%	Mcr	C	Non	Non	Lin	Rea
6	ulib	7,008,767	99.5%	Plt	C++	Non	ULi	Lin	Rea
7	tokio-minihttp	7,007,335	99.5%	Mcr	Rus	Rus	tok	Lin	Rea
8	may-minihttp	7,006,770	99.5%	Mcr	Rus	Rus	may	Lin	Rea
9	rapidoid	6,999,211	99.4%	Plt	Jav	Rap	Non	Lin	Rea
10	rapidoid-http-fast	6,995,006	99.4%	Plt	Jav	Rap	Non	Lin	Rea
11	aspcore	6,970,937	99.0%	Plt	C#	.NE	kes	Lin	Rea

Número de solicitudes por segundo

En conclusión, .NET Core ha hecho realmente grandes progresos en términos de rendimiento y los equipos de Microsoft mantienen el rendimiento en su punto de mira a lo largo de las distintas versiones del framework.

2.2 Aumento de la adopción

La madurez de un framework también se mide por su adopción por parte de las mayores empresas del mundo, empezando por la propia Microsoft. Por ejemplo, un gran número de servicios de Azure funcionan ahora con .NET Core y la plataforma también permite alojar aplicaciones ASP.NET Core a través de Azure App Service.

La nube de Microsoft no es la única que ha adoptado .NET Core. Amazon, a través de AWS, también se ha subido al carro, ofreciendo alojamiento para aplicaciones que se ejecutan en .NET Core (en particular con AWS Elastic Beanstalk). Las máquinas virtuales (AMI) de Amazon ahora soportan automáticamente .NET Core 2.1, lo que permite que las aplicaciones ASP.NET Core se desplieguen y ejecuten rápidamente en Amazon EC2.

Una aplicación .NET Core también es muy fácil de contenerizar, gracias a su ligereza y modularidad. Como resultado, siempre que la infraestructura elegida (en la nube o no) admita contenedores, .NET Core se puede exportar a esta plataforma. Hoy en día, la mayoría de las plataformas en la nube (Microsoft, Amazon, Google, IBM, etc.) admiten contenedores, lo que abre un amplio abanico de posibilidades de despliegue para el framework.

.NET Core se ha diseñado para ser multiplataforma. La consecuencia de esto se refleja en los costes operativos. Una aplicación que se ejecute en Linux será menos costosa que una que se ejecute en Windows donde, además, hay que pagar la licencia. Cada vez más servicios serverless en la nube (Azure Function o AWS Lambda) soportan .NET Core. Esto reduce aún más los costes, ya que el usuario solo paga por ejecución.

Grandes empresas ya han adoptado .NET Core para sus aplicaciones web, empezando por Microsoft una vez más con Azure DevOps. El servicio de integración continua en línea funciona ahora como un microservicio que utiliza contenedores Docker y .NET Core. StackOverFlow también ha decidido migrar toda su arquitectura a .NET Core. La plataforma consideró que la tecnología ya estaba lo suficientemente madura como para realizar esta migración.

3. Novedades en C#

El lenguaje C# está en constante evolución, y cada año se introducen mejoras sintácticas en beneficio de los desarrolladores. Una sintaxis sencilla y eficaz facilita la lectura del código, lo que a su vez facilita el mantenimiento del software. Los equipos de Microsoft trabajan constantemente en el compilador Roslyn para que sea lo más eficaz posible y cada nueva solicitud de funcionalidad se analiza escrupulosamente para garantizar que se corresponde con la filosofía del lenguaje.

El proyecto Roslyn es de código abierto (https://github.com/dotnet/roslyn) y todos los debates sobre la mejora del lenguaje se pueden encontrar aquí: https://github.com/dotnet/csharplang. De este modo, la comunidad es parte integrante del proceso de mejora del lenguaje y todo el mundo puede contribuir.

La última versión estable y más extendida de C# es la 7.3. El objetivo de esta sección es presentar las principales características del lenguaje C#, desde la última versión principal, 7.0, hasta la más reciente, 7.3.

3.1 Versión 7.0

¿Quién no ha soñado con devolver varios valores para un método sin tener que crear necesariamente una clase específica? Con C# 7.0, esto es posible gracias a las *tuplas*. Las tuplas facilitan enormemente la creación de objetos *ValueTuple*.

```
// Tuplas sin nombre. Las propiedades se llaman Item1 y Item2
var letters = ("a", "b");

// Tuplas con nombre
(string Alpha, string Beta) namedLetters = ("a", "b");
var alphabetStart = (Alpha: "a", Beta: "b");
```

La ventaja reside en los métodos. Es fácil devolver varios valores con un método sin crear clases especiales. La sintaxis sigue siendo muy clara y mejora la legibilidad.

```
private static (int Max, int Min) Range(IEnumerable<int> numbers)
{
    int min = int.MaxValue;
    int max = int.MinValue;
    foreach(var n in numbers)
    {
        min = (n < min) ? n : min;
        max = (n > max) ? n : max;
    }
    return (max, min);
}
```

La *Pattern Matching* es una de las principales novedades de la versión 7.0. Esta función permite realizar pruebas en objetos o colecciones de acuerdo con una amplia variedad de criterios. Introduce las palabras clave `is` y `when` y mejora la instrucción `switch` del lenguaje. Por ejemplo, en el mismo `switch`, el código puede comprobar si un objeto tiene un valor determinado o es de un tipo concreto o contiene valores. Antes sólo era posible comprobar el valor del objeto, pero ahora es posible comprobar mucho más.

El código siguiente muestra algunas de las posibilidades que ofrece la *Pattern Matching*. El objetivo principal es sumar una lista de objetos. Dependiendo de los diferentes criterios, la suma se puede hacer de diferentes maneras.

```
public static int Sum(IEnumerable<object> values)
{
   var sum = 0;
   foreach (var item in values)
   {
       switch (item)
       {
             case 0:
               break;
           case int val:
               sum += val;
               break;
           case IEnumerable<object> subList when subList.Any():
               sum += Sum(subList);
               break;
           case IEnumerable<object> subList:
               break;
           case null:
               break;
           default:
               throw new InvalidOperationException("unknown item type");
       }
```

```
    }
    return sum;
}
```

El código es capaz de comprobar si la lista está vacía, si se trata de un número o si los valores también son una lista. Todo esto sólo en las condiciones del `switch`, gracias a *Pattern Matching*.

C# 7.0 también introduce las siguientes funciones:

- declaración de las variables directamente con la instrucción `out`,
- `funciones` locales,
- `ref` locales,
- `throw` en las expresiones.

3.2 Versión 7.1

La versión 7.1 introduce una serie de mejoras, en línea con la versión 7.0. La primera es la inferencia automática del nombre de las *tuplas*. El compilador es capaz de asignar nombres a la *tupla* basándose en los nombres de las variables que se pasan para crear la *tupla*.

```
int count = 5;
string label = "Colors used in the map";

// Los elementos se van a llamar count y label
var pair = (count, label);
```

A continuación, es posible crear métodos `Main` (puntos de entrada de la aplicación) utilizando la palabra clave `async`.

```
static async Task<int> Main()
{
    return await DoAsyncWork();
}
```

Por último, es más fácil declarar variables con un valor por defecto (utilizando la palabra clave `default`). El desarrollador ya no está obligado a poner el tipo de la variable en la parte derecha de la declaración.

```
Func<string, bool> whereClause = default(Func<string, bool>);
// Se convierte en
Func<string, bool> whereClause = default;
```

3.3 Versión 7.2

La versión 7.2 añade una gran cantidad de semántica a la declaración de tipos de valor y/o referencia. Por ejemplo:

- la palabra clave `in` en un parámetro indica que la variable se pasa como parámetro, pero que no debe ser modificada por el,
- las palabras clave asociadas a `ref readonly` en el retorno de un método, indican que el valor se devuelve por referencia, pero el resto del código no debe escribir en él,
- las palabras clave `readonly struct` indican que una estructura es inmutable y debe ser transferida a un método utilizando la palabra clave in,
- las palabras clave `ref struct` indican que una estructura se comporta como un tipo de datos por referencia.

Ahora es posible utilizar guiones en los números para distinguir los decimales.

```
int binaryValue = 0b_0101_0101;
```

Por último, es posible combinar las palabras clave de acceso a las propiedades de una clase. Por ejemplo, las palabras clave `private protected` declaran que la propiedad está disponible en la clase actual y en las clases derivadas.

3.4 Versión 7.3

La versión 7.3 mejora el lenguaje en dos aspectos. La primera es la gestión del código *unsafe*. Ahora se hace del mismo modo que con el código *safe*, lo que antes no ocurría: el desarrollador tenía que declarar punteros adicionales.

```
// Antes
class C
{
    static S s = new S();

    unsafe public void M()
    {
        fixed (int* ptr = s.myFixedField)
        {
            int p = ptr[5];
        }
    }
}

// Después
class C
{
    static S s = new S();

    unsafe public void M()
    {
        int p = s.myFixedField[5];
    }
}
```

El segundo punto es la mejora de las funciones existentes:

- admiten igualdades (== y !=) entre *tuplas*,
- adjuntan atributos a campos generados por propiedades automáticas,
- extensión de las expresiones de variables (en constructores y llamadas a base, en particular).

La versión 7.3 es ahora muy rica y ofrece un gran número de funciones para ayudar a los desarrolladores a diseñar un código lo más legible y coherente posible.

3.5 Versión 8.0

La versión 8.0 ofrece algunas mejoras muy interesantes, sobre todo en la gestión de variables anulables y no anulables.

Se ha añadido una función al compilador para prohibir completamente las variables de referencia nula. El código siguiente generará una advertencia:

```
String s = null;
Console.Write(s);
```

Se debe añadirse el indicador ¿ para indicar al compilador que esta variable puede ser nula.

```
String? s = null;
Console.Write(s);
```

En segundo lugar, es posible declarar comportamientos por defecto en las interfaces. Esto puede ser especialmente útil cuando se sabe de antemano que una implementación es inmutable y fija, a pesar de las clases derivadas de ella.

```
public interface IBankAccountManager{
 void PerformTransaction(decimal amount, string reason);
 void PerformDebit(decimal amount, string reason){
   PerformTransaction(-1 * amount, $"Débito: {reason}");
 }

 void PerformCredit(decimal amount, string reason){
   PerformTransaction(amount, $"Crédito: {reason}");
 }
}
```

Finalmente, la última funcionalidad integrada es el `Range`. Esto le permite declarar una secuencia de valores utilizando una sintaxis de C# muy sencilla. El código siguiente muestra algunos ejemplos:

```
// Range.Create(4, new Index(2, true))
var slice1 = array [4..^2];
Output: 4, 5, 6, 7, 8

// Range.ToEnd(new Index(3, true))
var slice2 = array [..^3];
Output: 0, 1, 2, 3, 4, 5, 6, 7
```

```
// Range.FromStart(2)
var slice3 = array [2..];
Output: 2, 3, 4, 5, 6, 7, 8,9, 10

// array[Range.All]
var slice4 = array[..];
Output: 0, 1, 2, 3, 4, 5, 6, 7, 8, 9, 10
```

El objetivo es abstraerse de la clase `Range`, que puede parecer engorrosa de utilizar. Esta sintaxis con corchetes facilita al desarrollador la manipulación de las matrices para no afectar a la legibilidad del código.

3.6 Versión 9.0

La versión 9.0, lanzada en noviembre de 2020 como parte de .NET 5, aporta una serie de características interesantes para los desarrolladores. Una de las características más notables de C# 9.0 es el tipo de datos record, que permite definir fácilmente clases de datos inmutables. Junto con la palabra clave `init`, estas características son poderosas aliadas de los desarrolladores para garantizar la integridad de sus objetos.

A continuación, se muestra un ejemplo de cómo definir un tipo de datos `record` en C# 9.0:

```
public record Persona
{
    public string Nombre { get; init; }
    public string Apellido { get; init; }
    public int Edad { get; init; }

    public Persona(string nombre, string apellido, int edad)
    {
        Nombre = nombre;
        Apellido = apellido;
        Edad = edad;
    }
}
```

Este código define una clase Persona que contiene tres propiedades: Nombre, `Apellido` y Edad. Estas propiedades están definidas como `init-only`, lo que significa que sólo pueden ser definidas en el constructor del objeto. La clase `Persona` también define un constructor que recibe los valores de estas propiedades como entrada.

Una vez definido este tipo de datos `record`, podemos crearlo y manipularlo del mismo modo que cualquier otra clase:

```
Persona p = new Persona("John", "Doe", 30);
Console.WriteLine(p.Nombre); // muestra "John"
p.Edad++;
Console.WriteLine(p.Edad); // muestra 31
```

Es importante tener en cuenta que los tipos de datos `record` están diseñados para ser inmutables por defecto. Esto significa que, una vez creados, no podemos modificar directamente los valores de las propiedades de un objeto `record`. Para modificar una propiedad de un objeto `record`, debemos crear una nueva instancia del objeto con los nuevos valores deseados. Por ejemplo:

```
Persona p = new Persona("John", "Doe", 30);
p = p with { Edad = 31 }; // crea una nueva instancia de Persona
con la edad actualizada
```

Esto puede parecer un poco tedioso, pero puede ser útil en ciertas situaciones en las que queremos garantizar la inmutabilidad de los datos, por ejemplo, cuando el desarrollador está trabajando con datos compartidos en un entorno multihilo.

Otra característica de C# 9.0 es la posibilidad de integrar expresiones en condiciones, también conocidas como *pattern matching expressions*. Esto permite comprobar si un valor satisface una determinada condición y recuperar el valor, pero de forma más concisa y utilizando un lenguaje más cercano al humano.

A continuación, se muestra un ejemplo de cómo validar si un valor es un número entero positivo:

```
int x = 42;
if (x is int y && y > 0)
{
    Console.WriteLine($"{y} is a positive integer");
}
```

En este ejemplo, definimos un número entero x con un valor de 42. La condición se utiliza para comprobar si el valor es un número entero **positivo**. En este caso, la condición se evaluará como true y la variable se creará automáticamente, asegurando al desarrollador que la variable es un entero positivo dentro del ámbito de la condición (dentro de las llaves). En caso contrario, la condición se evaluará como `false`.

Puede utilizar la *pattern matching* con cualquier tipo de datos y con muchos tipos diferentes de expresiones, como tipos de objetos, valores constantes y estructuras de datos. Las *pattern matching* expression son especialmente útiles cuando se trabaja con datos estructurados y se desea extraer información de forma concisa.

3.7 Versión 10

La versión 10 de C# incluye principalmente mejoras significativas respecto a C# 9.0, como el tipo record para `struct`. Antes sólo era posible utilizar record en clases, pero ahora también es posible en estructuras.

```
public record struct Point
{
    public double X {  get; init; }
    public double Y {  get; init; }
    public double Z {  get; init; }
}
```

La directiva `using` de C# permite importar espacios de nombres en un archivo de código para poder utilizar los tipos y miembros de estos espacios de nombres, sin tener que especificar sus nombres completos.

Hasta ahora, la directiva `using` se podía utilizar al principio de un archivo de código o localmente, es decir, dentro de un bloque de código. Ahora es posible utilizar la directiva global `using` para definir `using` para todo el proyecto una sola vez, en un único archivo. Por convención, definiremos un archivo en la raíz del proyecto, llamado `Global.cs` y en este archivo es donde utilizaremos nuestros global `using`.

```
global using System;
global using System.Collections.Generic;
```

Es importante tener en cuenta que la directiva global `using` sólo hace que el código sea más legible (y los archivos de código más ligeros), al permitir que los tipos se utilicen sin tener que especificar sus nombres completos. No carga tipos en memoria ni los instancian.

3.8 Versión 11

La versión 11 introduce una serie de mejoras en el lenguaje para ayudar a los desarrolladores a que su código sea más legible y sencillo. Por ejemplo, la función *Raw string literals* simplifica la escritura de cadenas multilínea. Gracias a esta función, podemos escribir cadenas multilínea sin tener que utilizar caracteres de escape para saltos de línea o tabuladores.

A continuación, se muestra un ejemplo de cómo se pueden utilizar *Raw string literals*:

```
string html = @$"
<html>
    <body>
        <h1>Hello, World!</h1>
    </body>
</html>";
```

En este ejemplo, la cadena `html` contiene código HTML que abarca varias líneas. Gracias a *Raw string literals*, no es necesario utilizar caracteres de escape para los saltos de línea o los tabuladores. La cadena se interpretará como si fuera un único bloque de texto, con saltos de línea y tabuladores incluidos en la cadena.

Los atributos genéricos también son una mejora de C# 11 que, como su nombre indica, permiten añadir parámetros genéricos a los atributos. Se definen utilizando una sintaxis similar a la de los genéricos de clase, que permite especificar uno o varios tipos de parámetros que se pueden pasar al atributo cuando se utiliza.

```
public class MyAttribute<T> : Attribute
{
    public T Value { get; set; }

    public MyAttribute(T value)
    {
        Value = value;
    }
}
```

En este ejemplo, hemos definido un *Generic attribute* llamado `MyAttribute` que recibe un parámetro de tipo `T`. El constructor del atributo acepta un argumento de tipo `T`, que se asigna a la propiedad `Value`.

Para utilizar el atributo, podemos ponerlo delante de una declaración de clase, método o propiedad, y especificar el tipo de parámetro que se va a utilizar:

```
[MyAttribute(123)]
class MyClass
{
    [MyAttribute("hello")]
    public void MyMethod()
    {
        // ...
    }

    [MyAttribute(true)]
    public int MyProperty { get; set; }
}
```

En este ejemplo, hemos utilizado el atributo `MyAttribute` con diferentes tipos de parámetros: un entero, una cadena de caracteres y un booleano. Podemos recuperar estos valores utilizando reflexión para acceder a los atributos de la clase, método o propiedad si es necesario.

Capítulo 3
Novedades de ASP.NET Core

1. Introducción

ASP.NET existe desde 2002 y se han introducido muchos cambios en el framework desde su primera versión. Es importante recordar una cosa sobre ASP.NET Core: la nueva plataforma web de Microsoft no es en absoluto una continuación de la versión 4.6 del framework que ya conocemos, sino más bien una renovación que debería marcar una nueva era para la tecnología de Microsoft en la Web moderna.

Algunos dirán que el framework no ha cambiado tanto (especialmente la parte MVC), pero es realmente 'bajo el capó' donde los cambios han sido más profundos, empezando por el espacio de nombres `System.Web`, que ya no existe. A continuación, anunciado como multiplataforma, ASP.NET Core es más modular que en años anteriores. A través de ***NuGet*** para los componentes del servidor y después a través de ***Grunt*** o ***Gulp*** para la parte cliente del sitio web, el nuevo framework también se beneficia de un nuevo runtime, llamado ***CoreCLR***, que permite ejecutar una aplicación web de Microsoft en Linux o Mac.

2. Nuevas herramientas de código abierto

ASP.NET Core viene con toda una nueva gama de herramientas de código abierto para gestionar nuevos proyectos web. Afortunadamente para los desarrolladores, todas estas herramientas se han reunido en una única interfaz de línea de comandos: dotnet.

2.1 El entorno de ejecución dotnet

dotnet ha sido diseñado para que las aplicaciones .NET funcionen en plataformas Windows, Mac y Linux, sin tener que desarrollar un runtime distinto para cada una de ellas. Es tanto un entorno de ejecución como un SDK, con todo lo necesario para hacer funcionar aplicaciones web ASP.NET multiplataforma.

Totalmente orientado ***package-first***, Microsoft ha llevado el concepto de modularidad un paso más allá, permitiendo incluso que el entorno de ejecución incorpore, gestione y cree automáticamente los paquetes que necesita a través de NuGet. dotnet se puede usar en diferentes frameworks (.NET Core o el framework .NET Full) y generar paquetes NuGet directamente. Además, dotnet incluye el nuevo motor de ejecución CoreCLR, diseñado específicamente para los problemas de compatibilidad en otras plataformas.

dotnet está integrado en Visual Studio 2015 para ofrecer una experiencia más rica al desarrollador, pero el entorno de ejecución también se puede controlar desde la línea de comandos. En un proyecto ASP.NET Core, puede añadir herramientas de Microsoft y utilizar dotnet para controlar el proyecto desde la línea de comandos. Estas herramientas se añaden al mismo tiempo que el paquete NuGet en el archivo *.csproj:*

```
<ItemGroup>
    <DotNetCliToolReference Inclu-de="Microsoft.VisualStudio.Web.
CodeGeneration.Tools" Version="2.0.4" />
    <DotNetCliToolReference Include="BundlerMinifier.Core"
Version="2.0.238" />
  </ItemGroup>
```

Los comandos declarados se pueden utilizar, por ejemplo, para lanzar una herramienta de generación de código, antes conocida como *scaffolding*. Esto se puede utilizar para generar el controlador y las vistas que corresponden a un modelo de datos muy específico. El comando se puede utilizar a través de `dotnet <command>`:

```
dotnet Microsoft.VisualStudio.Web.CodeGeneration.Tools
```

Dentro de la propia aplicación, es posible utilizar servicios de dotnet a través de ciertas interfaces C# disponibles mediante inyección de dependencias. Servicios como `IServiceEnvironment` se pueden utilizar para modificar la configuración del entorno de ejecución mientras se ejecuta la propia aplicación.

La utilidad `dotnet` también contiene una lista de comandos predefinidos para realizar determinadas acciones en el servidor ASP.NET Core:

- `dotnet` new: inicializa un proyecto sencillo de consola C#.
- `dotnet restore`: restaura las dependencias del proyecto según *.csproj*.
- `dotnet build`: crea la aplicación .NET Core.
- `dotnet publish`: publica una aplicación .NET Core.
- `dotnet run`: lanza la aplicación desde el código fuente.
- `dotnet test`: ejecuta las pruebas utilizando el *test runner* definido en el *.csproj*.
- `dotnet pack`: crea un paquete NuGet a partir del código fuente.

Esta herramienta admite varios procesos para lanzar la aplicación ASP.NET Core. El primero consiste simplemente en restaurar los paquetes necesarios para la aplicación y, a continuación, lanzar el proyecto desde el código fuente.

```
dotnet new
dotnet restore
dotnet run
```

Sin embargo, la utilidad también se puede utilizar para lanzar la aplicación directamente desde una DLL, una vez generado el proyecto.

```
dotnet build
dotnet run bin/Debug/netcoreapp1.0/test-app.dll
```

Con los dos procesos anteriores, la herramienta demuestra que es capaz de ejecutar varios tipos de aplicaciones:

- Aplicaciones "portátiles", es decir, aplicaciones que dependen de la versión de .NET Core instalada en la máquina. Esto significa que este tipo de aplicaciones se podrán ejecutar en distintas instalaciones de .NET Core, independientemente de los sistemas operativos utilizados. Las aplicaciones "portátiles" también permiten centralizar las librerías .NET: por tanto, solo incrustarán librerías externas.
- Aplicaciones "autónomas", es decir, aplicaciones que contienen todas las dependencias que necesitan para funcionar, incluido el runtime de .NET Core, que es parte integrante de la aplicación. Esto facilita el despliegue de la aplicación, pero hace que el paquete sea más pesado. Además, la aplicación debe especificar la versión del runtime que se utilizará en el *.csproj*.

2.2 La utilidad dotnet restore

Un proyecto web ASP.NET Core tiene varias dependencias de paquetes externos, a menudo de NuGet. Para poner en marcha una aplicación web, primero hay que restaurar los paquetes necesarios para que el proyecto funcione correctamente. Esta es una de las novedades de ASP.NET Core: el proyecto solo incorpora lo que necesita, por lo que ha sido necesario diseñar una herramienta que permita restaurar estas dependencias, de forma multiplataforma y totalmente transparente. dotnet restore permite llevar a cabo esta restauración.

Integrado en .NET Core e instalado con dotnet, dotnet restore permite analizar el proyecto ASP.NET Core y recuperar de la nube los paquetes que necesita. Visual Studio 2015 utiliza automáticamente esta utilidad cuando se actualizan las dependencias del proyecto. Sin embargo, puede iniciar el proceso manualmente mediante el siguiente comando:

```
> dotnet restore
```

Observación

Hay que tener en cuenta, sin embargo, que en la consola desde la que se lanza el comando es necesario estar ubicado en la raíz del proyecto. `dotnet restore` *inspeccionará el archivo .csproj para identificar las dependencias a restaurar.*

Gracias a dotnet restore y a su facilidad de uso, es muy sencillo restaurar las dependencias de un proyecto ASP.NET Core, independientemente de la plataforma.

2.3 Gestión de paquetes NuGet con dotnet pack

La herramienta `dotnet` pack se utiliza para generar un paquete NuGet a partir de un proyecto .NET. Se puede utilizar de varias maneras para gestionar los paquetes NuGet. En primer lugar, podemos utilizar el siguiente comando, en la raíz de un proyecto .NET, para simplemente generar un paquete NuGet:

```
dotnet pack mi_proyecto.csproj
```

Este comando generará un paquete NuGet a partir del proyecto especificado y lo guardará en el directorio `bin\Debug` o `bin\Release`, dependiendo del modo de compilación utilizado.

Para incluir información sobre la versión y los metadatos en el paquete NuGet generado, podemos utilizar las opciones --`version` y --`metadata`:

```
dotnet pack mi_proyecto.csproj --version 1.2.3
--metadata authors="John Doe"
```

En este ejemplo, hemos especificado la versión `1.2.3` del paquete y añadido un metadato `authors` con el valor "`John Doe`".

Para publicar el paquete NuGet generado en un repositorio NuGet, podemos utilizar la opción --`publish`, especificando la URL del repositorio:

```
dotnet pack mi_proyecto.csproj --publish https://mynugetrepo.com
```

Este comando publicará el paquete NuGet generado en el repositorio NuGet especificado.

Para más información, puede consultar la documentación oficial o utilizar el comando `dotnet pack --help` para mostrar la lista completa de opciones disponibles:

- `--output`: directorio de salida de los paquetes generados.
- `--no-build`: genera un paquete NuGet sin lanzar la generación del proyecto .NET.
- `--no-restore`: genera un paquete NuGet sin restaurar los paquetes NuGet del proyecto.
- `--include-symbols`: incluye símbolos de compilación junto al paquete generado en la carpeta de salida.
- `--include-source`: incluye archivos PDB y archivos fuente. Las fuentes irán a la carpeta `src`.
- `--serviceable`: define el nivel de mantenimiento del paquete.
- `--nologo`: no muestra el logotipo cuando se inicia el comando.
- `--interactive`: permite esperar la interacción del usuario si es necesario.
- `--verbosity`: indica la verbosidad de los registros que se muestran al ejecutar el comando.
- `--version-suffix`: define el valor de la propiedad `$(VersionSuffix)` que se utilizará al generar el proyecto.
- `--configuration`: define la configuración que se utilizará durante la generación. Los valores pueden ser `Debug` o `Release`.
- `--use-current-runtime`: define si se debe utilizar el runtime actual como runtime de destino.

El comando `dotnet` pack es muy útil para gestionar paquetes NuGet para proyectos .NET y permite a los desarrolladores crear y publicar paquetes fácilmente.

3. La estructura de una solución

Una solución ASP.NET Core es la base de un proyecto web que utiliza tecnologías Microsoft. Permite desplegar rápidamente un sitio y estructurar el código utilizado para ejecutar la aplicación. Una solución puede incluir código tanto del lado del servidor como del lado del cliente, a la vez que incluye mecanismos para separar ambas partes. Este capítulo examinará los diferentes componentes de una solución ASP.NET Core y explicará sus funciones en la configuración o despliegue de la aplicación web.

3.1 Archivos .csproj

Un proyecto ASP.NET Core implementa una nueva filosofía de diseño de aplicaciones web de Microsoft que se inspira en gran medida en el código abierto.

La nueva plantilla tiene este aspecto:

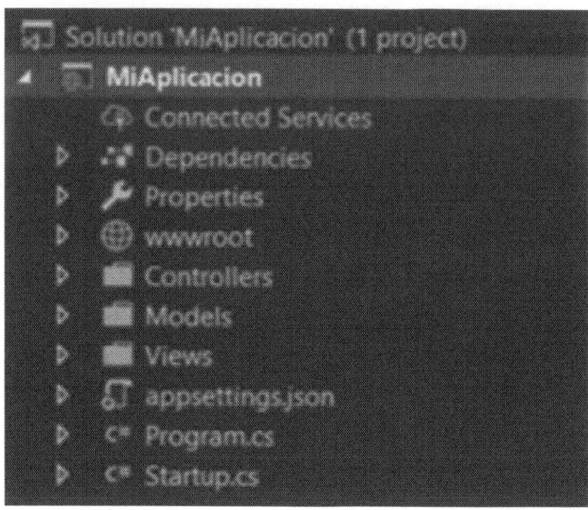

Nueva plantilla de proyecto ASP.NET Core

Lo primero que hay que saber es que la disposición de los proyectos en la solución no es fija. De hecho, mediante un sistema de referencia, es muy fácil modificar la ubicación de los proyectos para seguir sus propias convenciones de nomenclatura y estructura. Un proyecto básico ASP.NET Core MVC se compone de los siguientes elementos:

- **Una solución**: es el vínculo entre todos sus proyectos. El archivo .sln permite agrupar en un único archivo toda la información importante sobre sus proyectos: nombre y ruta del proyecto, configuración de compilación del proyecto (Debug, Release, etc.). También reúne diversa información contextual sobre la solución, como la versión mínima de Visual Studio necesaria para abrir el proyecto. El formato del archivo es muy similar a YAML.

```
Microsoft Visual Studio Solution File, Format Version 12.00
# Visual Studio 15
VisualStudioVersion = 15.0.28010.2016
MinimumVisualStudioVersion = 10.0.40219.1
Project("{FAE04EC0-301F-11D3-BF4B-00C04F79EFBC}") =
"MiAplicacion", "MiAplicacion\MiAplicacion.csproj",
"{GUID-PROJET}
EndProject
Global
   GlobalSection(SolutionConfigurationPlatforms) = preSolution
       Debug|Any CPU = Debug|Any CPU
       Release|Any CPU = Release|Any CPU
   EndGlobalSection
   GlobalSection(ProjectConfigurationPlatforms) = postSolution
       {GUID-PROJET}.Debug|Any CPU.ActiveCfg = Debug|Any CPU
          {GUID-PROJET}.Debug|Any CPU.Build.0 = Debug|Any CPU
       {GUID-PROJET}.Release|Any CPU.ActiveCfg = Release|Any CPU
       {GUID-PROJET}.Release|Any CPU.Build.0 = Release|Any CPU
   EndGlobalSection
   GlobalSection(SolutionProperties) = preSolution
       HideSolutionNode = FALSE
   EndGlobalSection
   GlobalSection(ExtensibilityGlobals) = postSolution
       SolutionGuid = {1D73F40D-E395-4018-B0A3-DD55BE367A54}
   EndGlobalSection
EndGlobal
```

- La sección **Connected Services**: se utiliza para conectar servicios externos al proyecto, como Application Insights o Azure Key Vault.
- La sección **Dependencies**: agrupa todas las dependencias del proyecto y las clasifica en tres categorías: analizadores (analizadores de código, por ejemplo), paquetes NuGet y dependencias del SDK .NET Core.
- La sección **Properties**: incluye un archivo de configuración, **launchSettings.json**, utilizado para configurar los perfiles de inicio del proyecto. Este archivo se describe con más detalle más adelante en esta sección.
- La carpeta **wwwroot**: esta carpeta contiene todos los archivos destinados únicamente al cliente web: archivos CSS, JavaScript, imágenes y recursos de todo tipo.
- Carpetas **Controllers**, **Models** y **Views**: carpetas que contienen el código del proyecto web MVC. La asignación de nombres es muy importante, porque permite al framework encontrar los controladores según las plantillas de enrutamiento definidas en la configuración del proyecto.
- Archivos **appsettings.json**: archivos de configuración del proyecto para diferentes entornos. Estos archivos contendrán, por ejemplo, cadenas de conexión a bases de datos o constantes que se pueden configurar fácilmente fuera del código fuente o que pueden diferir en función del entorno de ejecución de la aplicación.
- La clase **Program.cs**: el punto de entrada de la aplicación. Aquí es donde se lanza el servidor web Kestrel con la configuración inicial de la infraestructura necesaria para que funcione correctamente (puerto, integración con IIS, etc.).
- La clase **Startup.cs**: clase de configuración del proyecto web. Define los servicios que se utilizarán en toda la aplicación. También define el pipeline HTTP para las peticiones entrantes y salientes.

3.2 Propiedades de la aplicación web

La estructura de una solución ASP.NET Core incluye un único proyecto web, para sentar las bases iniciales del sitio. En el capítulo anterior se mencionó la posibilidad de configurar el proyecto a través del archivo *.csproj*, pero también es posible configurar el proyecto a través de sus propiedades. Para ello, haga clic con el botón derecho del ratón en el proyecto web y, a continuación, en **Propiedades**. La primera página de configuración se refiere a la propia aplicación. Hay una serie de opciones importantes:

- **Espacio de nombres por defecto (Default namespace)**: se utiliza para especificar el espacio de nombres por defecto de la aplicación web. En general, se trata de la raíz del proyecto.
- **Versión del framework de destino (Target framework)**: sirve para especificar la versión del SDK utilizada.
- **Tipo de salida de la aplicación (Output type)**: define si la aplicación es de tipo *Consola*, *Librería* o *Windows App*.

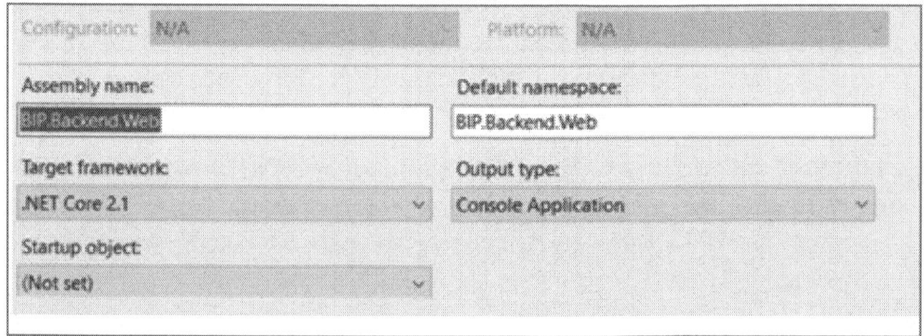

Configuración de la aplicación

La segunda pestaña de configuración se refiere a la compilación del proyecto. Esta página ofrece una serie de ajustes, como:

- **Configuración (Configuration)**: se utiliza para especificar el modo de compilación del proyecto, como *Debug*, *Release*, etc.
- **Plataforma (Platform)**: indica en qué plataforma se debe basar la compilación.

Como norma, la compilación no produce ninguna DLL para que todo sea multiplataforma. Sin embargo, es posible especificar explícitamente la generación de paquetes de proyecto y DLL durante la compilación, utilizando la primera opción.

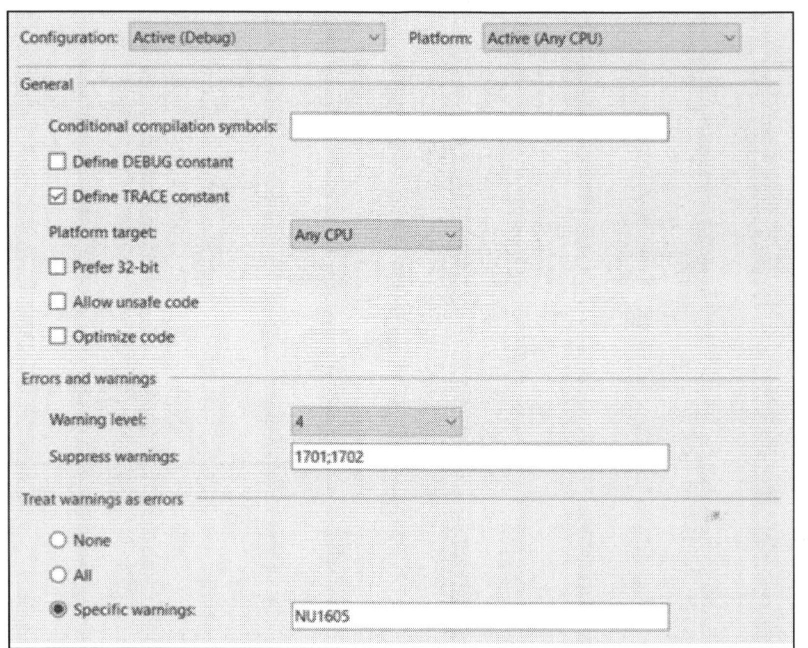

Ajustes de compilación

La tercera pestaña de la configuración se refiere a la depuración de la aplicación. La siguiente pantalla se utiliza para configurar las opciones de depuración de la aplicación. Hay opciones vinculadas al perfil de desarrollo, que se pueden configurar en función de los comandos especificados en el archivo *project.json*. Esto facilita el cambio del entorno de desarrollo (desarrollo de preproducción, producción, etc.) a la vez que se especifica una URL de lanzamiento si es necesario.

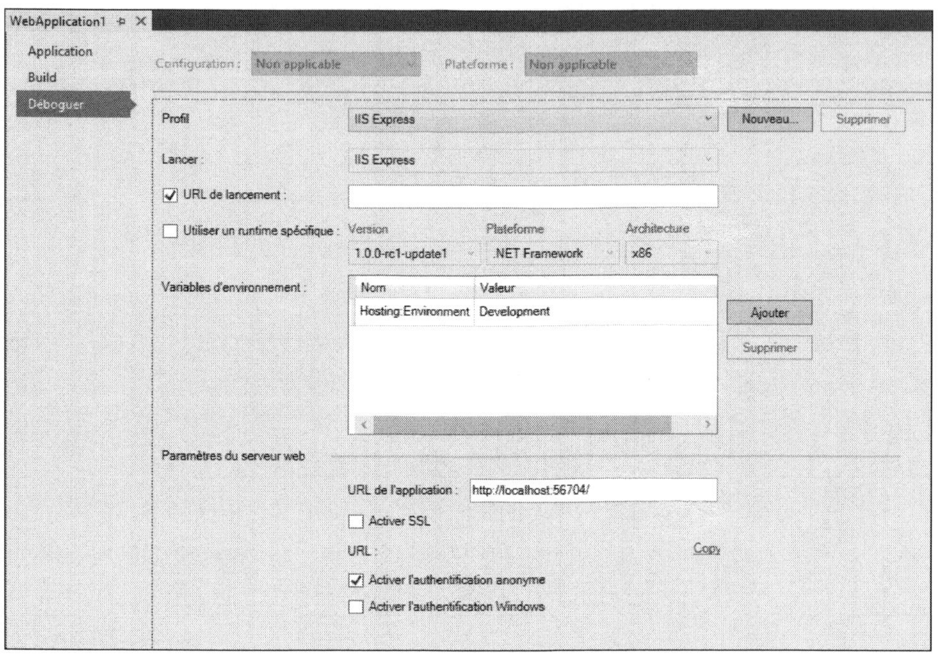

Configuración de depuración

Utilizar un runtime específico puede ser útil si el proyecto requiere una versión más estable o más avanzada del SDK. Por defecto, esta opción tiene el valor indicado en la pestaña **Application**. Las variables de entorno se utilizan para definir valores que serán comunes a toda la solución. Dentro de la plantilla básica proporcionada por Visual Studio, la variable **Hosting:Environment** se utiliza para definir el entorno en el que se encuentra el proyecto, modificando así el comportamiento de la aplicación en función de si se encuentra en un entorno de producción o de desarrollo.

El siguiente código modifica la configuración de la aplicación sólo si se encuentra en un entorno de producción. El método `IsDevelopment()` utiliza una variable de entorno para determinar si se encuentra o no en fase de desarrollo.

```
if (env.IsDevelopment())
{
   app.UseBrowserLink();
   app.UseDeveloperExceptionPage();
   app.UseDatabaseErrorPage();
}
```

La última sección de esta pestaña se refiere a la configuración del servidor web. Hay varias opciones disponibles:

- **URL de la aplicación**: sirve para definir la URL que permite al usuario acceder a la aplicación web.
- **Activar SSL**: permite activar SSL (*Secure Socket Layer*, modo de seguridad de la conexión a los sitios web).
- **Activar autenticación anónima**: indica si el visitante del sitio web puede acceder al contenido sin autenticación especial.
- **Activar autenticación de Windows**: indica si el visitante se debe autenticar primero utilizando la autenticación de Windows.

Los mismos ajustes están disponibles a través de un archivo de configuración situado bajo el nodo **Propiedades**: se trata del archivo *launchSettings.json*.

```
{
  "iisSettings": {
    "windowsAuthentication": false,
    "anonymousAuthentication": true,
    "iisExpress": {
      "applicationUrl": "http://localhost:28821/",
      "sslPort": 0
    }
  },
  "profiles": {
    "IIS Express": {
      "commandName": "IISExpress",
      "launchBrowser": true,
      "environmentVariables": {
        "Hosting:Environment": "Development"
      }
```

```
      },
      "MiProyecto": {
        "commandName": "Project",
        "launchBrowser": true,
        "launchUrl": "http://localhost:5000",
        "environmentVariables": {
            "ASPNETCORE_ENVIRONMENT": "Development"
        }
      }
    }
}
```

La última sección, titulada "*MiProyecto*", se utiliza para indicar al proyecto que utilice el comando `dotnet run` durante la depuración, así como otros parámetros para ayudar a lanzar la aplicación.

Este archivo se utiliza para configurar el proyecto web sin pasar por Visual Studio, de modo que se pueda compilar un proyecto ASP.NET Core en entornos distintos de Windows.

3.3 La carpeta wwwroot

En versiones anteriores, la raíz del sitio web solía ser la raíz del proyecto web en la solución de Visual Studio. Esta lógica sigue siendo muy específica de ASP.NET y los recursos estáticos como imágenes, estilos y scripts se mezclaban con otros archivos ASP.NET, como los controladores. En primer lugar, esto planteaba un problema de seguridad, ya que el cliente podía acceder inadvertidamente al *web.config* a través de una solicitud configurada incorrectamente. En segundo lugar, esta configuración estructural complicaba el despliegue en los servidores: ¿qué archivos debo desplegar? ¿Cómo dot seguridad al acceso a los archivos de despliegue en producción y desarrollo?

Este fuerte acoplamiento no permitía la apertura al código abierto y el equipo encargado del desarrollo de ASP.NET, tuvo que replantearse por completo la estructura del proyecto web para simplificar la división de los elementos del proyecto dentro de la tecnología web de Microsoft. Así se introdujo la carpeta *wwwroot*. En términos sencillos, esta carpeta es la nueva raíz del proyecto web y contiene únicamente los archivos estáticos del sitio web.

Observación

La regla es sencilla: cualquier archivo que no esté en la carpeta wwwroot no será accesible desde el sitio web. Por lo tanto, es importante colocar en esta carpeta todos los estilos (archivos CSS), scripts, imágenes, librerías JavaScript, etc. a los que necesite acceder en el sitio.

Estructura simple de la carpeta wwwroot

Esto tiene varias ventajas:

- No es necesario crear reglas especiales para acceder a los archivos del sitio.
- Desacoplamiento de archivos estáticos y archivos ASP.NET.
- Despliegue simplificado.

El archivo *web.config* no ha desaparecido por completo de los proyectos web ASP.NET, y ahora se encuentra en esta carpeta *wwwroot*.

```
<?xml version="1.0" encoding="utf-8"?>
<configuration>
  <system.webServer>
    <handlers>
      <add
        name="httpPlatformHandler"
        path="*"
        verb="*"
        modules="httpPlatformHandler"
        resourceType="Unspecified"/>
    </handlers>
    <httpPlatform
      processPath="%DNX_PATH%"
      arguments="%DNX_ARGS%"
      stdoutLogEnabled="false"
      startupTimeLimit="3600"/>
```

```
  </system.webServer>
</configuration>
```

Antes de la *beta7* de ASP.NET Core, un proyecto web se lanzaba en IIS utilizando el paquete *Microsoft.AspNet.Server.IIS* a través de un componente llamado *Helios*. Esto constituía un segundo host DNX, antes de que el host IIS llamado *Kestrel* tomara el control cuando se lanzaba la aplicación.

Desde la *beta8*, es posible alojar una aplicación ASP.NET Core utilizando el módulo IIS *HttpPlatformHandler* configurado a través del *web.config* del proyecto. Al ser un módulo nativo de IIS, esto unifica y simplifica el alojamiento en el servidor.

Observación

El módulo ASP.NET Core debe estar instalado en su servidor para ejecutar una aplicación ASP.NET Core y sólo se puede utilizar con IIS 8 o superior.

Enumerar y comentar cada opción no es el objetivo de este documento. No obstante, la documentación al respecto es muy extensa
https://docs.microsoft.com/es-es/aspnet/core/host-and-deploy/iis/

El archivo *web.config* es muy sencillo. Estipula varias cosas:

- El módulo IIS a utilizar. En este caso, es **AspNetCoreModule**.
- La ruta al ejecutable de la aplicación.
- Activación (o no) de los logs.

Por último, hay un archivo llamado *_references.js*, que permite aprovechar el IntelliSense de Visual Studio en todos los archivos JavaScript referenciados en este archivo. Estas son las características de este archivo:

- Es un archivo global, lo que significa que ya no es necesario incluir las mismas secuencias de comandos en cada uno de los archivos JavaScript en los que el desarrollador las necesite, basta con hacer referencia a ellas en el archivo *_references.js* y listo.
- Los scripts se incluyen mediante un triple slash.

```
/// <reference path="modernizr-2.6.2.js" />
/// <reference path="jquery-1.10.2.js" />
/// <reference path="bootstrap.js" />
/// <reference path="respond.js" />
```

– Visual Studio añade automáticamente nuevas secuencias de comandos a este archivo mediante la instrucción /// <autosync enabled="true"/> insertada en la parte superior del archivo *_references.js*. En la misma idea, Visual Studio añade algunas funciones que ayudan a gestionar el archivo IntelliSense JavaScript más fácilmente.

3.4 El archivo appsettings.json

ASP.NET Core admite multitud de formas de configurar un proyecto web. Cuando hablamos de configuración, nos referimos a la cadena de conexión a la base de datos, los identificadores de administrador, el nivel de registro, etc.

Para abrirse al open source, Microsoft también tuvo que inventar un sistema capaz de soportar varios formatos con el fin de satisfacer al mayor número posible de desarrolladores. Como *web.config* ya no es pertinente, el equipo encargado del desarrollo de ASP.NET Core ha desarrollado un API destinado únicamente a gestionar los archivos de configuración del proyecto: se trata del API Configuration. En esta sección, nos limitaremos a explorar un ejemplo de archivo que puede ser utilizado por este API.

El formato más utilizado para configurar un proyecto ASP.NET Core 0 es JSON. En la plantilla básica de Visual Studio, hay un archivo llamado *appsettings.json* para almacenar información relativa a diversos aspectos configurables del proyecto.

```
{
  "Data": {
    "DefaultConnection": {
      "ConnectionString":
"Server=(localdb)\\MSSQLLocalDB;Database=
_CHANGE_ME;Trusted_Connection=True;"
    }
  },

  "Logging": {
```

```
      "IncludeScopes": false,
      "LogLevel": {
        "Default": "Verbose",
        "System": "Information",
        "Microsoft": "Information"
      }
    }
  }
```

Los datos están ordenados jerárquicamente, lo que permite clasificar la información en forma de árbol. En el código, se puede acceder a esta información mediante claves, que se pueden combinar para formar rutas: *Data:DefaultConnection:ConnectionString.*

Observación

Nunca debe almacenar contraseñas o datos sensibles del proyecto en los archivos de configuración, ni siquiera en el código fuente. Lo mismo se aplica a la información de producción, que debe permanecer fuera del proyecto para evitar acabar en el controlador del código fuente.

Cada categoría debe contener un tipo de datos muy específico. Por ejemplo, la información relativa a la cadena de conexión no se debe mezclar con la relativa a los registros del sistema. Esto es muy importante, sobre todo cuando esta información se incluye en el código en forma de clase.

El patrón **Options** se utiliza para almacenar y clasificar toda la información de configuración especificada en archivos como *appsettings.json*. Simplemente especifica que ciertas clases son consideradas como clases de opciones y, por lo tanto, pueden ser inyectadas en nuestros controladores muy fácilmente para acceder a la información que la aplicación necesita.

A continuación, se muestra un ejemplo de configuración:

```
"Data": {
    "Option1": "Esta es una primera opción ",
   "Option2": " Esta es una segundaa opción "
  },
```

Y aquí su representación en clase utilizando el patrón **Options**:

```
public class Data
{
    public string Option1 { get; set; }
    public string Option2 { get; set; }
}
```

Posteriormente, una vez creadas y pobladas estas opciones en un contenedor de servicios, será posible utilizar esta clase de opciones mediante inyección de dependencias en nuestros controladores (explicado en los siguientes capítulos).

```
public class HomeController : Controller
{
    public HomeController(IOptions<MyOptions> optionsAccessor)
    {
        Options = optionsAccessor.Options;
    }

    MyOptions Options { get; }

    public IActionResult Index()
    {
        return View(Options);
    }
}
```

4. La configuración

La noción de configuración está muy presente en los nuevos proyectos ASP.NET Core. Configurar correctamente un proyecto significa asegurarse de que contiene los paquetes y la información necesarios para que funcione correctamente y, de esta manera, evitar incluir otras librerías que no sean útiles.

Los datos de configuración se pueden almacenar en archivos dedicados, utilizando proveedores predeterminados o los desarrolladores pueden crear sus propios proveedores y almacenar su configuración en una base de datos, por ejemplo. ASP.NET Core ofrece varias formas de manipular estos datos de configuración, que exploraremos en las siguientes secciones.

4.1 Archivos de configuración

En versiones anteriores, el sistema de configuración utilizaba el namespace System.`Configuration` junto con un archivo XML llamado *web.config* para almacenar la información de configuración del proyecto (cadenas de conexión, información de registro, etc.). El nuevo sistema incluido en ASP.NET Core ha sido completamente reestructurado, ofreciendo un nuevo modelo de configuración basado en claves/valores a los que se puede acceder muy fácilmente desde la aplicación o frameworks utilizados.

```
// Añadir la clave en el provider
provider = new MemoryConfigurationProvider();
provider.Add("unaClave", "unValor");

var config = new ConfigurationBuilder()
                .Add(provider)
                .Build();

// Recuperación del valor
string setting2 = config["unaClave"];
```

Los archivos de configuración incluidos en la solución son la mejor forma de que ASP.NET Core almacene la información de configuración. Pueden estar en formato JSON, XML o INIT y están organizados en secciones, lo que permite jerarquizar la información. Cada formato tiene su propio proveedor en el API y es posible añadir su propio proveedor personal. Es imprescindible configurar al menos un proveedor para que el API de configuración funcione. Por defecto, la plantilla de Visual Studio utiliza un archivo en formato JSON, titulado *appsettings.json*, para almacenar información básica sobre el proyecto, como la conexión a la base de datos y la configuración del registro.

```
{
  "Data": {
    "DefaultConnection": {
      "ConnectionString": "myConnectionString"
    }
  },
  "Logging": {
    "IncludeScopes": false,
    "LogLevel": {
      "Default": "Verbose"
```

```
        "System": "Information",
        "Microsoft": "Information"
      }
    }
  }
```

El equivalente en formato XML sería:

```
<?xml version="1.0" encoding="UTF-8" ?>
   <Data>
      <DefaultConnection>
   <ConnectionString>myConnectionString</ConnectionString>
      </DefaultConnection>
   </Data>
   <Logging>
      <IncludeScopes>false</IncludeScopes>
      <LogLevel>
         <Default>Verbose</Default>
         <System>Information</System>
         <Microsoft>Information</Microsoft>
      </LogLevel>
   </Logging>
```

La ventaja de este método es que los datos están jerarquizados y son fácilmente accesibles. Por ejemplo, para acceder a la cadena de conexión, la clave a utilizar será *Data:DefaultConnection:ConnectionString*.

Una buena práctica para utilizar estos archivos de configuración es utilizar el patrón *Options*, explicado al final de la sección El archivo appsettings.json de este capítulo, que presenta la estructura de uno de los archivos de configuración. Este patrón facilita el uso de la información de configuración en nuestros controladores y servicios.

Durante el desarrollo, es bastante fácil utilizar un único archivo de configuración para conectarse a una base de datos de prueba o para aumentar el nivel de registro. Pero en la mayoría de los casos necesitará una configuración diferente para el entorno de producción, especificando un nivel de registro diferente, por ejemplo. Para hacer esto, simplemente cree un nuevo archivo de configuración llamado *appsettings.Production.json* y modifique el `Startup` simplemente usando la variable `Environment`Name.

```
public Startup(IHostingEnvironment env)
{
    // Set up configuration providers.
    var builder = new ConfigurationBuilder()
        .AddJsonFile("appsettings.json")
        .AddJsonFile($"appsettings.{env.EnvironmentName}.json",
optional: true);

    builder.AddEnvironmentVariables();
    Configuration = builder.Build();
}
```

Observación

El API permite indicar que este archivo es opcional para no bloquear la ejecución del sitio si no existe. Esta configuración se podría escribir más adelante en el desarrollo del sitio web.

La configuración de un proyecto ASP.NET Core es muy robusta y puede manejar un gran número de casos especiales, al tiempo que proporciona una apertura para los desarrolladores que deseen incluir sus propios servicios de configuración dentro de la aplicación.

4.2 El API Configuration

El API Configuration básica se puede utilizar para gestionar los siguientes tipos de configuración:

- **Formato JSON**
- **Formato INI**
- **Formato XML**
- **InMemory**: configuración creada a partir de código y almacenada en memoria.
- **Variable de entorno**: variable configurada en el sistema mediante `EnvironmentVariable`. El ejemplo concreto es Azure Websites, que facilita la definición de variables para la instancia del sitio.
- **Línea de comandos**: el API leerá los argumentos que se pasan a la línea de comandos cuando se lance la aplicación.

Estos tipos de configuración son accesibles a través de métodos de extensión importados de paquetes NuGet específicos.

```
"dependencies": {
    "Microsoft.Extensions.Configuration.Abstractions":
"1.0.0-rc1-final",
    "Microsoft.Extensions.Configuration.Json": "1.0.0-rc1-final",
    "Microsoft.Extensions.Configuration.CommandLine":
"1.0.0-rc1-final",
    "Microsoft.Extensions.Configuration.EnvironmentVariables":
"1.0.0-rc1-final",
    "Microsoft.Extensions.Configuration.Ini": "1.0.0-rc1-final",
    "Microsoft.Extensions.Configuration.Xml": "1.0.0-rc1-final",
    "Microsoft.Extensions.Configuration": "1.0.0-rc1-final"
},
```

Tode el API Cconfiguration reside en el espacio de nombres `Microsoft.Extensions.Configuration` y expone una serie de clases e interfaces importantes, que describiremos a continuación.

La primera interfaz importante es `IConfiguration`. Se utiliza para definir la implementación general de la configuración que el desarrollador utiliza en la aplicación, y que simplemente representa un indexador para las claves/valores de la configuración. Los métodos importantes de la interfaz son los siguientes:

- `GetSection(string key)`: recupera una sección completa de la configuración basándose en la clave requerida.
- `GetChildren()`: obtiene la subsección inmediata de la configuración contenida en el objeto `Configuration` actual.

```
    public interface Iconfiguration
    {
        string this[string key] { get; set; }

        IEnumerable<IConfigurationSection> GetChildren();
        IConfigurationSection GetSection(string key);
        IChangeToken GetReloadToken();
    }
```

A continuación, la interfaz `IConfigurationProvider` se utiliza para definir la implementación para acceder a la fuente de configuración (archivo JSON, XML, base de datos, etc.), utilizando en particular los siguientes métodos:

- `TryGet(string key, out string value)`: define la implementación para recuperar el valor de la clave especificada.
- `Set(string key, string value)`: define la implementación para aplicar un valor a una clave concreta.
- `Load()`: carga la configuración en función del provider.

```
public interface IconfigurationProvider
    {
        IEnumerable<string> GetChildKeys(IEnumerable<string>
earlierKeys, string parentPath, string delimiter);

        void Load();

        void Set(string key, string value);
        bool TryGet(string key, out string value);
    }
```

La interfaz `IConfigurationRoot` se utiliza para representar la raíz de la jerarquía de configuración. Sólo tiene un método, `Reload()`, que recarga la configuración según los proveedores.

```
public interface IConfigurationRoot : Iconfiguration
    {
        void Reload();
    }
```

A continuación, la interfaz `IConfigurationSource` vincula proveedores y constructores mediante el método `Build(IConfigurationBuilder builder)`. Esta interfaz se utiliza para definir el provider de una fuente determinada. Por ejemplo, si la fuente fuera un archivo JSON, sería posible crear un provider para un formato JSON procedente del sistema de archivos y otro para un formato JSON procedente de un WebService. La interfaz `IConfigurationBuilder` construiría entonces la configuración sin preocuparse de la implementación de los providers y, dependiendo del contexto de la aplicación, se utilizaría uno en lugar de otro.

La interfaz `IConfigurationBuilder` se utiliza para construir un objeto de tipo `IConfigurationRoot` basado en todos los `IConfigurationSources` añadidos al builder. Los métodos importantes son:

- `Add(IConfigurationSource source)`: añade una fuente de configuración.
- `Build()`: construye el objeto `Configuration` con los datos.

```
public interface IconfigurationBuilder
    {
        Dictionary<string, object> Properties { get; }

        IEnumerable<IConfigurationSource> Sources { get; }

        IConfigurationBuilder Add(IConfigurationSource source);

        IConfigurationRoot Build();
    }
```

Por último, la interfaz `IConfigurationSection` se utiliza para recuperar toda la información relativa a una sección concreta de la configuración.

```
public interface IConfigurationSection : Iconfiguration
{
      string Key { get; }
      string Path { get; }
      string Value { get; set; }
}
```

El siguiente diagrama resume todas las interfaces y clases disponibles en el API de configuración básica. Con esto, el desarrollador puede desarrollar sus propios proveedores de configuración garantizando una perfecta integración en el API básico. Por convención, utilizamos métodos de extensión de la interfaz `IConfigurationBuilder` para añadir nuestros propios proveedores. En resumen, la flexibilidad es la consigna de este nuevo modelo de configuración, que también aumenta la modularidad y la unicidad de la información de configuración utilizada.

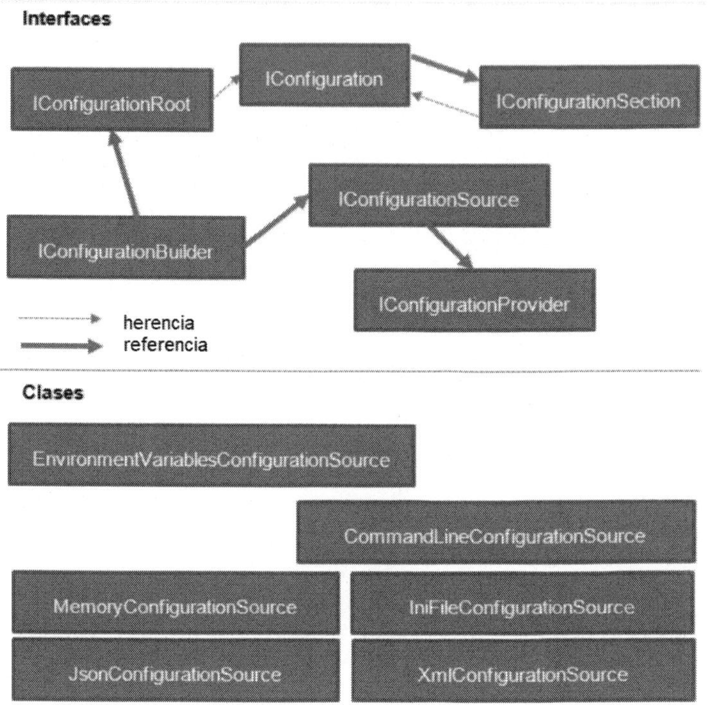

Diagrama del API de configuración proporcionado por ASP.NET Core

4.3 La clase Startup

La clase `Startup` es la única clase de lanzamiento para cada aplicación ASP.NET Core. Se utiliza para inicializar la aplicación, aplicando una determinada configuración en función de varios proveedores y también registrará varios servicios que son esenciales para el correcto funcionamiento de la aplicación. El desarrollador configura un "HTTP request pipeline" que también se denomina **Middleware**.

El middleware reúne componentes que se limitan a responder a peticiones muy específicas y, a continuación, los cede a otros componentes para que den una respuesta global a la petición del usuario. Estas peticiones se encadenan para formar el canal HTTP de la aplicación web.

El ejemplo más concreto es la inyección de dependencias. Cuando un controlador realiza una solicitud de un servicio contenido en el middleware, la inyección de dependencias busca primero un tipo de servicio correspondiente a la solicitud y, a continuación, resuelve todas las dependencias de este mismo servicio, encadenando las instancias de los servicios subyacentes. Esto permite al middleware responder habiendo resuelto todas las posibles dependencias de la solicitud.

El primer método importante de la clase `Startup` es el método `ConfigureServices`. Este método se utiliza para configurar todos los servicios y clases que se inyectarán y utilizarán a lo largo de la aplicación. Se llama al inicio del proceso de arranque de la aplicación, permitiendo que ciertos servicios utilizados posteriormente en el proceso, sean referenciados para configurar la aplicación.

```
public void ConfigureServices(IServiceCollection services)
{
    // Add framework services.
    services.AddEntityFramework()
        .AddSqlServer()
        .AddDbContext<ApplicationDbContext>(options =>
options.UseSqlServer(Configuration["Data:DefaultConnection:
ConnectionString"]));

    services.    AddIdentity<ApplicationUser, IdentityRole>()
        .AddEntityFrameworkStores<ApplicationDbContext>()
         .AddDefaultTokenProviders();

    services.AddMvc();

    // Add application services.
    services.AddTransient<IEmailSender, AuthMessageSender>();
    services.AddTransient<ISmsSender, AuthMessageSender>();
}
```

El código anterior es el código por defecto incorporado en la plantilla básica de Visual. Puede ver un número de métodos de extensión para el objeto `IServiceCollection` que se pasa como parámetro, permitiendo registrar varios servicios con el middleware. Por ejemplo, el método `AddEntityFrameworkStore` añadirá las clases `IUserStore` e `IRoleStore` para gestionar la autenticación desde Entity Framework. La interfaz básica `IServiceCollection` está vacía, por lo que para añadir un servicio, es necesario importar el paquete NuGet del servicio deseado.

El segundo método importante es `Configure`. Indica a la aplicación cómo debe responder a las peticiones HTTP enviadas por el cliente. El parámetro `IApplicationBuilder` es el objeto más importante aquí, ya que se utiliza para configurar el comportamiento de la aplicación para cada petición. Los otros parámetros `IHostingEnvironment` e `ILoggerFactory` pueden ser opcionales: el sistema los inyectará automáticamente si están presentes.

```
public void Configure(IApplicationBuilder app,
IHostingEnvironment env, ILoggerFactory loggerFactory)
{

loggerFactory.AddConsole(Configuration.GetSection("Logging"));
    loggerFactory.AddDebug()

    if (env.IsDevelopment())
    {
        app.UseBrowserLink();
        app.UseDeveloperExceptionPage();
        app.UseDatabaseErrorPage();
    }
    else
    {
        app.UseExceptionHandler("/Home/Error");
    }

    app.UseIISPlatformHandler(options =>
options.AuthenticationDescriptions.Clear());

    app.UseStaticFiles();

    app.UseIdentity();

    // To configure external authentication please see
```

```
http://go.microsoft.com/fwlink/?LinkID=532715

    app.UseMvc(routes =>
    {
        routes.MapRoute(
            name: "default",
            template: "{controller=Home}/{action=Index}/{id?}");
    });
}
```

También en este caso se utilizan métodos de extensión para configurar los distintos componentes de software de la aplicación. El ejemplo más convincente se refiere a las rutas HTTP. La plantilla base de Visual Studio utiliza el método `UseMvc` () para configurar las rutas de la aplicación.

```
public static class MvcApplicationBuilderExtensions
    {
        public static IApplicationBuilder UseMvc(this
IApplicationBuilder app);

        public static IApplicationBuilder UseMvc(this
IApplicationBuilder app, Action<IRouteBuilder> configureRoutes);

        public static IApplicationBuilder
UseMvcWithDefaultRoute(this IApplicationBuilder app);
    }
```

Los servicios disponibles en la clase `Startup` son los siguientes:

- **IApplicationBuilder**: construye el pipeline HTTP de la aplicación.
- **IApplicationEnvironment**: interfaz que agrupa ciertas propiedades importantes de la aplicación, como su versión, nombre, ruta, etc.
- **IHostingEnvironment**: proporciona acceso a toda la información de alojamiento de la aplicación.
- **ILoggerFactory**: proporciona acceso a un mecanismo de registro para rastrear cualquier error en la aplicación.
- **IServiceCollection**: colección de servicios configurados en la aplicación.

La firma de la clase final `Startup` tiene este aspecto y permite saber qué servicio se puede utilizar en qué parte de la clase:

```
public class Startup
{
    public Startup(IApplicationEnvironment appEnv,
IHostingEnvironment env, ILoggerFactory logger)

    public void ConfigureServices(IServiceCollection services)

    public void Configure(IApplicationBuilder app,
IApplicationEnvironment appEnv, IHostingEnvironment env,
ILoggerFactory loggerFactory)
}
```

Con esta clase, los desarrolladores pueden ahora configurar las distintas partes de su aplicación web como consideren oportuno, en particular para optimizar su huella de memoria y minimizar las librerías incluidas durante el despliegue. Este proceso se hizo necesario con la llegada de .NET Core, ya que en una lógica cloud-first, optimizar el despliegue y el rendimiento es esencial. Para obtener más información sobre middleware, la sección Middleware del capítulo Nuevos mecanismos en ASP.NET Core, es más completa.

La aplicación no se lanza completamente desde la propia clase `Startup`. Desde RC2, la aplicación se lanza desde un archivo `Program.cs` que lanza el host web y permite especificar una clase `Startup`. La aplicación se lanza utilizando un método `Main` estándar, como para una aplicación de consola. El siguiente código muestra el lanzamiento de una aplicación ASP.NET Core sencilla.

```
var basePath = Directory.GetCurrentDirectory();

using (var host
          = new WebHostBuilder()
          .UseKestrel()
          .UseContentRoot(basePath)
          .UseIISIntegration()
          .UseStartup<Startup>()
           .Build()
           )
      {
          host.Run();
      }
```

5. Gestión de dependencias

Las dependencias de un proyecto son esenciales, ya que permiten enriquecer la aplicación con nuevas funcionalidades que no necesariamente se incluyen de serie. ASP.NET Core no es una excepción a la regla y ofrece una serie de potentes herramientas para gestionar las dependencias del proyecto de la forma más eficaz posible, ya sea en el lado del servidor o en el del cliente. De hecho, las dependencias de cada lado de la aplicación no son las mismas. El servidor utiliza dependencias del sistema muy orientadas al negocio o a las bases de datos, mientras que los clientes tienden a utilizar modernas librerías o componentes gráficos de interfaz de usuario.

5.1 Gestión del servidor

La política de Microsoft en materia de gestión de dependencias del lado del servidor es muy sencilla: recomienda el uso del gestor de paquetes NuGet. La versión 3 de NuGet aporta una serie de importantes novedades que han estabilizado el gestor de paquetes y lo han hecho más utilizable. Estos cambios se han guiado por los comentarios de la comunidad de Microsoft.

El primer gran cambio de NuGet se refiere a su interfaz gráfica, que ha sido completamente reescrita. Los elementos más notables son:

- Mejor integración del gestor de paquetes en Visual Studio: ahora es una pestaña propiamente dicha, lo que nos permite seguir trabajando junto a él.
- NuGet ahora le permite elegir qué versión instalar, dándole un mejor control sobre las versiones de los paquetes instalados. Esto hace que sea fácil volver atrás si una nueva versión hace demasiados cambios.
- El gestor también permite especificar qué directorios (en línea o locales) utiliza NuGet para recuperar paquetes.
- Un indicador permite ver inmediatamente, en cualquier parte de NuGet, qué paquetes se han actualizado.
- Se ha eliminado el botón "Update all" de la versión antigua de NuGet, para evitar que el desarrollador tenga demasiados cambios de bloqueo llegando a la vez al proyecto.

Con ASP.NET, la gestión de paquetes va más allá del simple uso de NuGet. Los nuevos proyectos incluyen ahora un nuevo archivo llamado *project.json* para gestionar las dependencias del proyecto (véase Estructura de una solución para más detalles sobre la estructura del archivo *project.json*). La parte que nos interesa aquí son las dependencias: se utiliza para indicar qué paquete se debe descargar en el proyecto, así como su versión. Es posible especificar paquetes NuGet u otros proyectos (incluidos o no en la solución). El ejemplo siguiente muestra algunas de las dependencias de un paquete:

```
"dependencies": {
    "Microsoft.AspNet.Authentication.Cookies": "1.0.0-rc1-final",
    "Microsoft.AspNet.Diagnostics.Entity": "7.0.0-rc1-final",
    "Microsoft.AspNet.Identity.EntityFramework": "3.0.0-rc1-final",
    "Microsoft.AspNet.IISPlatformHandler": "1.0.0-rc1-final",
    "Microsoft.AspNet.Mvc": "6.0.0-rc1-final",
    "Microsoft.AspNet.Mvc.TagHelpers": "6.0.0-rc1-final"
    "MyOtherProject": "1.0.0-*"
  }
```

Observación

Visual Studio nos ayuda cuando modificamos este archivo. En primer lugar, Visual Studio buscará automáticamente los paquetes al guardar el archivo, con lo que las referencias se actualizan. A continuación, el IDE nos ayuda con el autocompletado para nombres de paquetes y versiones.

Con este tipo de gestión de las dependencias del proyecto, NuGet utiliza una carpeta compartida para almacenar los paquetes descargados que se encuentra en la siguiente ruta: **%userprofile%\.nuget\packages.** Esta carpeta permite que los paquetes se compartan entre diferentes proyectos en el ordenador, de modo que el paquete sólo se descarga una vez en la máquina. Todos los proyectos .NET harán referencia a los paquetes contenidos en esta carpeta, permitiendo que los nuevos proyectos se inicialicen más rápidamente.

Como parte de ASP.NET Core, todas las librerías CoreFX se distribuyen ahora a través de NuGet para minimizar las dependencias entre los distintos paquetes. También es posible crear su propio paquete NuGet y apuntar a varias plataformas al mismo tiempo (.NET Core, .NET 4.5, etc.). Este nuevo tipo de proyecto se puede encontrar en **Web- Class Library**.

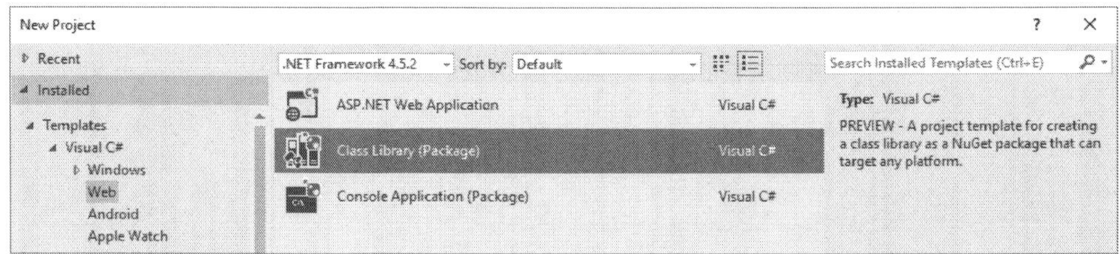

Proyecto de tipo librería Class Library para varias plataformas

La estructura de este tipo de proyectos es muy sencilla. Hay una sección **Dependencies**, por si la librería tiene dependencias con librerías cliente y también la sección **References**, que contiene las dependencias .NET. Una vez creado el proyecto, podemos ver que la librería ya tiene plataformas de destino, que son **.NET Framework 4.5.1 y .NET Platform 5.4**.

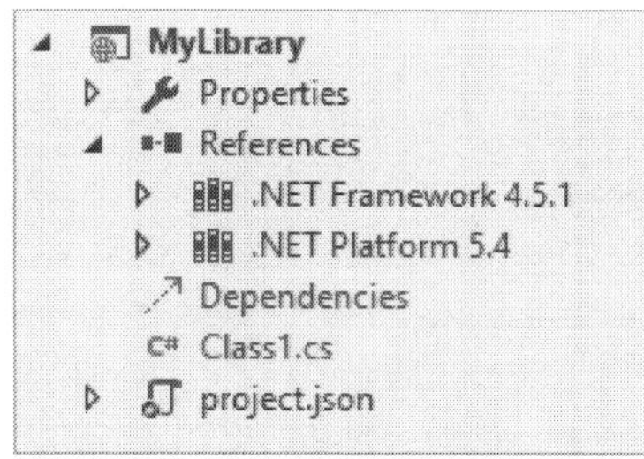

Estructura de una librería de clases

Estas dependencias se definen en el archivo *project.json* y describen la configuración y las propiedades globales de la librería:

- **version**: sirve para determinar la versión del paquete.
- **description**: mostrado directamente en NuGet, este texto puede dar al cliente una idea del contenido del paquete.
- **authors**: define los autores del paquete.
- **tags**: añade palabras clave para facilitar la búsqueda del paquete en NuGet.
- **projectUrl**: enlace de Internet que indica la URL de un proyecto. Por ejemplo, esta URL podría apuntar a un repositorio de GitHub.
- **licenceUrl**: enlace de Internet a la licencia del paquete.

– **frameworks**: sección utilizada para indicar las plataformas de destino del paquete. Aquí es donde este tipo de proyecto realmente destaca, ya que permite crear código multiplataforma.

```
{
  "version": "1.0.0-*",
  "description": "ClassLibrary1",
  "authors": [ "authors" ],
  "tags": [ ".net", "c#" ],
  "projectUrl": "https://github.com/",
  "licenseUrl": "https://github.com/",

  "frameworks": {
    "net451": { },
    "dotnet5.4": { }
  }
}
```

Con este nuevo tipo de proyecto y NuGet, resulta muy sencillo publicar y gestionar paquetes NuGet dentro de su proyecto .NET. Sin embargo, es importante definir una estrategia de publicación para garantizar un proceso de actualización continuo sin sobrecargar a los clientes. Normalmente, durante la fase de desarrollo del paquete, los equipos trabajan con versiones beta para evitar perder demasiadas versiones intermedias en el número de versiones. Después, cuando el paquete está validado y probado, se quita al número de versión su sufijo **beta** y se incrementa para su publicación.

1.0.0-beta-001
1.0.0-beta-002
...
1.0.0-beta-025

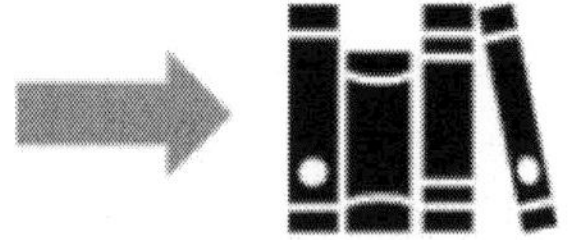

Ciclo de publicación de paquetes NuGet

5.2 Gestión de clientes

El ecosistema JavaScript se ha enriquecido con innumerables librerías que se pueden utilizar en el lado del cliente, lo que permite mejorar al máximo los sitios web modernos con frameworks como jQuery, Bootstrap, AngularJS, etc. Las principales dificultades cuando se trabaja con librerías externas son las dependencias de esta librería y, potencialmente, las dependencias de sus dependencias y así sucesivamente. Detectar todas las dependencias de la librería y gestionar las versiones, se puede volver rápidamente tedioso y hacer perder el tiempo a todo el equipo de desarrollo.

En la actualidad, han surgido varios gestores de paquetes del lado del cliente para ayudar a los desarrolladores en su tarea diaria de gestionar librerías. Esta sección presenta las dos herramientas más populares del momento: Bower y NPM.

Gestionar las librerías cliente de un proyecto con Bower permite instalar frameworks JavaScript, librerías CSS y fuentes de forma optimizada para el front-end. Hablaremos más sobre esta optimización, más adelante.

La lista de paquetes se puede encontrar en el archivo *bower.json*. La parte más interesante de este archivo se llama *dependencies* y permite configurar las dependencias del cliente de su proyecto.

Observación

Cuando se guarda este archivo, Visual Studio restaura automáticamente los paquetes Bower y los guarda en una carpeta específica establecida en el archivo .bowerrc. Básicamente, se trata de la carpeta wwwroot/lib. También es posible configurar este archivo a través de una interfaz gráfica más avanzada, haciendo clic con el botón derecho del ratón en el proyecto y seleccionando después ***Administrar paquetes Bower****.*

```
{
  "name": "ASP.NET",
  "private": true,
  "dependencies": {
    "bootstrap": "3.3.5",
    "jquery": "2.1.4",
    "jquery-validation": "1.14.0",
    "jquery-validation-unobtrusive": "3.2.4"
  }
}
```

Ejemplo de archivo bower.json

Cabe destacar que Visual Studio ayuda a los desarrolladores autocompletando los nombres de los paquetes y las versiones.

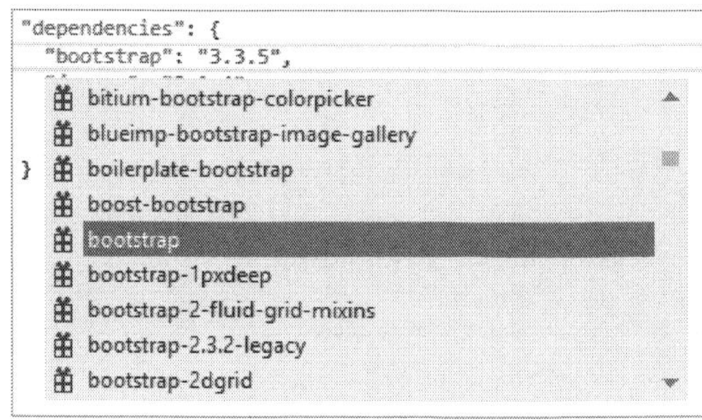

Autocompletar de Visual Studio para Bower

Una vez guardado este archivo, se pueden descargar los paquetes Bower y utilizarlos en nuestra aplicación web, importando los scripts que nos interesen.

```
<!DOCTYPE html>
<html>
<head>
        <meta charset="utf-8" />
        <title>Bower Example</title>
        <link href="lib/bootstrap/dist/css/bootstrap.css"
rel="stylesheet" />
</head>
<body>

        <script src="lib/jquery/dist/jquery.js"></script>
        <script src="lib/bootstrap/dist/js/bootstrap.js"></script>
</body>
</html>
```

Como hemos dicho antes, Bower es un gestor de paquetes optimizado para el front-end, lo que significa que sólo carga lo mínimo y depende del desarrollador indicar las dependencias en el archivo *bower.json*. Afortunadamente, Bower aún se encarga de indicar qué dependencias debe introducir el usuario en el archivo. También gestiona los paquetes duplicados, garantizando la unicidad de cada paquete descargado, evitando así librerías redundantes. Como cada paquete puede indicar diferentes versiones para sus dependencias, Bower es capaz de detectar cualquier conflicto e incompatibilidad dentro del proyecto.

Gracias a GitHub, Bower ahora es compatible con un gran número de proyectos, lo que permite a los desarrolladores aprovechar una amplia gama de librerías. Ahorra una enorme cantidad de tiempo al simplificar el proceso de búsqueda, adición, eliminación y actualización de las dependencias de los proyectos, al tiempo que garantiza lo mínimo indispensable.

NPM es un gestor de paquetes que funciona de una manera muy diferente. Derivado de Node.js, su propósito principal es gestionar el JavaScript que se ejecuta en el lado del servidor y las dependencias que surgen de él. Esto es perfectamente correcto y Node.js va mucho más allá. Bower, por ejemplo, es un paquete NPM, pero también existe Gulp (un gestor de tareas del lado del servidor) y Yeoman (un generador de proyectos listos para usar), lo que convierte a Node.js en una verdadera plataforma de desarrollo para desarrolladores, algo parecido a NuGet.

Observación

Visual Studio simplemente transcribe los comandos utilizados por ***bower*** *a* ***Node.js*** *para proporcionar ayudas visuales, como el autocompletado. La documentación sobre todos los comandos de Bower se puede encontrar aquí: http://bower.io/docs/api/*

Al crear un proyecto ASP.NET Core, es posible que observe que ya hay una serie de paquetes NPM instalados relacionados con Gulp. Estos paquetes están referenciados en un archivo llamado *package.json*, que identifica los paquetes que NPM necesita recuperar para el proyecto.

```
Dependencies
  Bower
  npm
    gulp (3.8.11)
    gulp-concat (2.5.2)
    gulp-cssmin (0.1.7)
    gulp-uglify (1.2.0)
    rimraf (2.2.8)
```

Paquetes NPM

```
{
  "name": "ASP.NET",
  "version": "0.0.0",
  "devDependencies": {
    "gulp": "3.8.11",
    "gulp-concat": "2.5.2",
    "gulp-cssmin": "0.1.7",
    "gulp-uglify": "1.2.0",
    "rimraf": "2.2.8"
  }
}
```

Archivo package.json

La sección *devDependencies* se utiliza para indicar a NPM qué paquete debe descargar. La gestión de dependencias es muy diferente con Bower. NPM construye un árbol de dependencias (tan profundo como requieran las librerías, que puede llegar muy lejos) y, seguidamente, descarga cada dependencia específica de cada librería. La desventaja aquí es la carga de procesamiento, que es mucho mayor. Sin embargo, esto no obliga al desarrollador a ocuparse de las dependencias. La otra ventaja es que cada librería utiliza sus propias versiones de dependencias (en el proyecto se pueden encontrar varias versiones de jQuery), lo que evita conflictos.

En conclusión, es difícil elegir entre Bower o NPM, ya que ambos tienen sus ventajas. Aun así, utilizar varios gestores de paquetes dentro de un proyecto puede parecer una mala práctica y depende del equipo acordar un gestor global y ceñirse a él. Los módulos de Node.js ofrecen un abanico más amplio de funcionalidades y, este es el gestor que destaca un poco más que los demás, por el momento. Sin embargo, depende de usted encontrar lo que necesite.

6. Gestión de tareas

En versiones anteriores de ASP.NET, el framework .NET automatizaba ciertas tareas de forma transparente, sin que el desarrollador tuviera que describir todo el proceso. Este era el caso, en particular, de la minimización y concatenación de archivos JavaScript y CSS. Hoy en día, estos "atajos" ya no existen, y los desarrolladores tienen que contentarse con ciertas herramientas para escribir ellos mismos los distintos procesos que necesitan. Estas herramientas ofrecen un abanico mucho más amplio de posibilidades, como compilar archivos Typescript o Less, copiar archivos, instalar librerías externas, generar paquetes, etc. Las herramientas más populares en la actualidad son Grunt y Gulp y, en las siguientes secciones, se describirán sus principales características, acompañadas de varios ejemplos a modo de ilustración.

6.1 Tareas con Grunt

Grunt es un paquete *Node.js*, como Gulp y se describe comúnmente como un *JavaScript Task Runner*, es decir, una herramienta capaz de crear y gestionar tareas automatizadas en JavaScript. Este tipo de herramienta tiene múltiples ventajas. En primer lugar, permite a cualquier desarrollador con un mínimo conocimiento de JavaScript crear sus propios procesos de minimización, compilación, despliegue, etc., teniendo un control total sobre lo que sucede. En segundo lugar, la automatización de estas tareas garantiza que cada proceso se ejecute en el momento adecuado y siempre de la misma manera. Por último, *JavaScript Task Runner* se utilizan ahora ampliamente en el desarrollo web front-end, y se benefician de una comunidad amplia y creciente. Las posibilidades que ofrecen este tipo de herramientas se pueden ampliar hasta el infinito.

En términos prácticos, Grunt es simplemente un paquete NPM y el comando para instalarlo es el siguiente:

```
$ npm install grunt --save-dev
```

La opción `--save-dev` añade *grunt* al archivo **package.json** del proyecto web.

Observación

*Visual Studio vuelve a ayudar a los desarrolladores si desean modificar directamente el archivo **package.json**, con autocompletado y restauración automática del paquete al guardar el archivo.*

Para utilizar Grunt, ahora tenemos que crear un archivo **gruntfile.js** que definirá todas las tareas que se pueden utilizar en el proyecto.

```
module.exports = function(grunt) {

  // Configuración de Grunt
  grunt.initConfig({})

  // Definición de tareas Grunt
  grunt.registerTask('default', '')

}
```

Grunt sigue dividido en dos partes:

- la primera parte se refiere a la configuración de las tareas, con las opciones y procesos que se deben configurar en función del plug-in utilizado,
- la segunda parte se refiere al registro de estas tareas bajo alias. Estos alias se utilizarán para lanzar las tareas.

Observación

Se pueden agrupar varias tareas bajo un mismo alias y ese es el poder de este tipo de herramientas. Podríamos imaginar varias tareas, por ejemplo, capaces de compilar LESS en CSS y luego concatenarlas en un único archivo, agrupadas bajo un único alias.

Para realizar las tareas anteriores, Grunt necesita plug-ins, que no son más que otros paquetes NPM que se pueden descargar en el proyecto. Tomemos como ejemplo la compilación de archivos LESS en CSS. Lo primero que hay que hacer es instalar el plug-in correspondiente (una rápida búsqueda en Google permitirá encontrar el paquete adecuado).

```
$ npm install grunt-contrib-sass --save-dev
```

Esto instalará el paquete *grunt-contrib-sass* en la carpeta *node_modules*, poniéndolo a disposición de Grunt. A continuación, sólo tiene que modificar el archivo *gruntfile.js* para utilizar el nuevo plug-in.

```
module.exports = function(grunt) {

  grunt.initConfig({
    sass: {                                   // Nombre de la tarea
      dist: {                                 // Nombre de la subtarea
        options: {                            // Opciones
          style: 'expanded'
        },
        files: {                              // Lista de los archivos
           'main.css': 'main.scss',            // 'dest': 'source'
          'widgets.css': 'widgets.scss'
        }
      }
    }
  })

  // Importación del paquete
  grunt.loadNpmTasks('grunt-contrib-sass')

  // Redefinición de la tarea `default`
  grunt.registerTask('default', ['sass:dist'])
}
```

Hay tres etapas distintas en el uso de Grunt:

- **Definición de tareas**: en el ejemplo anterior, definimos una tarea inicial, *sass*, y luego una subtarea *dist* que contiene las distintas opciones y configuraciones de la tarea. La ventaja de las tareas y subtareas es que se pueden definir tareas que se pueden utilizar en producción y otras tareas que se pueden utilizar durante la fase de desarrollo.
- **Carga de plug-ins**: a continuación, cargamos los paquetes que necesitamos para ejecutar las tareas.
- **Definición de alias**: las tareas se asocian a alias.

Observación

*El objetivo de esta sección no es entrar en detalles sobre el plugin **grunt-contrib-sass**, sino ver y entender cómo funciona Grunt en general. Cada plugin tiene documentación web completa para cada una de sus opciones y no será objeto de un capítulo aparte.*

Visual Studio proporciona una mejor vista de las tareas Grunt. Para ello, basta con hacer clic con el botón derecho en el archivo **gruntfile.js** y, a continuación, en **Task Runner Explorer.**

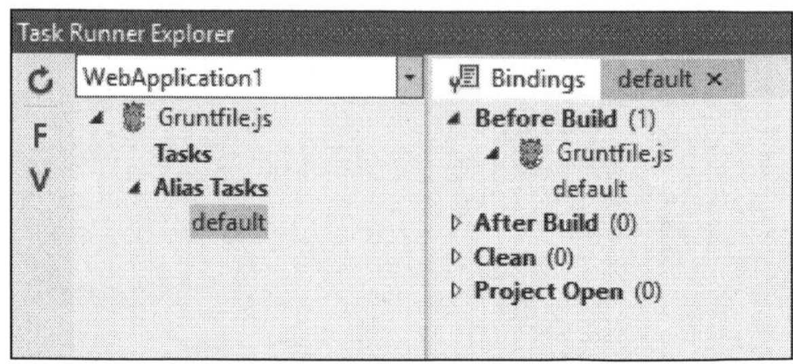

Explorador de tareas de Visual Studio para Grunt

Esta herramienta inicia y programa automáticamente tareas en función de una serie de parámetros de Visual Studio:

- **Before Build**: ejecución antes de la build (proyecto o solución).
- **After Build**: lanza la tarea después de la build.
- **Clean**: ejecución tras una *clean* del proyecto o solución.
- **Project Open**: lanza la tarea cuando se abre el proyecto.

La herramienta incorpora una consola para detectar si se ha producido algún error durante la ejecución de la tarea.

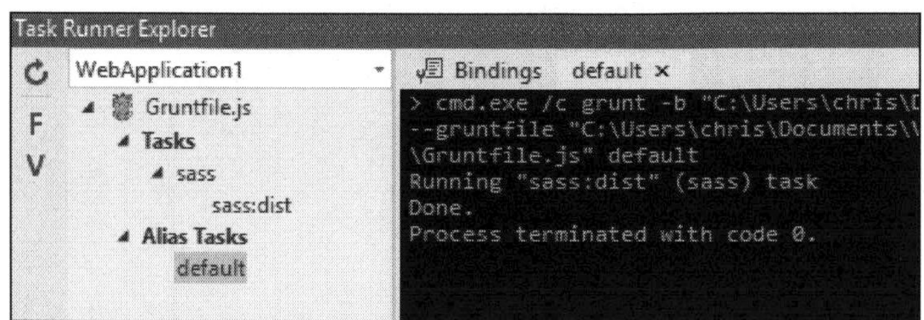

Consola JavaScript para la ejecución de tareas

Observación

Para compilar archivos SCSS en CSS, necesitará Ruby y Sass: http://sass-lang.com/install

Con ello, el desarrollador es capaz de crear multitud de tareas para satisfacer diferentes necesidades en términos de compilación, concatenación, minimización de archivos, etc. Los plug-ins más populares para Grunt son:

- **grunt-contrib-clean**: eliminar un archivo o directorio
- **grunt-contrib-jshint**: comprobación de la calidad del código JavaScript
- **grunt-contrib-concat**: concatenación de archivos
- **grunt-contrib-uglify**: minimizar archivos JavaScript
- **grunt-contrib-watch**: monitorización de archivos.

6.2 Tareas con Gulp

La sección anterior mostraba cómo manipular Grunt para crear y gestionar sus propias tareas JavaScript en un proyecto ASP.NET Core. Sin embargo, este no es el único *JavaScript Task Runner* popular en la comunidad: también existe Gulp.

El mayor inconveniente de Grunt es que funciona leyendo y escribiendo en archivos (un archivo por tarea), de tal forma que el rendimiento se ve afectado. De esta manera, las tareas están compartimentadas y solo se pueden ejecutar una tras otra, mientras que sería interesante paralelizar las tareas.

Gulp ofrece una forma de trabajar diferente a Grunt: trata las tareas como una especie de 'middleware', aprovechando al máximo los streams NodeJS. El objetivo es considerar una tarea Gulp como una sucesión de operaciones específicas sobre archivos. Los pasos de una tarea Gulp son los siguientes:

- Creación de un flujo de objetos que representan los archivos a procesar.
- Utilización de este flujo en diferentes tareas (mediante el método `pipe()`).
- Guardar el resultado en uno o varios archivos (utilizando el método `dest()`).

Cada objeto (es decir, un archivo) se pasa de forma asíncrona en la secuencia de tareas y contiene la siguiente información: ruta del archivo, directorio actual y contenido del archivo. El contenido puede ser nulo, un **Buffer** o un **ReadableStream**. En la mayoría de los casos, Gulp proporciona un Buffer.

Tomemos como ejemplo la siguiente secuencia de tareas:

- Suprima la palabra "ASP" en una frase.
- Conserve sólo las 500 primeras líneas.

Grunt hará que cada paso requiera la escritura de un archivo. Además, las tareas se ejecutan secuencialmente, lo que potencialmente puede saturar la CPU y/o la memoria. Gulp pasa cada archivo a las tareas de forma asíncrona, lo que significa que, teóricamente, el primer archivo empieza a procesarse mientras todos los archivos aún no han sido cargados por Gulp. Además, una tarea realizada en último lugar puede influir en la tarea anterior. En el ejemplo anterior, ¿qué sentido tiene borrar la palabra "ASP" de todo el archivo, dado que sólo se conservan las 500 primeras líneas? Cerrando el flujo después de 500 líneas, el evento pasará a las tareas padre y así sucesivamente, ahorrando recursos. Por último, Gulp optimiza los recursos porque los flujos son asíncronos. Podemos imaginar fácilmente una tarea de escritura en disco (tiempo de CPU), funcionando al mismo tiempo que una tarea de tratamiento de datos (tiempo de memoria).

Configurar una tarea `watch` es un muy buen ejemplo de uso de Gulp. El método `watch` es ampliamente utilizado en esta área para 'monitorizar' archivos. Una tarea `watch` lanzará otra tarea cuando el archivo o archivos monitorizados hayan sido modificados. Este tipo de proceso facilita la compilación de archivos SCSS sobre la marcha. Una tarea de `watch` operará en segundo plano para comprobar que los archivos han sido modificados.

Al igual que Grunt, Gulp es un paquete NPM que se puede instalar desde el archivo *package.json*.

```
"devDependencies": {
    "gulp": "3.8.11",
    "gulp-ruby-sass": "2.0.6"
  }
```

A continuación, sólo tiene que cargar y utilizar estos plug-ins en un archivo *gulpfile.js*.

```
var gulp = require('gulp');
var sass = require('gulp-ruby-sass');

gulp.task('styles', function () {
    gulp.src('scss/**/*.scss')
            .pipe(sass().on('error', sass.logError))
        .pipe(gulp.dest('./css/'))
});

//Watch task
gulp.task('default', function () {
    gulp.watch('scss/**/*.scss', ['styles']);
});
```

El código anterior es sencillo:

- Carga previa de los plug-ins necesarios para realizar las tareas.
- Definición de tareas. Tres métodos son importantes aquí. El primero es `gulp.src`, que se utiliza para indicar qué archivos se van a procesar (se puede utilizar un patrón basado en estrellas para seleccionar varios archivos). A continuación, `.pipe()` se utiliza para indicar una etapa en la tarea, que es donde tendrá lugar el procesamiento. En el caso anterior, la etapa consiste en compilar los archivos SCSS. Podríamos imaginar otros pasos como la concatenación o la minimización. A continuación, se utiliza el método `gulp.dist()`para escribir el resultado en un archivo o carpeta de destino.
- Definición de una tarea de `watch` que ejecutará la tarea styles cuando se modifique un archivo.

Visual Studio es capaz de reconocer las tareas guardadas en el archivo *gulpfile.js* y permite utilizarlas del mismo modo que con Grunt, es decir, se pueden programar para varios eventos de Visual Studio (abrir el proyecto, limpiar el proyecto o después/antes de la build). El IDE también permite lanzar la tarea directamente desde una consola. La tarea se lanza exactamente de la misma manera que con Grunt.

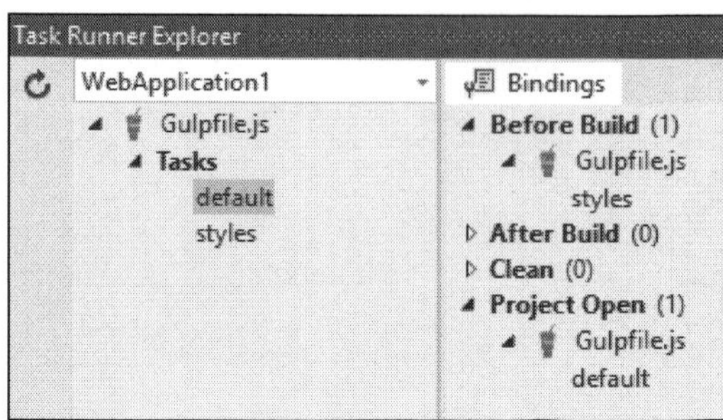

Explorador de tareas de Visual Studio para Gulp

Los plug-ins más populares de Gulp son:

- **gulp-util**: conjunto de utilidades para Gulp, como el registro y la coloración de la consola.
- **gulp-clean**: borrado de carpetas.
- **gulp-concat**: concatenación de varios archivos.
- **gulp-uglify**: minimización de archivos.
- **gulp-rename**: renombrado de archivos.
- **gulp-filesize**: mide el tamaño de los archivos procesados.
- **gulp-less**: compilación de archivos LESS en CSS.
- **gulp-changed**: monitorización de archivos (como *watch*).

La gestión de dependencias del lado del cliente es esencial para facilitar el día a día de los desarrolladores y Gulp (o Grunt) está ahí para ayudar a automatizar tareas. La comunidad crece día a día para ofrecer plug-ins cada vez más ricos, a través del gestor de paquetes NPM.

Capítulo 4
Modelos con Entity Framework Core

1. Introducción

Los desarrolladores siempre han necesitado leer datos de una base de datos, escribir registros, eliminar filas, gestionar transacciones, actualizar datos de usuario, etc. Desde sus inicios, .NET Framework ha contado con una API para comunicarse con una base de datos y enviarle consultas. Sin embargo, esto puede convertirse rápidamente en algo tedioso e imposible de mantener. Los errores tipográficos son frecuentes y gestionar todas las consultas SQL puede convertirse rápidamente en algo inmanejable.

Desde hace varios años, Microsoft desarrolla Entity Framework, un paquete de software que facilita el acceso a una base de datos. Este framework es un ORM (*Object-Relational Mapping*), es decir, una herramienta que permite trabajar con objetos C# en lugar de con consultas en duro. El desarrollador gestiona, consulta, añade o elimina objetos a través del ORM, que traduce automáticamente las operaciones en consultas SQL.

La última versión de Entity Framework, la versión Core, es una reescritura completa de las versiones anteriores. Esta elección se hizo, en primer lugar, para mejorar el rendimiento de procesamiento del ORM, que no siempre está optimizado. En segundo lugar, para los equipos de Microsoft era importante que el framework fuera más modular, más abierto y más fácil de mantener y, en tercer lugar, para acercar el modelo de objetos de la aplicación al modelo de la base de datos. Analizaremos todas estas facetas de Entity Framework Core en las secciones siguientes.

2. Los distintos proveedores de bases de datos

En primer lugar, antes de utilizar un ORM, es importante saber qué tipo de base de datos admite. Como Entity Framework Core aún está en pañales, de momento (abril de 2016) solo admite bases de datos SQL Server y SQLite. También admite las denominadas bases de datos in-memory, es decir, bases de datos almacenadas en memoria, pero este tipo de base de datos se utiliza más con fines de prueba. El objetivo del proyecto es cubrir el mayor número posible de bases de datos. Los espacios de nombres más importantes para los providers de bases de datos son:

- **Microsoft.EntityFrameworkCore.SqlServer**: conjunto de clases para gestionar el acceso a una base de datos MySQL.
- **Microsoft.EntityFrameworkCore.SqlServer.Design**: clases de utilidad para SQL Server.
- **Microsoft.EntityFrameworkCore.Sqlite**: conjunto de clases para gestionar una base de datos SQLite.
- **Microsoft.EntityFrameworkCore.Sqlite.Designer**: clases de utilidad para SQLite.
- **Microsoft.EntityFrameworkCore.InMemory**: conjunto de clases para gestionar una base de datos en memoria.

El acceso a las bases de datos se ha vuelto mucho más modular que antes, lo que permite integrar en las aplicaciones web sólo lo que el desarrollador necesita. Además, con una arquitectura desacoplada, será mucho más fácil añadir nuevos proveedores para otros tipos de bases de datos (MySQL, Oracle, etc.), lo que resultaba mucho más complicado en versiones anteriores.

El equipo de Microsoft encargado de reescribir el framework ha tenido presente esta noción de modularidad al tiempo que ofrece una herramienta de alto rendimiento a los desarrolladores. El motor Entity Framework Core comprende los siguientes espacios de nombres:

- **Microsoft.EntityFrameworkCore**: conjunto de clases que se encuentran entre las más importantes del framework. Incluye clases para acceder a los datos, crear consultas, gestionar cambios en las entidades, etc.
- **Microsoft.EntityFrameworkCore.Relational**: conjunto de clases para gestionar entidades y las relaciones entre ellas. El espacio de nombres principal expone un conjunto de métodos de extensión denominados ***Fluent API***, que pueden utilizarse para construir relaciones entre objetos mediante código. De este modo, "mapearemos" objetos a entidades. Este tema se trata en una de las siguientes secciones.
- **Microsoft.EntityFrameworkCore.Relational.Design**: conjunto de clases de utilidad para gestionar las relaciones dentro de la base de datos (en forma de objetos).
- **Microsoft.EntityFrameworkCore.Commands**: conjunto de herramientas y clases para la gestión de migraciones, desde el punto de vista de líneas de comandos o clases C# que realizan acciones sobre la base de datos.
- **Microsoft.EntityFrameworkCore.Tools**: se divide en varios espacios de nombres en torno a las herramientas auxiliares de Entity Framework, como la gestión de la migración.

Cada uno de estos importantes espacios de nombres va acompañado de un proyecto de prueba, que permite al equipo de Microsoft garantizar que el framework se mantiene estable de una versión a otra.

En el caso de SQL Server, el framework inyecta un gran número de servicios de bajo nivel en el contenedor de servicios para permitir la comunicación entre la base de datos y el código de la aplicación. Estos servicios se inyectan utilizando el método de extensión `AddEntityFrameworkSqlServer`. Los servicios más importantes son:

- **ISqlServerConnection**: gestiona la conexión con la base de datos SQL Server.
- **SqlServerDatabaseCreator**: creación de base de datos.

- **SqlServerMigrationsSqlGenerator**: gestión de las solicitudes de migración SQL enviadas a la base de datos (para modificar una columna, por ejemplo).
- **SqlServerHistoryRepository**: gestión de los historiales de migración.
- **SqlServerTypeMapper**: mapeo de tipos SQL Server a tipos C#.
- **SqlServerModelSource**: gestión, creación y validación de modelos de objetos que representan la base de datos.
- **SqlServerAnnotationProvider**: exposición de metadatos relativos a entidades: clave extranjera, clave primaria, modelo de datos. Por ejemplo, para una propiedad (en el sentido de C#, es decir, una columna en el sentido de la base de datos), los metadatos se referirán al nombre de la columna, el tipo, el valor por defecto, etc.
- **SqlServerDatabaseProviderServices**: expone multitud de servicios relacionados con SQL Server (incluidos algunos de los mencionados anteriormente). Esta clase reúne y expone el equivalente a una veintena de servicios sólo para SQL Server.

El número de servicios expuestos y registrados por Entity Framework para SQL Server supera con creces los mencionados anteriormente, pero es de menor importancia en el contexto de este libro. En total, más de cincuenta servicios y clases se inyectan en el contenedor de servicios, para gestionar el acceso a la base de datos, la migración, la asignación entre clases y tablas y mucho más.

La ventaja de utilizar la inyección de dependencias es que este proceso deja al desarrollador libertad para sobrecargar cualquier servicio si lo necesita. El desglose de los servicios permite al desarrollador acercarse lo más posible a los procesos de negocio de Entity Framework y modificar un comportamiento específico sin cuestionar necesariamente toda la arquitectura del API. El proveedor SQLite también se ha diseñado de la misma forma y todos los proveedores futuros se desarrollarán de la misma manera.

Por otro lado, hace que la comprensión del framework sea mucho más compleja. Imagine que un desarrollador quiere añadir un método de asignación entre sus objetos y sus tablas o incluso modificar el comportamiento de la generación de consultas SQL. Detectar el servicio adecuado es tedioso.

Además, como el framework está aún en fase de desarrollo, los servicios pueden cambiar de aquí a la versión final de Entity Framework Core.

Observación

Nuestro consejo es que antes de cualquier sobrecarga, se analicen detenidamente las distintas partes del framework para identificar con precisión el servicio que se va a sobrecargar. A continuación, lo importante es probarlo mediante pruebas unitarias y, después, inyectarlo en un contexto más real para comprobar que se comporta correctamente en la mecánica de Entity Framework.

3. Migraciones

Antes de hablar de la migración, es importante entender por qué Entity Framework Core ya no soporta los **Database Project** y los **EDMX**. Este tipo de proyectos permitía construir un modelo relacional, en Visual Studio, según las necesidades del proyecto. A continuación, este modelo se aplicaba a la base de datos y, al mismo tiempo, las clases de C# que componían los modelos se generaban y el desarrollador podía utilizarlas inmediatamente.

Sobre el papel, este proceso parece beneficioso para la limpieza del proyecto, pero no lo es. Incluso llega a ser contraproducente en el contexto de un proyecto muy grande (cuando se llega al centenar de modelos). De hecho, este tipo de proceso utiliza un archivo XML como referencia para gestionar el modelo de base de datos y su uso se vuelve problemático cuando lo comparte un equipo de desarrollo, ya que las modificaciones se hacen demasiado engorrosas de gestionar para el gestor del código fuente. Por tanto, es probable que el proyecto pierda información sobre el modelo de datos, lo que no es aceptable en un contexto profesional.

La solución elegida por el equipo de Microsoft es simplemente dejar de soportar este tipo de proyectos. En su lugar, los expertos del equipo recomiendan el uso del enfoque **Code First**. Ya integrado en el framework desde la versión 4.1, este enfoque se centra en las clases C# que los desarrolladores habrán creado en el proyecto. El objetivo de estas clases es representar la base de datos como un modelo de objetos que el ORM pueda entender, que podrá interpretar automáticamente las correspondencias, las claves extranjeras, etc.

También es posible utilizar atributos para ayudar al ORM a manejarse mejor o especificar mappings muy concretos, pero no es el tema de esta sección.

La ventaja de este enfoque es que es fácil de implementar y mantener: su proyecto sólo contiene clases de C#, y nada más. El ORM se encarga del resto. Este enfoque es muy apreciado por los desarrolladores, que suelen estar más acostumbrados a manejar un modelo de objetos, en lugar de un modelo de base de datos. Sin embargo, queda una duda: ¿cómo aplicar los cambios en el modelo a la base de datos? La respuesta está en las migraciones.

Las migraciones de Entity Framework Code First han sufrido cambios colosales. Aunque los conceptos básicos y los pasos de la migración siguen siendo los mismos, el procesamiento se ha vuelto mucho más limpio y sencillo y funciona mucho mejor con un controlador de código fuente. La magia que solía funcionar ya no existe y ahora es importante pensar estrictamente en términos de migración. El método `CreateDatabaseIfNotExists` ya no es necesario y ha sido sustituido por métodos mucho más escalables como `EnsureDeleted` o `EnsureCreated`, que se pueden utilizar mucho más fácilmente en pruebas unitarias. Básicamente, Entity Framework Core funciona gracias a las migraciones y, si es necesario, se puede utilizar el siguiente comando para instalar el paquete necesario:

```
install-package entityframework.commands -pre
```

Los comandos disponibles son:

- `Add-Migration`: añade una nueva migración.
- `Remove-Migration`: elimina la última migración.
- `Scaffold-DbContext`: genera un `DbContext` y clases de entidad basadas en la base de datos especificada. Esto permite la ingeniería inversa y la generación del modelo a partir de la base de datos.
- `Script-Migración`: genera un script SQL para la migración.
- `Update-Database`: actualiza la base de datos a partir de una migración específica.
- `Use-DbContext`: establece el `DbContext` que se utilizará por defecto.

Cada comando también tiene sus propias opciones. No vamos a listar todas las opciones para todos los comandos, pero tomemos `Update-Database` como ejemplo. Este comando tiene las siguientes opciones:

- `Migration<String>`: especifica la migración de destino.
- `Context <String>`: especifica el `DbContext` que se va a utilizar.
- `Project <String>`: especifica el proyecto que se utilizará para la migración. Por defecto, es el proyecto actual.
- `StartupProject <String>`: especifica el proyecto "startup" que se utilizará.

Las opciones permiten especializar los comandos que se lanzan para las migraciones. Desde el inicio del proyecto Entity Framework Core, estos comandos se han enriquecido con varias funcionalidades y aún pueden sufrir modificaciones, en función de las necesidades futuras.

Cuando un desarrollador utiliza el sistema de migraciones mediante el comando `Add-Migration`, se crea un historial de migraciones y el API busca cierta información en este historial para crear la nueva migración. Anteriormente, estas migraciones se almacenaban en la base de datos, en una tabla llamada *_MigrationHistory*. Actualmente, Entity Framework Core creará sus archivos de migración clásicos (en la carpeta *Migrations*), pero también registrará una snapshot del estado del modelo actual. Las migraciones se parecen al siguiente código:

```
public partial class newColumnInTable : Migration
  {
    protected override void Up(MigrationBuilder migrationBuilder)
    {
      migrationBuilder.AddColumn<string>(
        name: "MyProperty",
        table: "MyTable",
        nullable: true);
    }
     protected override void Down(MigrationBuilder migrationBuilder)
    {
      migrationBuilder.DropColumn(name: "MyProperty", table: "MyTable");
     }
  }
```

Las migraciones siempre tienen una parte **Up** (para cuando la migración se aplica a la base de datos) y una parte **Down** (para cuando la migración se elimina de la base de datos). A continuación, el snapshotse enriquece con una nueva propiedad:

```
modelBuilder.Entity("EF7.Domain.MyTable", b =>
  {
    b.Property<int>("Id")
      .ValueGeneratedOnAdd();
    b.Property<string>("MyProperty");
    b.Property<string>("Name");
    b.HasKey("Id");
  });
```

Con una descripción completa del modelo disponible directamente en el proyecto, Entity Framework no necesita hacer un viaje de ida y vuelta a la base de datos para recuperar el historial. Además, este proceso funciona mucho mejor con un controlador de código fuente, ya que las migraciones y el snapshot se archivan y están disponibles de inmediato para todos los miembros del equipo. La tabla *_MigrationHistory* ahora sólo contiene el ID del proceso de migración y la versión de Entity Framework que lo creó.

Entity Framework Core permite acumular migraciones, lo que significa que el desarrollador puede crear varias migraciones consecutivas y aplicarlas a la base de datos sólo al final. Sin embargo, esto puede causar problemas cuando el desarrollador ha cometido un error y desea eliminar la última migración. En este caso, la regla es sencilla: nunca borre el archivo de migración disponible. El equipo de Entity Framework ha integrado un nuevo comando: `Remove-Migration`, que elimina la última migración y luego actualiza el snapshot del modelo. Esta es la solución más limpia y garantiza que el modelo esté siempre sincronizado con la base de datos. Si va a anular varias migraciones, lo mejor es eliminarlas una tras otra, en el orden inverso al de creación de las migraciones. Tomemos dos casos de migraciones creadas (*Migration2.cs*) que ya no se desean y supongamos que ya se ha aplicado una primera migración (*Migration1.cs*), a la base de datos. El primer caso supone que `Update-Database` aún no se ha aplicado a la base de datos.

El comando Remove-Migration:

- comprueba que Migration2 no está en la tabla de historial,
- borra *Migration2.cs*,
- actualizar el snapshot del modelo.

El segundo caso supone que ya se ha aplicado el comando Update-Database a la base de datos. A continuación, se deben ejecutar los comandos Update-Database Migration1y Remove-Migration, que realizarán las siguientes acciones:

- ejecuta el método Drop de Migration2,
- borra Migration2 de la tabla de historial,
- borra *Migration2.cs*,
- actualizar el snapshot.

De este modo, el desarrollador puede gestionar sus migraciones manteniendo la sincronización entre su modelo y su base de datos.

También es muy posible que la base de datos ya exista y que, simplemente, sea necesario crear los modelos a partir de la base de datos: es lo que se conoce como "ingeniería inversa". A este respecto, Entity Framework Core proporciona un comando *scaffolding* que permite llevar a cabo el proceso de migración inversa (generación de entidades a partir de la base de datos): Scaffold-DbContext.

```
Scaffold-DbContext [-Connection] <String> [-Provider] <String>
                   [-OutputDirectory <String>] [-ContextClassName <String>]
                   [-Tables <String>] [-DataAnnotations] [-Project <String>]
                   [<CommonParameters>]
```

Comandos y opciones para crear modelos a partir de una base de datos.

Todo lo que hay que hacer es utilizar las opciones en función de las distintas necesidades del desarrollador. El siguiente comando crea modelos a partir de una base de datos local de SQL Server y coloca las clases recién creadas en la carpeta *testRE*:

```
Scaffold-DbContext
   -Connection "Server = (localdb)\mssqllocaldb; Database=EF7DB;"
   -Provider entityframework.sqlserver
   -OutputDirectory "testRE"
```

El resultado es una sucesión de clases que se pueden utilizar en la aplicación web como modelo de datos, para comunicarse con la base de datos.

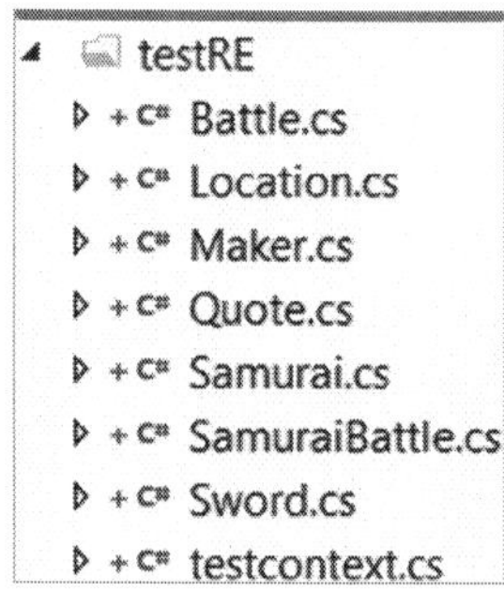

Vista de los modelos creados

El último punto importante sobre las migraciones desde Entity Framework Core es el uso de comandos, con el entorno de ejecución dotnet.

Observación

*Con Visual Studio, los siguientes comandos se pueden ejecutar directamente en el módulo **Package Manager Console**.*

Utilizando la consola, asegúrese de que se encuentra en la carpeta del proyecto que contiene el modelo. La consola le ayuda con el autocompletado, ya que se encuentra básicamente en el proyecto web. Dependiendo de cómo esté dividido el proyecto, puede que no se encuentre en la carpeta correcta. El comando `dotnet ef migrations --help` proporciona más información sobre los subcomandos de migración disponibles en dotnet:

```
Usage: dotnet ef migrations [options] [command]
Options:
  -h|--help     Show help information
  -v|--verbose  Enable verbose output
Commands:
  add     Add a new migration
  list    List the migrations
  remove  Remove the last migration
  script  Generate a SQL script from migrations
```

Descripción de los comandos dotnet relacionados con las migraciones

Por ejemplo, el siguiente comando creará la migración `PrimeraMigracion`:

```
dotnet ef migrations add PrimeraMigracion
```

Las acciones que se realizan tras este comando, son las mismas que las descritas anteriormente y también incluyen las mismas opciones. La única diferencia es que la ejecución del comando aparece en la consola y no en un archivo. Se debe especificar explícitamente un parámetro de salida para enviar el script a un archivo.

Desde un punto de vista global, está claro que las migraciones aportan un valor real al proyecto y a la gestión del modelo de datos. La herramienta es muy completa y permite llevar a cabo un gran número de acciones, como eliminar migraciones o realizar ingeniería inversa, todo ello unido a una mejor gestión desde el controlador del código fuente.

4. El API Fluent

El enfoque "Code First" es una forma excelente de diseñar un modelo de datos que sea tanto mantenible como flexible. Sin embargo, en un proyecto puede haber casos en los que la asignación deba ser explícita en lugar de implícita.

Observación

Entity Framework Core aplica un mapeo básico por convención, es decir, una entidad Blog creará una tabla "Blog" en la base de datos. Lo mismo se aplica a las propiedades: un campo "Nombre" creará una columna `Nombre`, y así sucesivamente. La ventaja es que el desarrollador puede construir el mapping entre un modelo y una base de datos muy rápidamente.

Hay dos formas de declarar una asignación específica:

- las anotaciones,
- el API Fluent.

En este capítulo sólo nos centraremos en el API Fluent, ya que es la parte de Entity Framework que ha sufrido más cambios.

El API Fluent permite codificar las relaciones entre entidades. Esto significa que el desarrollador utilizará métodos de extensión, proporcionados por el framework, para mapear el modelo a la base de datos y definir las claves primarias, claves foráneas, etc. El API se encuentra en el espacio de nombres `EntityFrameworkCore.Relational`.

Tomemos un ejemplo sencillo que consiste en mapear una entidad a una tabla que no tiene el mismo nombre. En primer lugar, hay que saber que el mapping se realiza en un `DbContext` y, concretamente, en el método `OnModelCreating`. Este método recibe un objeto de tipo `ModelBuilder`, y es este objeto el que le permitirá actuar sobre el mapping.

```
class MyContext : DbContext
    {
        public DbSet<Blog> Blogs { get; set; }

        protected override void OnModelCreating(ModelBuilder
modelBuilder)
        {
            modelBuilder.Entity<Blog>()
```

```
                .ToTable("blogs");
        }
    }

    public class Blog
    {
        public int BlogId { get; set; }
        public string Url { get; set; }
    }
```

El ejemplo anterior muestra el uso del método de extensión ToTable para definir un mapping diferente al definido por convención. Con este código, Entity Framework ahora sabe que la tabla "blogs" debe ser mapeada a la entidad Blog.

Hay varios puntos de entrada importantes con el método Entity<T>(). Esto devuelve un objeto EntityTypeBuilder<T>, dando al desarrollador acceso a una multitud de APIs para diseñar su mapping.

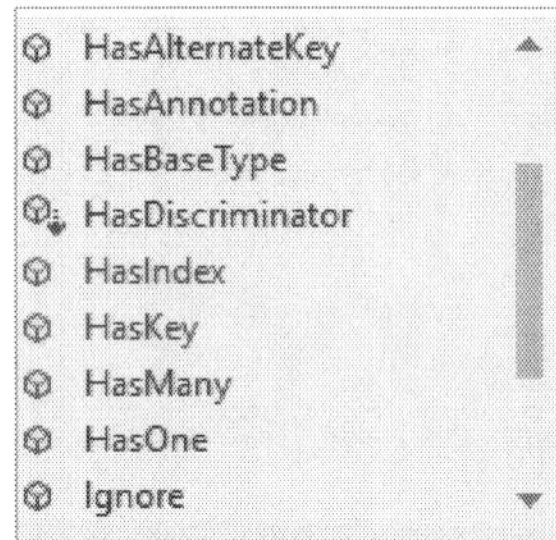

Resumen de las posibilidades que ofrece el API

La definición de claves primarias es una característica muy interesante de Entity Framework Core. Permite especificar una clave primaria distinta de la definida por convención. El API Fluent permite, por ejemplo, configurar el nombre de la restricción, o incluso especificar una clave primaria para dos propiedades.

```
    class MyContext : DbContext
    {
        public DbSet<Blog> Blogs { get; set; }

        protected override void OnModelCreating(ModelBuilder
modelBuilder)
        {
```

```
            modelBuilder.Entity<Blog>()
                .HasKey(b => new { b.BlogId, b.Url })
                .HasName("PrimaryKey_BlogId");
        }
    }

    public class Blog
    {
        public int BlogId { get; set; }
        public string Url { get; set; }
    }
```

El ejemplo anterior muestra la utilidad de los objetos anónimos en C# para especificar una clave primaria de dos columnas. Por convención, las restricciones de clave primaria se nombran de la siguiente manera: *PK_<type name>*. Cambiar el nombre de la restricción, por ejemplo, facilita que coincida con las convenciones de nomenclatura del equipo de desarrollo.

Entity Framework Core también se puede utilizar para definir relaciones entre entidades. En la jerga del framework se utilizan varios términos para describir estas relaciones:

- **Entidad dependiente**: entidad que contiene la propiedad de clave externa. A menudo se denomina entidad hija.
- **Entidad primaria**: entidad que contiene la clave primaria de la relación. A menudo se denomina entidad padre de la relación.
- **Clave extranjera**: propiedad de la entidad dependiente que define el valor de la clave primaria de la otra entidad implicada en la relación.
- **Clave primaria**: propiedad que define unívocamente a la entidad.
- **Propiedad de navegación**: propiedad definida en la entidad primaria y/o en la entidad dependiente, que permite hacer referencia a la otra entidad implicada en la relación.
- **Propiedad de navegación de colección**: propiedad de navegación que hace referencia a varias entidades implicadas en la misma relación.
- **Propiedad de navegación de referencia**: propiedad de navegación que hace referencia a una única entidad.
- **Propiedad de navegación inversa**: simplemente se refiere a la otra propiedad de navegación en la otra entidad implicada en la relación.

Si tomamos el ejemplo de un blog que contiene varias entradas con dos entidades, `Blog` y `Post`, tenemos:

- **Post** es la entidad dependiente,
- **Blog** es la entidad principal,
- **Post.BlogId** es la clave extranjera,
- **Blog.BlogId** es la clave primaria,
- **Post.Blog** es la propiedad de navegación de referencia,
- **Blog.Posts** es la propiedad de navegación de colección,
- **Post.Blog** es la propiedad de navegación inversa.

El código de ejemplo que figura a continuación, ilustra esta relación:

```
public class Blog
    {
        public int BlogId { get; set; }
        public string Url { get; set; }

        public List<Post> Posts { get; set; }
    }

    public class Post
    {
        public int PostId { get; set; }
            public string Title { get; set; }
        public string Content { get; set; }

        public int BlogId { get; set; }
        public Blog Blog { get; set; }
    }
```

Con el API Fluent, es importante empezar por identificar las propiedades de navegación que definirán la relación. Los métodos `HasOne` y `HasMany` son los primeros que se deben utilizar. A continuación, basta con encadenar las llamadas con `WithOne` o `WithMany` para definir la propiedad de navegación inversa. Los métodos `HasOne/WithOne` sólo definen propiedades de navegación de referencia, mientras que los métodos `HasMany/WithMany` definen propiedades de navegación de colección.

Hay dos formas de definir la relación entre `Blog` y `Post`. La primera es definir la propiedad de navegación de referencia de Post, que es `Post.Blog`, y luego definir la propiedad de navegación inversa, que es la propiedad de navegación de colección `Blog.Posts`.

```
void OnModelCreating(ModelBuilder modelBuilder)
{
    modelBuilder.Entity<Post>()
        .HasOne(p => p.Blog)
        .WithMany(b => b.Posts);
}
```

La segunda forma de escribir esta relación sería comenzar con la entidad Blog y definir primero la propiedad de navegación de la colección `Blog.Posts` y luego definir la propiedad inversa que es `Post.Blog`.

```
void OnModelCreating(ModelBuilder modelBuilder)
{
    modelBuilder.Entity<Blog>()
        .HasMany(b => b.Posts)
        .WithOne(p => p.Blog);
}
```

Observación

En este tipo de casos, recomendamos empezar por la propiedad principal (en este caso, el segundo ejemplo), ya que es la más natural para leer el código.

Los métodos `WithOne` y `WithMany` tienen una sobrecarga sin parámetros, lo que indica que no hay propiedad de navegación inversa. Pero el API Fluent no se detiene ahí, ya que permite encadenar más llamadas para que el desarrollador pueda parametrizar aún más la relación. Por ejemplo, el API permite definir directamente las claves primaria y extranjera de la relación.

El siguiente ejemplo muestra la relación entre una entidad `Car` y una entidad `RecordOfSale`. Las propiedades son totalmente poco convencionales, pero el API sigue permitiendo definir las relaciones de forma intuitiva.

```
        void OnModelCreating(ModelBuilder modelBuilder)
        {
            modelBuilder.Entity<RecordOfSale>()
                .HasOne(s => s.Car)
                .WithMany(c => c.SaleHistory)
                .HasForeignKey(s => s.CarLicensePlate)
                .HasPrincipalKey(c => c.LicensePlate);
        }
```

El último punto interesante del API Fluent se refiere a los índices. Entity Framework Core permite declarar índices en entidades de una forma elegante. Basta con llamar al método `HasIndex` e indicar la propiedad o propiedades a indexar.

El siguiente ejemplo muestra cómo se utiliza este método.

```
class MyContext : DbContext
    {
        public DbSet<Person> People { get; set; }

        protected override void OnModelCreating(ModelBuilder modelBuilder)
        {
            modelBuilder.Entity<Person>()
                .HasIndex(p => new { p.FirstName, p.LastName });
        }
    }

    public class Person
    {
        public int PersonId { get; set; }
        public string FirstName { get; set; }
        public string LastName { get; set; }
    }
```

El API Fluent es una forma excelente de configurar la asignación de entidades a la base de datos y las relaciones entre ellas. Además, los métodos mostrados son muy claros para el desarrollador, lo que facilita la lectura y el mantenimiento del código.

5. Integración de Entity Framework Core

Entity Framework Core ofrece a los desarrolladores un sistema de configuración avanzado que les permite personalizar su `DbContext` de forma extensible. De hecho, son los distintos *providers* los que añaden sus propias opciones al sistema de configuración básico. En el ejemplo de SQLite, es el namespace `Microsoft.EntityFrameworkCore.Sqlite` el que añadirá el método `UseSqlite` para configurar el acceso a la base de datos SQLite.

```
services.AddEntityFramework()
    .AddSqlite()
    .AddDbContext<BloggingContext>(options =>
        options.UseSqlite("Filename=./blog.db"));
```

Este método se llama en la clase `Startup`, que contendrá toda la configuración del contexto de acceso a la base de datos para cada llamada. A continuación, el método `AddDbContext` simplemente registra el `DbContext` como un servicio que se puede utilizar en toda la aplicación, a través de la inyección de dependencia.

Los controladores son un buen ejemplo de cómo se puede utilizar `DbContext`. La inyección de dependencia permite inyectar este servicio en el constructor, haciendo que el acceso a la base de datos esté disponible en todas las acciones del controlador.

```
public MyController(BloggingContext context)
```

Observación

Esta técnica es útil en la mayoría de los casos, pero no es realmente una buena práctica. Inyectar el `DbContext` directamente en el controlador no lo hace realmente verificable y mantener el código de negocio dentro del controlador, no es una buena solución. La mejor solución es exportar el `DbContext` en clases de 'servicio' inyectables y el código de negocio que las acompaña, incrementando así la verificabilidad de su código.

La verificabilidad de un `DbContext` también es objeto de debate, ya que se podría argumentar que esta clase está muy vinculada al ORM. Esta sección propone una forma sencilla de definir `DbContext` manteniendo la verificabilidad del servicio.

Empecemos con un sencillo servicio de gestión de blogs. Esto le permitirá realizar diversas acciones en una colección de blogs y posteriormente, proporcionar acceso a un método para guardar los cambios y añadir blogs.

```
public interface IbloggingRepository
{
    IQueryable<Blog> Blogs { get; }

    void Add(Blog blog);
    void SaveBlogChanges();
}
```

Observación

La interfaz IQueryable se puede utilizar aquí para exponer operaciones de filtrado y búsqueda más completas en la selección, en particular utilizando los métodos del espacio de nombres `System.Linq` denominados `Where`, `Max`, `Min`, `Select`, etc.

A continuación, crearemos un contexto que implemente esta interfaz utilizando las funciones básicas de Entity Framework.

```
    public class BloggingContext : DbContext, IbloggingRepository
    {
        public IQueryable<Blog> Blogs
        {
            get { return this.Set<Blog>(); }
        }

        public void Add(Blog blog)
        {
            this.Set<Blog>().Add(blog);

        public void SaveBlogChanges()
        {
            this.SaveChanges();
        }
    }
```

Este servicio tiene las siguientes características:

- La colección `Blogs` se expone a través de `Set<Blog>()`, lo que permite utilizar toda la potencia de la *lazy loading* y cargar la información sólo bajo demanda.
- El método `Add` se implementa utilizando el método `Set<Blog>()`, exponiendo un objeto `DbSet` que implementa los métodos de adición básicos.
- El método `SaveBlogChanges()`utiliza el método `SaveChanges()`proporcionado por la clase `DbContext` para guardar los datos.

Para utilizar este servicio, lo único que hay que hacer es inyectarlo en nuestro contenedor de servicios y luego recuperarlo de nuestros controladores u otras clases de servicio, que declaran nuestra interfaz como una dependencia.

```
public void ConfigureServices(IServiceCollection services)
{
    services.AddScoped<IBloggingRepository, BloggingContext>();
}
```

La abstracción de nuestro objeto `Dbcontext` hace que el código de la aplicación sea más transparente. No importa cómo los servicios accedan a los datos, siempre que respeten un determinado contrato con nuestras clases de acceso a datos, el código siempre compilará y la inyección de dependencias se encargará de encontrar la implementación correcta.

En segundo lugar, la capacidad de prueba de los servicios que dependen de nuestras clases de acceso a datos ha mejorado mucho, ya que basta con simular nuestra interfaz mediante una clase de prueba, por ejemplo, utilizando una lista en memoria y llenarla con datos de prueba para probar rápidamente los servicios.

El siguiente código muestra un ejemplo de cómo implementar la interfaz con fines de prueba.

```
public class BloggingTest : IbloggingRepository
{
    private IList<Blog> blogsList;

    public IQueryable<Blog> Blogs
    {
        get { return this.blogsList.AsQueryable(); }
    }

    public void Add(Blog blog)
    {
        this.blogsList.Add(blog);
    }

    public void SaveBlogChanges()
    {
        // Return nothing
    }
}
```

Esto hace que sea mucho más fácil escribir pruebas utilizando datos en memoria. El objetivo de este tipo de metodología no es necesariamente averiguar de dónde proceden los datos, sino probar los servicios para ver si hacen el trabajo que queremos que hagan.

```
Fact]
public void TestBlogging()
{
    var blogRepo = new BloggingTest {
        blogsList = new List<Blog> {
            new Blog { Name = "FirstBlog" },
            new Blog { Name = "SecondBlog" }
        }
    };

    var service = new MyService(blogRepo);

    //Do tests
}
```

Observación

Si el servicio tiene dependencias profundas debido a la inyección de dependencias, a menudo es útil abstraer rápidamente las dependencias para probar mejor los servicios.

En general, abstraer los servicios tanto como sea posible es algo positivo, ya que permite ser muy modular en la implementación y definir un nivel aceptable de "simulacros" para las pruebas. Entity Framework Core no es una excepción a la regla, ya que en la mayoría de los casos los servicios necesitan datos para funcionar.

6. Validación de los modelos

Cuando un usuario manipula la aplicación web para crear o modificar un registro, el formulario utilizado le indicará cierta información de formato, para garantizar el correcto tratamiento de los datos creados o modificados. Hay muchos ejemplos de esto:

- formatear correctamente un correo electrónico o una fecha,
- el carácter obligatorio de los datos,
- la aplicación de determinadas restricciones de tamaño (para una cadena de caracteres), complejidad (para una contraseña) y muchas otras.

Estas restricciones se deben respetar para evitar posibles fallos de seguridad y comprobar que los datos cumplen ciertas reglas, antes de ser insertados en la base de datos. Con un modelo MVC, la validación se puede hacer tanto del lado del cliente (con jQuery, por ejemplo) como del lado del servidor (con C#).

El framework .NET ha abstraído todos estos mecanismos de validación mediante atributos de validación. Éstos se aplican a los modelos de objetos C# de la aplicación, incrustando la lógica de negocio para reducir la duplicación de código y se pueden interpretar tanto en el lado del cliente como en el del servidor, para validar los datos. Las restricciones pueden variar desde simples reglas de campos obligatorios hasta patrones de validación más complejos, como para tarjetas de crédito, números de teléfono o correos electrónicos.

El siguiente ejemplo muestra la aplicación de algunos de estos atributos del espacio de nombres System.ComponentModel.DataAnnotations.

```
public class Movie
{
    public int Id { get; set; }

    [Required]
    [StringLength(100)]
    public string Title { get; set; }

    [Required]
    [Range(0, 999.99)]
    public float Price { get; set; }
}
```

Los atributos son muy significativos y proporcionan un modelo fácil de mantener y muy descriptivo de las normas que debe respetar. También permiten personalizar la regla. Por ejemplo, el atributo Required tiene las siguientes propiedades:

- AllowEmptyString: permite cadenas vacías.
- ErrorMessage: define un mensaje de error específico.
- ErrorMessageResourceType: asocia un tipo al mensaje de error.
- ErrorMessageResourceName: asocia un nombre para el tipo asociado al mensaje de error.

Observación

Cada atributo tiene sus propias opciones y es bueno saber que las reglas de validación de un modelo, son fácilmente personalizables.

Algunos atributos ya tienen una lógica de negocio muy específica en función de su tipo:

- [CreditCard]: valida la propiedad en formato de tarjeta de crédito.
- [Compare]: valida dos propiedades según un modelo predefinido.
- [EmailAdress]: valida la propiedad en formato email.
- [Phone]: valida la propiedad en formato de número de teléfono.

- `[Range]`: valida que la propiedad se encuentre dentro del radio especificado.
- `[RegularExpression]`: valida que la propiedad respete la expresión regular.
- `[Required]`: valida que los datos estén presentes.
- `[StringLength]`: valida que la propiedad respete la restricción de longitud de cadena.
- `[Url]`: valida que la propiedad sea una URL en el formato correcto.

El framework MVC soporta cualquier atributo que herede de `ValidationAttribute`, pero la mayoría ya están incluidos en la librería. Para crear su propia regla de validación, simplemente herede de un atributo existente (para ampliar la funcionalidad) o utilice `ValidationAttribute` para recrear su propia regla.

Para comprobar que el modelo es válido en los controladores, basta con utilizar el método `ModelState.IsValid`. Si no lo es, simplemente devuelve un error con el `ModelState` y la vista mostrará los errores encontrados en el modelo en el lugar correcto. Por ejemplo, si el correo electrónico no está en el formato correcto, el error se mostrará junto a la zona de entrada correspondiente.

```
[HttpPut("{id}")]
public IActionResult Put(int id, [FromBody]Box box)
{
    if(id == 0)
    {
      return HttpNotFound(box);
    }

    if (!ModelState.IsValid)
    {
        return HttpBadRequest(ModelState);
    }
    else
    {
      return Ok(box);
    }
}
```

Observación

Este proceso funciona en particular gracias a las plantillas del lado del servidor y al motor Razor, que puede mostrar un formulario a partir de un modelo de datos.

Para manejar ciertos casos más complejos, los desarrolladores pueden crear sus propias reglas de validación heredando de `ValidationAttribute`. Esta clase expone un único punto de entrada para manejar la validación, en la forma del método `IsValid`.

```
public virtual bool IsValid(objet value);
```

El método recibe como parámetro el valor de la propiedad. A continuación, el desarrollador codifica sus propias reglas de validación para comprobar que el valor es conforme y devuelve un booleano que representa el resultado de la validación. Existe otra versión de este método, que puede recibir más información como entrada (un contexto de validación), pero también devolver más información para el error (un resultado de validación):

```
protected virtual ValidationResult IsValid(
                          object value,
                          ValidationContext validationContext);
```

Tomemos el ejemplo de un stock. Cuando un usuario añade un nuevo producto al stock, introduce una cantidad que define la disponibilidad y el tipo de este producto. Por razones de optimización y de espacio en el repositorio, la empresa no desea que el usuario introduzca una cantidad superior a 10 unidades para los productos de tipo "Voluminoso". El modelo de `Producto` es el siguiente (para simplificar, la propiedad `type` es una cadena de caracteres, pero es aconsejable utilizar una enumeración en este caso):

```
    public class Product
    {
        public int Id { get; set; }
        public int Amount { get; set; }
        public string Type { get; set; }
    }
```

Todo lo que tenemos que hacer es crear nuestro propio atributo que realizará las siguientes operaciones:

- Recuperar del objeto actual.
- Verificar el tipo.
- Comprobar la cantidad indicada.

Si la cantidad supera el valor máximo para un producto voluminoso, el atributo devuelve un error, indicando el motivo por el que se deniega la validación del objeto. En el otro caso, el atributo devuelve un valor que indica que la validación es correcta. Por tanto, el framework revisará todos los atributos del objeto.

```
public class MaxAmountAttribute : ValidationAttribute
{
    private int _maxAmount
    public MaxAmountAttribute(int maxAmount)
    {
        this._maxAmount = maxAmount;
    }

    protected override ValidationResult IsValid(object value,
ValidationContext validationContext)

    {
        Product product = validationContext.ObjectInstance as Product;

        if(product.Type == "Voluminoso" && (int)value > this._maxAmount)
        {
            return new ValidationResult(
                 $" Este nuevo producto voluminoso tiene un gran stock.
Máximo: {this._maxAmount}");
        }

        return ValidationResult.Success;
    }
}
```

Por lo tanto, el atributo se puede utilizar en la propiedad de nuestro modelo.

```
public class Product
{
    public int Id { get; set; }

    [MaxAmount(10)]
    public int Amount { get; set; }
    public string Type { get; set; }
}
```

Cuando se trata de validación del lado del cliente, a menudo es útil para los desarrolladores ejecutar su validación en el navegador para evitar innecesarias idas y venidas entre el cliente y el servidor, hasta que el modelo sea válido. Para ello, jQuery ofrece un excelente sistema de validación del lado del cliente, mediante la integración de una serie de librerías en la aplicación web:

```
<script src="~/lib/jquery/jquery.js"></script>
<script src="~/lib/jquery-validation/dist/jquery.validate.js"></script>
<script src="~/lib/jquery-validation-unobtrusive/jquery.validate.unobtrusive.js"></script>
```

Integración de secuencias de comandos para la validación en el cliente

El framework MVC utiliza atributos de validación en correlación con los metadatos del modelo, para validar los datos y mostrar mensajes de error en JavaScript. De forma muy esquemática, cuando el desarrollador utiliza *tag helpers o HTML helpers*, el motor de renderizado transformará esta información en `data-attributes` HTML 5, permitiendo a jQuery trabajar sobre ellos. Por ejemplo, el atributo `[Required]` generará un atributo `data-val-required` y, si hay un error, el JavaScript generará una etiqueta `<span>` con el error apropiado.

```
<div class="col-md-10">
    <input asp-for="ReleaseDate" class="form-control" />
    <span asp-validation-for="ReleaseDate" class="text-danger" />
</div>
```

El uso de los *tag helpers* en el ejemplo anterior, generará el siguiente código HTML 5:

```
<div class="col-md-10">
  <input class="form-control"
         type="datetime"
         data-val="true"
         data-val-required="The ReleaseDate field is required."
         id="ReleaseDate" name="ReleaseDate" value="" />
  <span  class="text-danger field-validation-valid"
         data-valmsg-for="ReleaseDate"
         data-valmsg-replace="true" />
</div>
```

Los atributos resaltados en el ejemplo de código anterior, se han generado a partir de las reglas especificadas en el modelo en el servidor. Con esto, el formulario no se envía al servidor hasta que todos los campos cumplen las reglas.

En lo que respecta a los atributos personalizados, el desarrollador necesita proporcionar un poco más de información para que JavaScript y el motor de renderizado puedan hacerles frente. Si tomamos nuestro atributo `[MaxAmount]`, necesitamos añadir la interfaz `IClientModelValidator` e implementar el método `GetClientValidationRules`. Esto permitirá al motor de renderizado crear un atributo jQuery especial para nuestro atributo.

```
public IEnumerable<ModelClientValidationRule>
GetClientValidationRules(ClientModelValidationContexte context)
         {
           yield return new ModelClientValidationRule("maxamount",
                  $"Este nuevo producto voluminoso tiene un gran stock.
Máximo: {this._maxAmount}");
         }
```

El código anterior generará un atributo HTML 5 personalizado llamado `data-val-maxamount`, que contendrá el mensaje de error indicado.

```
<input class="form-control"
       type="number"
       data-val="true"
       data-val-maxamount="Este nuevo producto tiene un gran stock.
Máximo: 10"
       data-val-required="El campo de traducción es obligatorio."
       id="Amount"
       name="Amount" value="">
```

Por último, tenemos que decirle a jQuery cómo validar este nuevo atributo ya que, por el momento, no conoce `data-val-maxamount`. Para ello, basta con añadir un método `maxamount` al objeto `validator` de jQuery.

```
$(function () {
    jQuery.validator.addMethod('maxamount',
    function (value, element, params) {
            // custom validation code
        return false;
    }, '');

    jQuery.validator.unobtrusive.adapters.add('maxamount',
    function (options) {
        options.rules['maxamount'] = {};
        options.messages['maxamount'] = options.message;
    });
}(jQuery));
```

jQuery es ahora capaz de reconocer este nuevo atributo HTML5 y procesarlo, según las reglas de validación especificadas en JavaScript. Con este sistema, el desarrollador dispone de un API del lado del servidor para validar los datos que entran en el sistema, pero también de una metodología del lado del cliente para validar los datos antes incluso de que se envíen.

El framework también es capaz de realizar validaciones remotas. Por ejemplo, el cliente necesita comprobar que una dirección de correo electrónico no está ya en uso. El atributo `[Remote]` se utiliza para indicar una acción y un controlador que serán llamados cuando el cliente necesite validar esta propiedad.

```
    [Remote(action: "VerifyEmail", controller: "Users")]
    public string Email { get; set; }
```

A continuación, el controlador simplemente devuelve un resultado en formato JSON con el error asociado si la condición no se valida.

```
[AcceptVerbs("Get", "Post")]  [AcceptVerbs("Get", "Post")]
public IActionResult VerifyEmail(string email)
{
    if (!this.userRepo.VerifyEmail())
    {
        return Json(data: string.Format("Email ya utilizado.", email));
    }
```

```
        return Json(data: true);
    }
```

Con todo esto, el desarrollador dispone de herramientas para validar los datos, tanto en el servidor como en el navegador. Estas técnicas tienen muchas ventajas:

- diseño de un modelo muy explicativo sin código de negocio,
- separación del modelo y la lógica de validación,
- interpretación de los metadatos del modelo del lado del cliente,
- validación en el lado del cliente **antes** de enviar al servidor,
- validación remota si necesita acceder a la base de datos.

7. Patterns et antipatterns

Para utilizar Entity Framework correctamente, es importante entender cómo funciona el ORM, pero también utilizarlo correctamente. Hay muchas formas de configurar Entity Framework dentro de un proyecto ASP.NET Core y en esta sección, explicaremos algunas buenas y malas prácticas para ayudar a los desarrolladores en su trabajo diario.

En primer lugar, `DbContext` no es thread safe. En el contexto de una aplicación web ASP.NET Core, esto significa que el `DbContext` no debe ser compartido entre varias peticiones HTTP, ya que una petición equivale a tener un nuevo thread. Básicamente, vamos a favorecer un servicio `DbContext` en modo `Scoped` tanto como sea posible, no un singleton. El modo `transient` es aceptable. De hecho, cuando el desarrollador escribe `AddDbContext`, esto es exactamente lo que hace el framework: añade el `DbContext` como `Scoped` (ver capítulo Nuevos mecanismos en ASP NET Core, sección Inyección de dependencia, para más detalles sobre los ciclos de vida `Scoped` y `Transient`). Con esta buena práctica, el desarrollador se asegura de que sólo hay un `DbContext` por thread y no necesita preocuparse de gestionar el ciclo de vida de este objeto.

Dentro del ecosistema de Entity Framework, a menudo oímos hablar del pattern **Repository** y del pattern **Unit of Work**. Con respecto al primero, ya hemos demostrado en este capítulo cómo implementar un repositorio abstracto, flexible, reutilizable y altamente verificable.

Observación

Le recomiendo que utilice este tipo de pattern, que facilita la abstracción de las relaciones entre su código de negocio y el acceso a los datos. Para las pruebas, siempre es más fácil implementar un repositorio en memoria a través de su propia abstracción (el repository) que configurar una base de datos en memoria, a través de Entity Framework. La abstracción aquí es la clave para cambiar de un modo a otro, dependiendo de la situación.

El concepto en el que se basa el pattern **Unit of Work** es sencillo: sincronizar y gestionar el ciclo de vida de los objetos de acceso a la base de datos, a la vez que se proporciona un acceso abstracto y seguro a las transacciones creadas por el `DbContext`,que, a menudo, es compartido por varios repositorios dentro de una misma Unit of Work.

```
    public class UnitOfWork : IDisposable
    {
        private SchoolContext context = new SchoolContext();
        private GenericRepository<Department> departmentRepository;
        private GenericRepository<Course> courseRepository;

        public GenericRepository<Department> DepartmentRepository
        {
            get
            {

                if (this.departmentRepository == null)
                {
                    this.departmentRepository =
new GenericRepository<Department>(context);
                }
                return departmentRepository;
            }
        }

        public GenericRepository<Course> CourseRepository
        {
            get
            {
```

```
                if (this.courseRepository == null)
                {
                    this.courseRepository =
new GenericRepository<Course>(context);
                }
                return courseRepository;
            }
        }

        public void Save()
        {
            context.SaveChanges();
        }

        private bool disposed = false;

        protected virtual void Dispose(bool disposing)
        {
            if (!this.disposed)
            {
                if (disposing)
                {
                    context.Dispose();
                }
            }
            this.disposed = true;
        }

        public void Dispose()
        {
            Dispose(true);
            GC.SuppressFinalize(this);
        }
    }
```

La clase anterior proporciona acceso a dos repositorios diferentes, `DepartmentRepository` y `CourseRepository`, utilizando el mismo `DbContext`, lo que permite sincronizar las transacciones utilizadas en los dos repositorios.

Sin embargo, el pattern **Unit of Work** no es obligatorio en todas las situaciones. En general, `DbContext` ya implementa una Unit of Work de forma nativa, es decir, dentro de la misma instancia de `DbContext` inyectada en varios servicios o repositorios (es decir, dentro de la misma petición HTTP), **Entity Framework ya considerará que las peticiones y operaciones de la base de datos forman parte de la misma transacción**. Implementar una **Unit of Work** sobre esto haría el código más complejo, para conseguir poco valor añadido. Del mismo modo, si su aplicación no requiere que muchas operaciones de persistencia de datos se agrupen en una sola Unit of Work, es posible que pueda utilizar un enfoque más simple.

Observación

En su lugar, recomiendo un enfoque de clase de servicio (puramente orientado a la aplicación o al negocio), que permite agrupar determinadas operaciones de acceso a la base de datos y ejecutar código de negocio en función del negocio. Todo ello se implementa mediante interfaces abstractas, lo que da lugar a arquitecturas de código sencillas, intuitivas y fácilmente comprobables, similares a las arquitecturas hexagonales, las arquitecturas cebolla (similares a SOA) o el Domain-Driven Design.

Al final, todo depende del caso de uso. Si el desarrollador quiere compartir el `DbContext` a través de varios hilos, probablemente necesitará una **Unit of Work;** de lo contrario, una simple arquitectura en capas con abstracción será suficiente.

Por último, para mejorar la legibilidad de la configuración de entidades de Entity Framework, es una buena práctica separar el mapeo de entidades en clases dedicadas. Para ello, utilizaremos la interfaz `IEntityTypeConfiguration<T>`, donde T es el tipo cuya configuración deseamos realizar.

```
public class ProductConfiguration : IEntityTypeConfiguration<Product>
{
    public void Configure(EntityTypeBuilder<Product> builder)
    {
        builder.ToTable("Products");
        builder.HasKey(p => p.Id);
        builder.Property(p => p.Name).IsRequired().HasMaxLength(100);
        builder.Property(p => p.Price).HasColumnType("decimal(18,2)");
    }
}
```

La configuración que encontramos más abajo, indica que estamos mapeando el objeto `Product` a la tabla *Products*, que la clave primaria es Id, que la propiedad `Name` es obligatoria, con una longitud máxima de 100 caracteres y que tenemos una propiedad Price de tipo decimal, todo en un fichero y clase separados. Esto es particularmente útil cuando tiene mucho que mapear.

Para usar esta configuración, necesita registrarla con su `DbContext`. Puede hacer esto usando el método `ApplyConfiguration` en el método `OnModelCreating` de su `DbContext`.

```
protected override void OnModelCreating(ModelBuilder modelBuilder)
{
    modelBuilder.ApplyConfiguration(new ProductConfiguration());
    // guardar aquí otras configuraciones
}
```

Con todas estas buenas prácticas, el desarrollador puede comprender mejor algunos de los mecanismos internos de Entity Framework para escribir un código más sencillo, altamente comprobable y legible y garantizar su mantenimiento a largo plazo.

Capítulo 5
El framework MVC

1. Introducción

El pattern MVC es una arquitectura reconocida desde hace muchos años por su solidez y modularidad. El principio de este pattern de diseño es muy claro: mejorar la separación del código para aumentar el mantenimiento y la comprobabilidad de cada pieza de la aplicación.

La primera versión de ASP.NET MVC apareció en 2009, ofreciendo el uso de este pattern en forma de un framework totalmente integrado con el framework .NET. A medida que .NET evolucionaba, el framework MVC también lo hacía, ofreciendo cada vez más funcionalidades para ayudar a los desarrolladores en su trabajo diario: paquete de archivos de cliente, modelo de validación, motor de renderizado Razor (que veremos más adelante en este capítulo), etc.

ASP.NET Core es una revisión completa del framework, al tiempo que conserva la esencia misma del pattern MVC: la separación de las capas de la aplicación para un mejor mantenimiento. Los desarrolladores que hayan trabajado con ASP.NET MVC 4 o 5 no se sentirán confundidos con ASP.NET Core y podrán orientarse fácilmente. La nueva versión añade incluso nuevas funciones, aún más interesantes y mucho mejor integradas con HTML5. El capítulo anterior ya cubrió un tercio del framework, es decir, la parte del Modelo, a través del Entity Framework. Este capítulo terminará con el MVC para las partes Vista y Controlador.

2. Las vistas

Dentro del modelo MVC, la Vista es un concepto muy importante, ya que es la parte que encapsula las interacciones del usuario y le permite interactuar con el sistema web. Como todos los sitios web, la vista se compone de HTML, pero se puede enriquecer dinámicamente a través del servidor y, en particular, a través del motor Razor. El motor Razor puede ejecutar código del lado del servidor, generar HTML sobre la marcha en función de los datos recuperados y, a continuación, devolver el resultado. Las vistas son archivos en formato *cshtml* que se almacenan por defecto en la carpeta *Views* del proyecto. Esto es importante para la localización de las vistas: cuando un controlador solicita una vista, las rutas de búsqueda por defecto son:

– Views/<NombreControlador>/<NombreVista>.cshtml
– Views/Shared/<NombreVista>.cshtml

Observación

Le recomendamos que mantenga esta convención para mantener controladores sencillos, que devuelvan vistas siguiendo una nomenclatura clara y bien definida.

2.1 Sintaxis Razor, vistas dinámicas y fuertemente tipadas

Razor incluye una sintaxis para ejecutar código C# en una página web. Este código se ejecutará en el lado del servidor, generará HTML y luego el resultado completo se enviará de vuelta al navegador para su interpretación. La página devuelta debe contener sólo HTML, CSS o JavaScript.

Observación

El objetivo de esta sección no es proporcionar una visión completa de Razor, ya que no es nuevo para ASP.NET Core. El capítulo se ocupará de las nuevas características de Razor, en particular para ASP.NET Core, en las secciones dedicadas.

El símbolo clave de Razor es la @. Esta última permite pasar de HTML a C#. Razor evaluará cada bit de C# escrito en la página HTML y posteriormente, renderizará el resultado en forma de código HTML. Es fácil mezclar los dos para crear páginas HTML enriquecidas con muy poco código Razor. El símbolo @ es un símbolo reservado y, para escaparlo, necesita usar el símbolo doble @@.

Cuando los desarrolladores utilizan Razor, también pueden utilizar cualquier clase de C# en su archivo HTML. Incluso pueden utilizar APIs complejas, siempre que el espacio de nombres se importe correctamente. Por ejemplo, el código siguiente muestra la fecha de hoy:

```
<p>@DateTime.Now</p>
```

La ventaja de Razor es que se puede utilizar de forma diferente, en función de las necesidades del desarrollador:

- *inline* (como en el ejemplo anterior);
- entre paréntesis, es decir, se evaluará la expresión completa y se mostrará como HTML:

```
<p>La semana pasada: @(DateTime.Now - TimeSpan.FromDays(7))</p>
```

- por bloques, es decir, utilizando llaves para formar expresiones de cálculo complejas dentro de la página:

```
@{
    var joe = new Person("Joe", 33);
 }

<p>Age@(joe.Age)</p>
```

Observación

Las variables se pueden utilizar de forma transparente entre bloques.

Razor también permite añadir un poco de estructura a la página HTML mediante el uso de condiciones `@if, else if, else` y `@switch`. Éstas se utilizan del mismo modo que en el código C# estándar, por lo que puede mostrar diferentes fragmentos de código HTML en función de las condiciones.

Observación

No es necesario utilizar el símbolo @ con las condiciones `else if` y `else`: Razor reconoce automáticamente los bloques a partir del primer `@if`.

El siguiente código muestra un ejemplo de varias condiciones utilizadas con Razor en una página HTML:

```
@if (value % 2 == 0)
{
    <p>Bravo. Es un múltiplo de 2.</p>
}
else if (value >= 2047)
{
    <p>Este valor es demasiado grande.</p>
}
else if (value <= 10 001)
{
    <p>No se ha alcanzado el umbral.</p>
}
else
{
    <p>Valor no reconocido.</p>
}
```

Lo mismo ocurre con las estructuras iterativas: Razor utiliza C# para ejecutar bucles en una página HTML. Esto resulta especialmente útil para mostrar una lista de elementos (lista de clientes, lista de contactos, etc.). Las estructuras son `@for`, `@foreach`, `@while` y `@do while`. El siguiente ejemplo muestra la estructura `@foreach` mostrando una lista de personas:

```
@{
    var people = new Person[]
    {
          new Person("John", 33),
          new Person("Doe", 41),
    };
}

@foreach (var person in people)
{
    <p>Name: @person.Name</p>
    <p>Age: @person.Age</p>
}
```

Se trata de una forma muy elegante de mostrar datos en la página HTML de forma dinámica. La gran ventaja de Razor es su tipado estático de los elementos y datos que se manipulan en la página. El desarrollador siempre sabe qué tipo de datos está manipulando.

Por último, el framework MVC con ASP.NET permite transportar datos desde el controlador a la vista. Para utilizar estos datos, Razor proporciona la directiva `@model` para aprovechar toda la potencia de la tipificación estática de C# y ayudar al desarrollador a utilizar estos datos en la página.

```
@model TipoDelModel
```

Observación

Obviamente, si el tipo de datos devueltos no es el mismo que el declarado a través de la directiva, se producirá un error. Sólo se puede utilizar un modelo a la vez por página.

Todo lo que tiene que hacer entonces es utilizar el objeto de la forma clásica de C#, aprovechando el autocompletado y los errores de compilación, por ejemplo.

```
<div>@Model.MiPropiedad</div>
```

De forma transparente para el desarrollador, Razor generará una clase de página cshtml de tipo `RazorPage`, que contendrá todo el código a ejecutar para generar la página HTML final. Con la directiva `@model`, la clase generada tendrá como parámetro genérico la clase indicada mediante la directiva. Por ejemplo, para la página de inicio de sesión (integrada en la plantilla base de Visual Studio), utilizamos una clase modelo llamada `LoginViewModel`. Para la página */Account/Login*, la clase generada será entonces del tipo `RazorPage<LoginViewModel>`.

```
class _Views_Account_Login_cshtml : RazorPage<LoginViewModel>
```

2.2 Helpers

En versiones anteriores de ASP.NET MVC, los desarrolladores podían utilizar los HTML `Helpers` de Razor para generar HTML, basado en el modelo de datos recuperado del controlador. Esta técnica requería llamar a métodos de C# para generar código HTML, lo que dificultaba la personalización del elemento HTML final.

ASP.NET Core incluye un nuevo sistema de ayuda que se integra directamente en HTML para generar lógica dentro de la página: los Tag Helpers. Estos Tag Helpers permiten ejecutar código del lado del servidor para generar HTML, sin perder de vista el estándar HTML. Mientras que con el HTML Helper el desarrollador utilizaba métodos C#, los Tag Helpers permiten integrar la lógica de negocio directamente en los elementos HTML. El siguiente ejemplo muestra la diferencia entre ambas técnicas:

```
// Con el HTML Helper
@Html.LabelFor(m => m.Email)

// Con un Tag Helper
<label asp-for="Email"></label>
```

Los Tag Helpers son mucho más cercanos al HTML, facilitando el trabajo con el componente HTML añadiendo clases, ids, validaciones jQuery y mucho más. Para activar los Tag Helpers, es necesario importarlos a las vistas. Sin embargo, es posible importar helpers para todas las páginas, incluyéndolos en el archivo *_ViewImports.cshtml*.

Observación

Los archivos _ViewImports se utilizan para gestionar las importaciones de todas las vistas del mismo nivel. En la carpeta Shared, las importaciones serán comunes a todos los archivos, a menos que se especifique otro _ViewImports en un nivel más preciso de la jerarquía de vistas.

Los Tag Helpers se importan de la siguiente manera utilizando la directiva `@addTagHelper`:

```
@addTagHelper *, Microsoft.AspNetCore.Mvc.TagHelpers
```

Observación

El espacio de nombres indicado anteriormente se puede utilizar para importar la mayoría de los helpers desarrollados por Microsoft. Si se ha desarrollado otro helper concreto como parte del proyecto, basta con importarlo de la misma forma que los helpers estándar (indicando el espacio de nombres completo) o utilizar la anotación '' para importar todos los Tag Helpers de un espacio de nombres o un assembly concreto.*

Los Tag Helpers se pueden eliminar de un archivo (o nivel) concreto mediante la directiva `@removeTagHelper`. El desarrollador también puede desactivar Tag Helpers para un elemento HTML concreto utilizando la notación '! '

```
<!span asp-validation-for="Email" class="text-danger"></!span>
```

Observación

El IntelliSense de Visual Studio es una gran ayuda para los desarrolladores a la hora de determinar qué Tag Helpers están disponibles.

Los Tag Helpers permiten mejorar la legibilidad de las vistas manteniendo los estándares HTML en cuanto a su diseño. El siguiente ejemplo muestra la página de inicio de sesión de la plantilla básica de Visual Studio. Esta página utiliza Tag Helpers para:

- generar un formulario,
- generar un token de validación,
- generar campos de entrada y validaciones si los campos no se rellenan correctamente.

Observación

Los helpers son fáciles de reconocer porque todos empiezan por asp-.*

```
<form
   asp-controller="Account"
   asp-action="Login"
   asp-route-returnurl="@ViewData["ReturnUrl"]"
   method="post" class="form-horizontal" role="form">

<h4>Login</h4>
<hr />
<div
   asp-validation-summary="ValidationSummary.All"
   class="text-danger"></div>
<div class="form-group">
   <label asp-for="Email" class="col-md-2 control-label"></label>
   <div class="col-md-10">
      <input asp-for="Email" class="form-control" />
      <span asp-validation-for="Email" class="text-danger"></span>
   </div>
</div>
<div class="form-group">
   <label asp-for="Password" class="col-md-2 control-label"></label>
   <div class="col-md-10">
      <input asp-for="Password" class="form-control" />
      <span asp-validation-for="Password" class="text-danger"></span>
   </div>
</div>
<div class="form-group">
   <div class="col-md-offset-2 col-md-10">
      <div class="checkbox">
         <input asp-for="RememberMe" />
         <label asp-for="RememberMe"></label>
      </div>
   </div>
</div>
<div class="form-group">
   <div class="col-md-offset-2 col-md-10">
      <button type="submit" class="btn btn-default">Log in</button>
   </div>
</div>
<p>
   <a asp-action="Register">Inscripción.</a>
</p>
<p>
   <a asp-action="ForgotPassword">Contraseña</a>
</p>

</form>
```

2.3 Vistas parciales y los View Components

Una vista parcial es simplemente una parte de la vista que se almacena en otro archivo *.cshtml*. Este proceso es especialmente útil para los archivos:

- hacer reutilizables partes de vistas,
- dividir una vista grande en varias vistas más pequeñas,
- reducir la duplicación del código HTML.

Observación

Las vistas parciales respetan el principio DRY (Don't Repeat Yourself).

Una vista parcial se declara del mismo modo que una vista simple: basta con declarar el código HTML en un archivo *.cshtml*. La misma vista se puede utilizar como vista completa y como vista parcial. La única diferencia radica en la forma en que se renderiza la página: la vista parcial no se generará a través de *_Layout.cshtml*.

Razor permite construir una vista utilizando varios métodos:

- El método `Partial`, que devuelve un `IHtmlString` que se puede utilizar directamente con el símbolo @ en la página.

```
@Html.Partial("PartialPage")
```

- El método `PartialAsync`, que se utiliza de la misma manera que el método anterior, pero de forma asíncrona.

```
@await Html.PartialAsync("PartialPage")
```

El método `RenderPartial`, que envía el flujo de salida de la vista parcial directamente como la respuesta de la petición y no produce ningún resultado (ninguna salida de tipo `IHtmlString`). Debido a esta restricción, el método sólo se utiliza en un bloque Razor.

```
@{
    Html.RenderPartial("AuthorPartial");
}
```

El proceso para descubrir vistas parciales es el siguiente. Por orden, el framework:

- busca en la misma carpeta que la vista principal,
- busca en la carpeta *Shared*;
- busca a través de la ruta especificada en el método. La ruta puede ser relativa o absoluta.

El siguiente ejemplo muestra cómo utilizar el método Parcial especificando un enlace relativo y luego uno absoluto:

```
// Ruta absoluta
@Html.Partial("~/Views/Folder/ViewName.cshtml")
@Html.Partial("/Views/Folder/ViewName.cshtml")

// Ruta relativa
@Html.Partial("../Account/LoginPartial.cshtml")
```

Observación

Cuando se utiliza una ruta absoluta, por defecto la raíz es la del proyecto, tanto si el desarrollador utiliza ~/ como si utiliza /.

Por último, es posible enviar datos a una vista parcial. El segundo argumento del método `Partial` permite hacerlo. Incluso es posible pasar un diccionario de valores a través de los otros parámetros del método.

```
@Html.Partial("Partial", miPrimerModelo, miSegundoModelo)
```

A menudo, los desarrolladores necesitan ejecutar código de negocio C# en su vista parcial. Para ello, ASP.NET Core incluye un nuevo sistema llamado *View Component*. Podemos pensar en los componentes de vista como minicontroladores, con una clase C# y una vista HTML, que permiten realizar operaciones del lado del servidor (como una consulta a la base de datos) para mostrar un resultado muy específico.

Para crear un view component, el desarrollador necesita una de las siguientes condiciones:

- Deriva de la clase `ViewComponent`.
- Utilizar el atributo `[ViewComponent]`.

– Añadir *ViewComponent* al final del nombre de la clase.

Finalmente, para que este componente funcione correctamente, el desarrollador necesita especificar el método `InvokeAsync`, que será llamado cuando la vista parcial sea renderizada y devolverá un `IViewComponentResult`. Al utilizar un componente de este tipo, es importante saber que:

– el componente no recupera la petición HTTP actual,

– el componente no utiliza el mapeo de modelos: los parámetros necesarios para que el proceso se ejecute correctamente deben proceder del método `InvokeAsync` y, por tanto, de la vista padre del componente,

– no se puede acceder al componente directamente a través de una URL,

– el componente utiliza el método `View` para renderizar la página deseada.

El código siguiente es un ejemplo de un componente sencillo que acepta un parámetro de entrada.

```
public class MyViewComponent: ViewComponent {

 public MyViewComponent () {
  //Inicialización de servicios si es necesario
 }

 public async Task <IViewComponentResult> InvokeAsync(
  string miParam) {

  //Lógica de negocio que utiliza el argumento
  return View(miParam);
  }
}
```

A continuación, el componente se puede invocar del siguiente modo en cualquier vista:

```
@await Component.InvokeAsync("My", new { miParam = "param" })
```

Es posible devolver un componente directamente desde un controlador a través del método `ViewComponent` de un controlador.

Observación

Como cualquier otro controlador, es posible utilizar la inyección de dependencias en los componentes. Sin embargo, no es posible utilizar filtros de autenticación y autorización.

Por último, es importante comprender la resolución de la ruta de la vista de un componente. Cuando se llama a un componente de vista y renderiza su vista, el framework buscará las siguientes dos rutas:

- Views/<controller>/Components/<view_component >/<view_name>
- Views/Shared/Components/<view_component>/<view_name>

Por defecto, si no se especifica ningún nombre en el método `View`, el archivo buscado es *Default.cshtml*.

2.4 Inyección de servicios

ASP.NET Core permite que el código de negocio de un servicio se ejecute directamente en la vista sin pasar necesariamente por un componente. Esto es particularmente útil cuando el desarrollador necesita rellenar elementos HTML, sin necesitar necesariamente los parámetros de la ruta o los datos publicados. La palabra clave importante aquí es `@inject`. Primero hay que especificar el tipo de servicio que se va a inyectar y posteriormente, un nombre que permita encontrarlo en el resto de la vista.

```
@inject MiServicio ServiceObject
```

A continuación, sólo tiene que utilizarlo a través de Razor en cualquier lugar de la página, utilizando el símbolo @.

```
<ul>
     <li>Resultado 1: @ObjetService.Metodo1()</li>
     <li>Resultado 2: @ObjetService.Metodo2()</li>
     <li>Resultado 3: @ObjetService.Metodo3()</li>
</ul>
```

Al igual que con la inyección de dependencia clásica, es necesario registrar los servicios que se van a inyectar en la vista, a través de la clase `Startup`.

```
services.AddTransient<MiServicio>();
```

Y nada más. Este proceso es muy sencillo y permite huir de los modelos de vista demasiado complejos y que contienen datos alejados del contexto de la página. Por ejemplo, para una página de detalle, los datos que llegan desde `@model` deben corresponder al registro que se está visualizando en ese momento (un artículo, un cliente, etc.). Sin embargo, se puede inyectar un servicio mediante `@inject` para rellenar una lista desplegable que permita cambiar el registro que se está viendo en ese momento (para no volver a la página con la lista completa). Sin la inyección, esta lista habría estado en `@model`. Los servicios inyectables se pueden utilizar para simplificar los modelos e controlador descendentes.

3. Controladores

Los controladores son uno de los puntos esenciales del pattern MVC: validan los datos procedentes de la vista, realizan las acciones necesarias según la llamada realizada y devuelven información al cliente sobre el estado de la acción (éxito o error). El controlador se debe ver como un espacio de transición entre los datos y la vista. El controlador está ahí para llamar a los servicios adecuados, comprobar una serie de aspectos sobre los datos y, a continuación, gestionar la vista correspondiente a la acción a la que se llama.

Un controlador también se puede utilizar para definir un grupo de acciones. Este grupo de acciones se define a través de los métodos que declara la clase del controlador. Esto proporciona una agrupación lógica de las acciones que el sitio puede realizar. Es importante que la agrupación sea correcta porque definirá las URLs del sitio. Por convención, los controladores tienen las siguientes características:

- Se encuentran en la carpeta *Controllers*, en la raíz del proyecto.
- Heredan de `Microsoft.AspNetCore.Controller`.

Observación

Estas convenciones no son obligatorias. De hecho, en el contexto de una arquitectura compleja para un sistema empresarial avanzado, los controladores pueden estar dispersos en varios proyectos y agrupados en función de requisitos funcionales, más que de convenciones técnicas. Localizar las rutas del sitio web se basará en particular en el nombre del controlador (todas las clases terminadas en "Controlle") y por la herencia de la clase `Controller`.

En las secciones siguientes se describen algunas de las características interesantes de los controladores que los desarrolladores deben conocer.

3.1 El ciclo de vida

El ciclo de vida de un controlador es relativamente sencillo: cada solicitud HTTP instanciará un controlador y, en cuanto se devuelva la respuesta al cliente, se destruirá el controlador. El procesamiento de peticiones HTTP es un poco más complejo que eso, por lo que el siguiente diagrama resume la secuencia de módulos en el framework MVC:

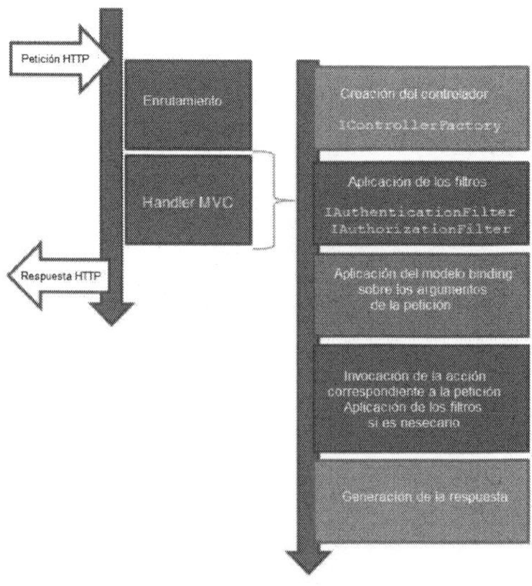

Ciclo de vida del controlador

La solicitud HTTP se procesa del siguiente modo:

- Dependiendo de las rutas definidas en la aplicación, la petición se redirige a un manejador que procesará la petición. El manejador utilizado en la mayoría de los casos es el manejador de MVC, sobre todo si el desarrollador utiliza el método `UseMvc`.
- El handler MVC analizará la solicitud para determinar qué controlador debe instanciar. El análisis se basa en la URL y la ruta que recibe la petición. La instanciación se realiza a través de la interfaz `IControllerFactory`.
- Los filtros pueden aparecer a nivel de controlador: es entonces cuando se aplican. De esta manera, primero se aplican filtros de tipo `IAuthenticationFilter` y luego `IAuthorizationFilter`.
- La vinculación de modelos se aplica entonces a los parámetros de consulta, lo que permite al desarrollador beneficiarse de las variables indicadas en la URL o en el cuerpo de la consulta.
- Una vez que las variables han sido correctamente mapeadas a los parámetros enviados, el manejador invoca la acción del controlador, de acuerdo con la petición HTTP. También se pueden aplicar filtros a la acción. A continuación, se inyectan los parámetros para que el desarrollador pueda procesarlos en el cuerpo de la acción. Es en este punto del proceso cuando se produce el cambio entre la fase de procesamiento de la solicitud y la fase de escritura de la respuesta.
- La respuesta se escribe entonces a través del resultado de la acción de tipo `IActionResult`.
- Cuando se ha escrito la respuesta, el controlador se libera en forma de un `Controller.Dispose`.

Los pasos son sencillos y proporcionan un proceso eficaz para gestionar las peticiones HTTP.

3.2 Clases Action y ActionResults

La respuesta de un controlador pasa por la acción que fue llamada a través de la petición HTTP. Una acción es simplemente un método del controlador que se declara en public. Es responsable de iniciar el proceso de procesamiento de la solicitud, comprobar el modelo recibido a través del método `ModelState.IsValid`, y luego elegir la vista.

Observación

Es importante descargar la mayor parte de la lógica de negocio y el acceso a la base de datos en los servicios que se pueden inyectar en los controladores. Esto proporciona un mejor desglose de la aplicación, pero también mejora la comprobabilidad del código de negocio.

Las acciones pueden devolver cualquier tipo de objeto, pero generalmente devolverán un objeto de tipo `IActionResult` (o `Task<IActionResult>` si el método realiza un procesamiento asíncrono). Este tipo de objeto añade semántica a la respuesta. Por ejemplo, cuando el controlador responde, puede querer hacer una redirección o devolver un error HTTP. La interfaz `IActionResult` unifica todos estos tipos de retorno.

Cuando un controlador hereda de `Controller`, tiene acceso a varios métodos para devolver respuestas muy específicas. Además de devolver cualquier objeto, un controlador puede devolver:

- Vistas HTML mediante los métodos `View()` y `PartialView()`.
- Códigos HTTP. Los métodos `BadRequest()`, `Unauthorized()` y `NotFound()` se pueden utilizar para devolver errores HTTP en la respuesta.
- Contenido mejorado en la respuesta mediante los métodos `Ok()`, `Created()`, `CreatedAtRoute()` y `CreatesAtAction()`. Estos métodos añaden información a la respuesta que se puede procesar posteriormente, ya sea en la respuesta o a través del navegador.
- Una redirección utilizando los métodos `Redirect()`, `LocalRedirect()`, `RedirectToAction()` o `RedirectToRoute()`.

Alternativamente, un controlador puede devolver un objeto simple. En este caso, ASP.NET Core convierte automáticamente el objeto a formato JSON. El desarrollador puede especificar opciones para formatear el objeto utilizando el método Json. También pueden devolver contenido simple utilizando el método Content. Para utilizar otros formateadores, se deben especificar a MVC en el Startup. El siguiente código muestra dos posibles formas de añadir un formateador XML.

```
// primer método
services.AddMvc()
      .AddXmlSerializerFormatters();

// segundo método
services.AddMvc(options =>
{
  options.OutputFormatters.Add(new
XmlSerializerOutputFormatter());
});
```

Por último, es posible forzar a un controlador o a una acción a producir el resultado en un formato muy específico. Esto se hace utilizando el atributo Produces. El código siguiente muestra cómo se utiliza este atributo en un controlador, para forzar que la respuesta esté en formato XML.

```
[Produces("application/json")]
public class MyControler
```

3.3 Zonas

La organización general de un proyecto es la siguiente:

- Proyecto
  - Controllers
    - MiControlador1
    - MiControlador2
  - Views
    - MiControlador1
      - MiVista1
    - MiControlador2
      - MiVista2

De esta forma, el framework MVC es capaz de encontrar los controladores y vistas correspondientes a la petición HTTP entrante. Sin embargo, esta organización es complicada de mantener si el proyecto se hace grande. Todos los controladores y vistas acabarían en la misma carpeta, lo que dificultaría el mantenimiento del proyecto si hay varias docenas de controladores, cada uno con entre tres y cinco vistas.

La solución está en las **Areas** (o zonas, en español).

Las zonas proporcionan un mejor desglose de la semántica del proyecto dividiendo el modelo MVC en subgrupos MVC, cada uno con sus propios controladores, vistas y modelos.

Observación

De lo que se trata aquí es de dividir el proyecto funcionalmente y no por módulos técnicos. Cada controlador y cada vista se "ordenarán" en las zonas funcionales que correspondan a sus campos de acción.

Tomemos los siguientes módulos funcionales: Client y Contact. Por tanto, la nueva organización del proyecto será la siguiente:

```
– Project
  – Areas
    – Client
      – Controllers
        – HomeController.cs
      – Views
        – Home
          – Index.cshtml
    – Contact
      – Controllers
        – HomeController.cs
      – Views
        – Home
          – Index.cshtml
```

A este respecto, es importante tener en cuenta las buenas prácticas en relación con las zonas con ASP.NET Core:

- En la raíz del proyecto debe haber un directorio llamado *Areas*.
- Las zonas deben contener subcarpetas que identifiquen los diferentes módulos funcionales del proyecto. Cada una de ellas contendrá una carpeta *Controllers* y una carpeta *Views*, en función del tipo de archivo.
- Los controladores tendrán las siguientes rutas: */Areas/[area]/Controllers/[controller].cs*.
- Las vistas también tendrán una ruta específica: */Areas/[area]/Views/[controller]/[action].cshtml*.

Todavía es posible compartir vistas entre controladores dentro de la misma zona. Simplemente cree una carpeta *Shared* en la zona deseada: */Areas/[area]/Views/Shared*. También es posible compartir vistas entre todas las zonas a través de la carpeta *Shared* de la carpeta *Views*, ubicada en la raíz del proyecto */Views/Shared*.

Para que el mecanismo de las zonas funcione plenamente, se requieren dos acciones adicionales:

- Añadir el atributo `Area` a los controladores contenidos en una zona. Esto identifica cada controlador como perteneciente a una zona en particular. El framework podrá entonces encontrar el controlador correspondiente a la zona solicitada.

```
[Area("Client")]
public class HomeController : Controller
{
    // GET: /<controller>/
    public IActionResult Index()
    {
        return View();
    }
}
```

Por último, necesitamos crear la ruta que permita al navegador acceder a las zonas recién creadas. Esto se hace en la clase `Startup`, añadiendo la ruta a través del método `MapRoute` de `UseMvc`.

```
app.UseMvc(routes =>
{
  routes.MapRoute(name: "areaRoute",
    template: "{area:exists}/{controller=Home}/{action=Index}");

  routes.MapRoute(
      name: "default",
      template: "{controller=Home}/{action=Index}");
});
```

Desde el punto de vista del cliente, sólo tiene que llamar a la URL de la zona que necesita. Los Tag Helpers también se pueden utilizar para generar la URL de la zona deseada. El código siguiente ilustra el uso de los ayudantes mediante un enlace HTML:

```
<a asp-area="Client"
   asp-controller="Home"
   asp-action="Index">
      Lista de clientes
</a>
```

Capítulo 6
Nuevos mecanismos de ASP.NET Core

1. Introducción

La nueva versión de ASP.NET Core incorpora varios mecanismos nuevos que permiten a los desarrolladores gestionar mejor determinados aspectos de sus proyectos. En versiones anteriores, cuando el proyecto requería que las APIs se expusieran a través de la aplicación web, la pieza Web API ofrecía sus propias API y clases para exponer los servicios al mundo exterior. Por ejemplo, existía una clase base `ApiController` para las APIs y una clase `Controller` para las páginas de la aplicación, aunque la función de un controlador es siempre la misma: recuperar la petición HTTP, procesar los datos y devolver una respuesta.

Lo mismo ocurría con el acceso a los datos, que a menudo resultaba tedioso. El código de negocio estaba contaminado con varios bloques `using` para garantizar el cierre de la conexión con la base de datos. Sin duda, es una buena práctica cerrar la conexión lo antes posible, pero la legibilidad del código se resentía por ello. ASP.NET Core incorpora un nuevo sistema de dependencias para gestionar mejor este tipo de situaciones y aumentar la mantenibilidad del código de negocio.

En este capítulo se tratarán algunas novedades extremadamente prácticas del framework. En primer lugar, la siguiente sección tratará el tema de la inyección de dependencias para gestionar adecuadamente las dependencias entre servicios en una aplicación ASP.NET Core. La siguiente sección tratará sobre el middleware y la importancia de utilizar sólo lo necesario. El capítulo finaliza con una visión general de las Web APIs.

2. Inyección de dependencia

La inyección de dependencias de ASP.NET Core es un conjunto de servicios y mecanismos preintegrados en el framework para inyectar servicios en toda la aplicación. En versiones anteriores, el desarrollador necesitaba un framework externo, pero esto ya no es necesario.

El principio de inyección de dependencias es una técnica que consiste en acoplar libremente objetos y clases de servicio entre sí y con sus dependencias. En lugar de instanciar los servicios directamente en los métodos a través de constructores o de `using`, la clase declarará qué dependencias necesita para funcionar. La mayoría de las veces, la clase declarará sus dependencias en su constructor: este proceso se denomina *constructor injection* y permite respetar las buenas prácticas llamadas *Explicit Dependencies Principle*. El objetivo es que la clase exponga explícitamente sus dependencias en el constructor.

Sin embargo, es importante diseñar la clase teniendo en cuenta el principio DI *(Dependency Injection)* y mantener los servicios débilmente acoplados a las dependencias. Otra buena práctica titulada *Dependency Inversion Principle* establece una frase que resume muy bien la filosofía DI:

"*Los módulos de alto nivel no deben depender de los de bajo nivel; ambos deben depender de abstracciones*".

Esta frase es muy reveladora del método que hay que adoptar al inyectar servicios en clases: hay que inyectar una abstracción de esta clase y no la clase en sí. En C#, esto equivaldría a declarar una interfaz como dependencia de la clase. Este principio de deportar dependencias a interfaces y proporcionar implementaciones concretas, también es un ejemplo del pattern de *Strategy Design*.

Cuando un sistema se diseña para utilizar inyección de dependencias, necesita un contenedor de dependencias para listar todos los servicios que potencialmente pueden inyectarse en las clases. Esto se conoce como contenedor de inversión de control o contenedor de inyección de dependencias. La inversión de control también es una buena práctica que invierte la responsabilidad de crear la instancia cuando se resuelven dependencias: el framework es el que decidirá qué instancia utilizar para una dependencia dada de un tipo dado.

Observación

La inyección de dependencia reúne una serie de buenas prácticas y es, en sí misma, una de ellas. Hay muchos artículos que elogian estos conceptos, pero nos ha llamado especialmente la atención uno que nos gustaría recomendar: http://www.martinfowler.com/articles/injection.html

Con este tipo de contenedor y la inversión de control, el desarrollador puede declarar fácilmente un complejo árbol de dependencias y durante el tiempo de ejecución, el framework resolverá automáticamente todas las dependencias, dejando el código declarativo simple y despejado. Además de crear objetos que corresponden a los tipos declarados, el contenedor de servicios gestiona el propio ciclo de vida de los objetos. ASP.NET Core ya incluye un contenedor de servicios en forma de la interfaz `IServiceProvider` que, a su vez, se puede inyectar en las clases.

Observación

Hablaremos mucho de "servicios" en este capítulo y probablemente, en otras partes del libro. Estos servicios simplemente representan clases que están registradas en el contenedor de servicios y, por lo tanto, se pueden inyectar en otras clases de la aplicación. Veremos cómo, más adelante en esta sección.

El contenedor de servicios se puede configurar en el método `ConfigureServices` de la clase `Startup`, y sólo se debe configurar allí.

```
public void ConfigureServices(IServiceCollection services)
{
     services.AddMvc();
}
```

En el ejemplo anterior, el método ConfigureServices configura la aplicación para inyectar servicios relacionados con MVC. Aquí es donde el desarrollador inyectará otros servicios vinculados a Entity Framework o ASP.NET Identity a través de los métodos de extensión AddEntityFramework o AddIdentity. Sin embargo, y este es el objetivo de este mecanismo, el desarrollador puede inyectar sus propios servicios.

En la plantilla básica de ASP.NET Core, los servicios inyectados son los siguientes:

```
services.AddTransient<IEmailSender, AuthMessageSender>();
services.AddTransient<ISmsSender, AuthMessageSender>();
```

El método AddTransient asigna el tipo AuthMessageSender a la interfaz IEmailSender. En concreto, esto significa que cada vez que una clase solicite la interfaz IEmailSender, el contenedor de servicios responderá con una instancia de AuthMessageSender. El método también define el ciclo de vida del servicio y es importante elegir cuidadosamente la duración de su servicio. ¿Debe existir mientras dure la petición HTTP? ¿Debe ser instanciado sólo para la clase que lo solicitó? ¿O debe persistir durante toda la vida útil de la aplicación?

El controlador que se muestra a continuación es un ejemplo sencillo del uso de la inyección de dependencias. Declara un servicio en su constructor, que luego utiliza en su método Index. Lo importante a tener en cuenta aquí es que el servicio se inyecta a través del constructor, lo cual es una buena práctica. **Nunca inyecte un servicio a través de propiedades inyectadas directamente en el controlador.** Esto puede producir un comportamiento peligroso en ciertos casos.

```
    public class ProductsController : Controller
    {
        private readonly IProductsRepository
_productsRepository;

        public ProductsController(IProductsRepository
productsRepository)
        {
            _productsRepository = productsRepository;
        }
```

```
        // GET: /products/
        public IActionResult Index()
        {
            return View(this._productsRepository.ListAll());
        }
    }
```

La interfaz utilizada es muy sencilla y permite exponer servicios de bajo nivel para gestionar los productos de la aplicación.

```
    public interface IproductsRepository
    {
        IEnumerable<Product> ListAll();
        void Add(Product product);
    }
```

Y la implementación de esta interfaz vuelve a utilizar la inyección de dependencias para comunicarse con la base de datos y realizar las operaciones necesarias.

```
    public class ProductsRepository : IproductsRepository
    {
        private readonly ApplicationDbContext _dbContext;

        public ProductsRepository(ApplicationDbContext dbContext)
        {
            _dbContext = dbContext;
        }

        public IEnumerable<Product> ListAll()
        {
            return _dbContext.Products.AsEnumerable();
        }

        public void Add(Product character)
        {
            _dbContext.Products.Add(character);
            _dbContext.SaveChanges();
        }
    }
```

Sólo falta el registro del servicio en el contenedor:

```
services.AddScoped<ICharacterRepository, CharacterRepository>();
```

Observación

`ApplicationDbContext` ya está inyectado a través del método de extensión `.AddDbContext<ApplicationDbContext>`.

Aquí, el `ProductsController` necesita un `ProductsRepository` que, a su vez, necesita un `ApplicationDbContext`. Esto crea un árbol de dependencias que el framework es capaz de resolver automáticamente, siempre y cuando los tipos se introduzcan correctamente en el contenedor de servicios. La complejidad de resolver las dependencias es responsabilidad del framework y no del desarrollador.

La segunda cosa importante aquí es la total transparencia del código de negocio en el controlador. El controlador utiliza una interfaz para gestionar los productos, pero no sabe nada de la implementación. En el ejemplo anterior, la gestión se realiza a través de la base de datos pero, más adelante, se podría realizar a través de archivos. En este caso, simplemente será cuestión de volver a implementar la interfaz y suministrar la nueva implementación al contenedor de servicios, pero el código del controlador no cambiará en absoluto. Ese es el sentido de la inyección de dependencias: el código de negocio se vuelve totalmente transparente para los consumidores de estos servicios, que no necesitan preocuparse por la implementación.

Por último, este mecanismo mejora enormemente la capacidad de prueba de las clases. Si la clase a probar depende de una interfaz, todo lo que hay que hacer es proporcionar una implementación simplista de este servicio y utilizarla para probar la clase. Utilizando el ejemplo anterior, para probar el código del controlador, bastaría con volver a implementar la interfaz `IProductsRepository` y suministrar datos ficticios en lugar de datos de una base de datos.

Como se ha mencionado anteriormente en esta sección, la elección de la vida útil del servicio es importante. El framework ofrece cuatro formas de inyectar servicios en función de la vida útil elegida:

- **Transient**: se envía una nueva instancia del servicio por cada nueva petición de una clase. Esto significa que en la misma petición HTTP, el desarrollador se puede encontrar con varias instancias del mismo servicio.

- **Scoped**: el servicio se crea una vez por petición. Este es el modo más utilizado y recomendado, ya que evita desperdiciar instancias innecesarias y garantiza la unicidad del servicio para la petición actual.
- **Singleton**: la instancia del servicio se crea la primera vez que se realiza una petición y todas las solicitudes posteriores, utilizarán la misma instancia. En este caso, es una buena práctica dejar que el contenedor de servicios gestione el singleton en lugar de implementar el pattern usted mismo.
- **Instance**: se utiliza para especificar la instancia que se utilizará para las peticiones posteriores en el método `ConfigureServices`.

Por tanto, la aplicación diseñada por el desarrollador debe, diseñar sus servicios para aprovechar al máximo la inyección de dependencias, cumplir una serie de buenas prácticas y evitar anti-patterns como:

- **Static cling**: anti-pattern, uso de clases y métodos declarados como estáticos.
- **New is glue**: anti-pattern, que utiliza la palabra clave new para vincular el código de negocio a la implementación utilizada.
- **SOLID Principles of Object Oriented Design**: buenas prácticas, designa el deseo de crear software sencillo que satisfaga las necesidades del consumidor.
- **Single Responsability Principle**: buena práctica, indica que se deben crear servicios sencillos y evitar el exceso de dependencias.

La trampa se suele materializar con Entity Framework. El objeto responsable de la comunicación con la base de datos es el `DbContext`, que también se inyecta en el contenedor de servicios. Como resultado, inyectar este objeto en los controladores es muy fácil, pero no es una buena práctica ya que vincula fuertemente los controladores a la base de datos. En su lugar, se debería aplicar un pattern *Repository* para enmascarar el acceso a los datos.

ASP.NET Core también permite sustituir su propio contenedor de servicios por otro. El método `ConfigureServices` originalmente no devuelve nada, pero puede devolver un `IServiceProvider`, lo que permite al desarrollador proporcionar su propio proveedor de servicios. Por ejemplo, Autofac (otro contenedor de servicios para .NET) se puede utilizar como contenedor de servicios en lugar del predeterminado.

Para ello, basta con importar primero los paquetes NuGet correspondientes.

```
"dependencies" : {
  "Autofac": "4.0.0-rc1",
  "Autofac.Extensions.DependencyInjection": "4.0.0-rc1"
},
```

A continuación, es necesario devolver el contenedor de servicios que la aplicación utilizará más tarde en el método `ConfigureServices`.

```
public IServiceProvider ConfigureServices(IServiceCollection
services)
{
  services.AddMvc();
  // add other framework services

  // Add Autofac
  var containerBuilder = new ContainerBuilder();
  containerBuilder.RegisterModule<DefaultModule>();
  containerBuilder.Populate(services);
  var container = containerBuilder.Build();
  return container.Resolve<IServiceProvider>();
}
```

Por último, es importante recordar las recomendaciones para inyectar dependencias:

- DI se utiliza para objetos con dependencias complejas (servicios, controladores, etc.).
- No almacenar los datos del usuario directamente en el contenedor de servicios.
- El API Configuration debe utilizar el pattern *Options* para inyectar la configuración en el contenedor de servicios.
- No utilizar clases estáticas.
- No inyectar el objeto `HttpContext`.

Observación

Obviamente, los puntos anteriores no dejan de ser recomendaciones y es posible que determinados casos le obliguen a hacer caso omiso de algunas de estas normas.

Le recomendamos encarecidamente que utilice la inyección de dependencias para sus servicios y que analice detenidamente la arquitectura de su aplicación para sacar el máximo partido a este mecanismo. Por ejemplo, para abstraer el acceso a datos, abstraer el acceso a determinados servicios remotos, etc.

3. Middleware

Los middleware es un nuevo concepto introducido con ASP.NET Core como parte de la especificación Open Web Interface for .NET (OWIN). El objetivo de OWIN es desacoplar el servidor y la aplicación, manteniendo un estándar abierto y estimulando el ecosistema de código abierto de .NET Web. Estos son los términos clave definidos por OWIN:

- **Server**: servidor HTTP que se comunica directamente con el cliente y utiliza la semántica de OWIN para realizar una serie de operaciones para procesar la solicitud.
- **Web Framework**: conjunto de componentes, basados en OWIN y que exponen sus propios objetos y servicios, para facilitar el procesamiento de peticiones. A efectos de este capítulo, el Web Framework es ASP.NET Core.
- **Web Application**: aplicación web construida sobre un Web Framework utilizando servidores compatibles con OWIN.
- **Middleware**: conjunto de componentes por los que pasará una petición HTTP para realizar un tratamiento específico, modificar la ruta, definir la respuesta, etc.
- **Host**: proceso en el que se ejecutan la aplicación y el servidor.

Por tanto, los middlewares son componentes (en concreto, son clases C#) que se encadenarán y que actuarán por turnos sobre la petición HTTP. Cada middleware decidirá si pasa o no la petición al siguiente middleware en función de la acción que acaba de realizar sobre la petición. Se utiliza un delegado de petición para construir la cadena de peticiones. Depende de cada middleware pasar a la siguiente a través de este delegado de petición o cortocircuitar el encadenamiento según sea necesario.

El middleware se configura en el método Configure de la clase `Startup` mediante los métodos de extensión `Run`, `Map` y `Use`.

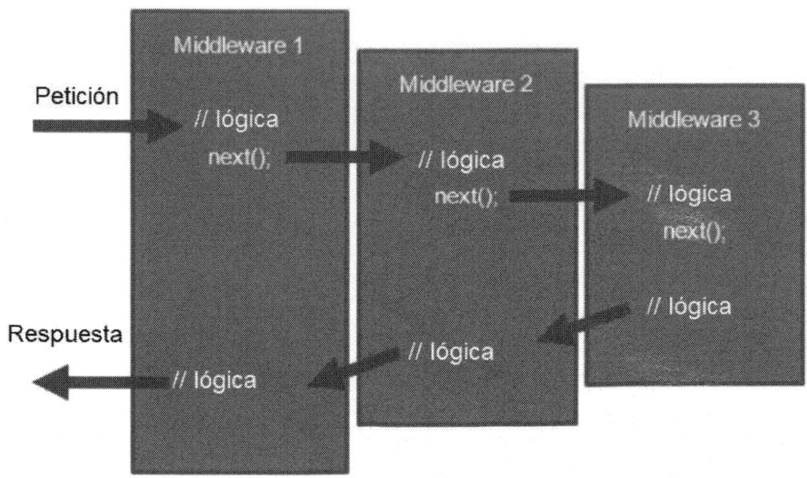

Diagrama del encadenamiento de los middleware

La ventaja de cortocircuitar la petición por los middlewares es que evita procesamientos innecesarios. Si el usuario quiere acceder a una página que requiere autenticación y si el middleware detecta que el usuario no está autenticado, redirigirá automáticamente al usuario a la página de inicio de sesión, sin pasar el testigo al middleware siguiente.

En la plantilla por defecto de Visual Studio, el middleware preconfigurado es el siguiente:

- El tratamiento de errores.
- El módulo proxy inverso HttpPlatformHandler de IIS.
- la gestión de archivos estáticos en el servidor.
- ASP.NET Identity.
- ASP.NET MVC.

El orden es extremadamente importante, ya que define el orden en que se encadenan los middleware. En la plantilla básica de Visual Studio, el primer middleware utilizado se refiere a la gestión de errores, ya que es importante detectar errores en el pipeline en una etapa temprana. A continuación, se configura el módulo IIS, seguido de la gestión de archivos estáticos incluidos en la carpeta *wwwroot*.

Esta gestión también se realiza en una fase temprana para garantizar tiempos de procesamiento rápidos si la petición sólo se refiere a archivos estáticos. Este middleware puede cortocircuitar el pipeline si el archivo solicitado se encuentra inmediatamente en la carpeta.

Por último, está el middleware para gestionar la autenticación a través de ASP.Net Identity y, por último, la gestión de rutas MVC, que permite al desarrollador encontrar el camino de vuelta a sus controladores al final del pipeline.

Observación

Es importante señalar que la canalización es bidireccional, lo que significa que el middleware puede actuar tanto sobre la solicitud HTTP como sobre la respuesta. Por lo tanto, el orden en que se configura el middleware es crucial y define la dirección en la que se procesa la solicitud y, a continuación, la respuesta.

```
public void Configure(IApplicationBuilder app)
{
    if (env.IsDevelopment())
    {
        app.UseBrowserLink();
        app.UseDeveloperExceptionPage();
        app.UseDatabaseErrorPage();
    }
    else
    {
        app.UseExceptionHandler("/Home/Error");
    }

    app.UseIISPlatformHandler();
    app.UseStaticFiles();
    app.UseIdentity();

    app.UseMvc(routes =>
    {
        routes.MapRoute(
            name: "default",
            template: "{controller=Home}/{action=Index}/{id?}");
    });
}
```

El método `Run` define un middleware terminal en el pipeline, es decir, no llamará al siguiente middleware. Por el contrario, el método Use acepta un método delegado que corresponde al siguiente middleware. El siguiente código muestra cómo ejecutar código en el método `Use` después de llamar al middleware definido por el método `Run`.

```
public void ConfigureLogInline(IApplicationBuilder app,
ILoggerFactory loggerfactory)
{
    var logger = loggerfactory.CreateLogger(_environment);
    app.Use(async (context, next) =>
    {
        logger.LogInformation("Primera llamada");
        await next.Invoke();
        logger.LogInformation("Segunda llamada");
    });

    app.Run(async context =>
    {
        await context.Response.WriteAsync("Middleware terminal");
    });
}
```

El registro mostrará la siguiente salida:

```
> Primera llamada
> Terminal Middleware
> Segunda llamada
```

El tercer método importante es `Map`. Esto simplemente mapea una ruta de consulta (por ejemplo */Home/Index*) a un delegado de consulta. También es posible añadir condiciones utilizando el método `MapWhen`. El delegado de consulta sólo se ejecutará si se cumple la condición. Esto es útil si necesita inspeccionar la petición de antemano, por ejemplo comprobando cierta información contenida en la cabecera de la petición.

El siguiente ejemplo muestra cómo se utiliza el método Map. Si se cumple la condición, todas las peticiones pasarán por el método `HandleBranch`, de lo contrario pasarán por el middleware terminal definido a continuación.

```
private static void HandleBranch(IApplicationBuilder app)
{
    app.Run(async context =>
    {
        await context.Response.WriteAsync("Branch used.");
    });
}

public void ConfigureMapWhen(IApplicationBuilder app)
{
    app.MapWhen(context => {
        return context.Request.Query.ContainsKey("branch");
    }, HandleBranch);

    app.Run(async context =>
    {
        await context.Response.WriteAsync("Hello from " +
_environment);
    });
}
```

ASP.NET Core ya incluye algunos middleware predefinidos que los desarrolladores pueden utilizar como consideren oportuno:

Middleware	Descripción
Authentication	Soporte de la autenticación
CORS	Soporte del *Cross-origin Resource Sharing*, es decir, la posibilidad de solicitar recursos restringidos a otro dominio.
Diagnostics	Gestión de páginas de error e información de runtime
Routing	Definición de rutas
Session	Soporte de sesión de usuario
Static files	Compatibilidad con archivos estáticos

Cada uno tiene sus propios métodos de extensión para añadir los servicios correspondientes y el middleware apropiado.

Es fácil para los desarrolladores crear su propio middleware en una clase dedicada. Las únicas limitaciones son las siguientes:

- acepta un objeto `RequestDelegate` en su constructor para entregarlo (o no, dependiendo de los requisitos) al siguiente middleware;
- exponer un método `Invoke(HttpContext context)` para que ASP.NET Core pueda recuperar el código de negocio del middleware.

Observación

ASP.NET Core utiliza la reflexión para encontrar el método `Invoke`; no se proporciona ninguna interfaz o clase abstracta para el middleware. Sin embargo, los desarrolladores son libres de inyectar otros servicios en el middleware si lo necesitan o incluso de omitir la solicitud.

El middleware de abajo simplemente registra tanto la petición como la respuesta. Todo lo que ocurra después del método `next.Invoke()` irá en la dirección de la respuesta.

```
    public class LoggerMiddleware
    {
        private readonly RequestDelegate _next;
        private readonly ILogger _logger;

        public LoggerMiddleware (RequestDelegate next,
ILoggerFactory loggerFactory)
        {
            _next = next;
            _logger = loggerFactory.CreateLogger< LoggerMiddleware >();
        }

        public async Task Invoke(HttpContext context)
        {
            _logger.LogInformation("Consulta solicitada: " +
contextualisation);
            await _next.Invoke(context);
           _logger.LogInformation("Respuesta a la consulta ");
        }
    }
```

El logger se instancia aquí vía inyección de dependencia. Es una buena práctica crear un método de extensión para el middleware con el fin de registrarlo en el canal HTTP.

```
public static class LoggerExtensions
{
    public static IApplicationBuilder UseLoggerMiddleware(this
IApplicationBuilder builder)
    {
        return builder.UseMiddleware<LoggerMiddleware>();
    }
}
```

En definitiva, ASP.NET Core es muy abierto y permite a los desarrolladores integrarse meticulosamente en cada parte del framework para colocar su propio código y hacer así que el procesamiento de las peticiones sea lo más fluido posible. El middleware ofrece una respuesta sencilla y ágil al problema de gestionar las solicitudes HTTP en su conjunto.

4. Web API

El protocolo HTTP no sólo permite devolver páginas HTML con CSS y JavaScript, sino también construir APIs que expongan servicios y datos. El objetivo de estas APIs no es sólo hacer accesibles determinados datos de su sitio web, sino también permitir que alguien ajeno a él interactúe con ellos, por ejemplo insertando registros o recuperando una lista de información. Lo importante es recordar que estas APIs permiten integrar puntos de entrada adicionales para el sistema.

ASP.NET Core ha simplificado el uso de las API mediante la unificación del framework. Hoy en día, un sitio web desarrollado con ASP.NET Core podrá devolver HTML y APIs conservando el mismo código básico y también el mismo pipeline HTTP.

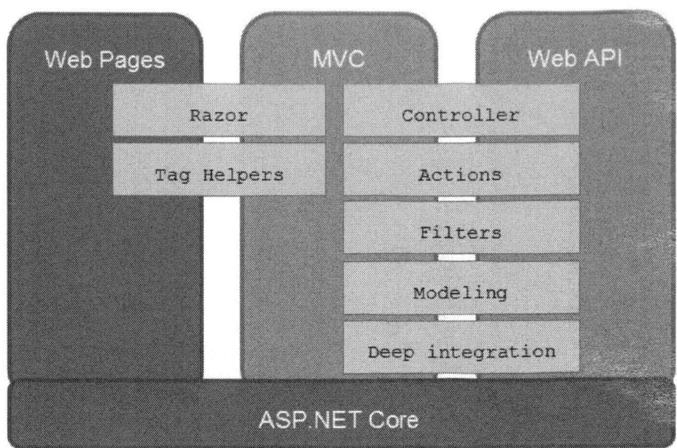

Diagrama de unificación del framework

En la práctica, las API se representan simplemente mediante controladores MVC que tienen una ruta bastante distinta de las demás rutas convencionales. Sin embargo, hay que pensar bien cómo se organizan estos controladores, porque su uso no es el mismo. Un controlador de Web Pages responderá según un protocolo muy específico, que es */controller/action*, por lo que son las acciones las que dictan qué vista se devolverá.

Los controladores de API responderán según el método HTTP utilizado, es decir, GET, POST, PUT o DELETE. Por ejemplo, la respuesta del API */api/product* no será la misma si el método es GET o PUT. Por tanto, es importante diseñar las API en función de los métodos HTTP y no de las acciones que exponen. Por supuesto, siempre es posible exponer rutas particulares para las API en función de los requisitos. A modo de recordatorio, los métodos importantes son:

- `GET`: recupera información en forma de entidad (lista o individual).
- `POST`: creación de la entidad enviada al servidor.
- `PUT`: actualizar y/o sustituir datos en la base de datos.
- `DELETE`: elimina la entidad del servidor.

Tomemos el ejemplo de un conjunto de APIs que exponen servicios relacionados con la gestión de productos. Las API a crear tendrían el siguiente aspecto:

API	Descripción
`GET` /api/product	Recuperación de todos los productos
`GET` /api/product/{id}	Recuperación de productos por ID
`POST` /api/product	Añadir un producto
`PUT` /api/product/{id}	Actualizar un producto existente
`DELETE` /api/product/{api}	Suprimir un producto

La descripción del cuerpo de la solicitud y la del cuerpo de la respuesta serían entonces:

API	Cuerpo	Respuesta
`GET` /api/product	Nada	Tabla de todos los productos
`GET` /api/product/{id}	Nada	Un producto
`POST` /api/product	Un producto	Un producto
`PUT` /api/product/{id}	Un producto	Nada
`DELETE` /api/product/{api}	Nada	Nada

Las APIs anteriores se pueden utilizar para exponer un único controlador con varias acciones, cada una responsable de un método HTTP. El proceso es entonces simple de implementar:

- llamar a un controlador desde el cliente a través de una petición HTTP. El cliente puede ser un navegador, un teléfono móvil, etc,
- comunicación con la capa de acceso a los datos para recuperar la información necesaria en forma de modelo,
- devuelven información en forma de petición HTTP que contiene los datos solicitados.

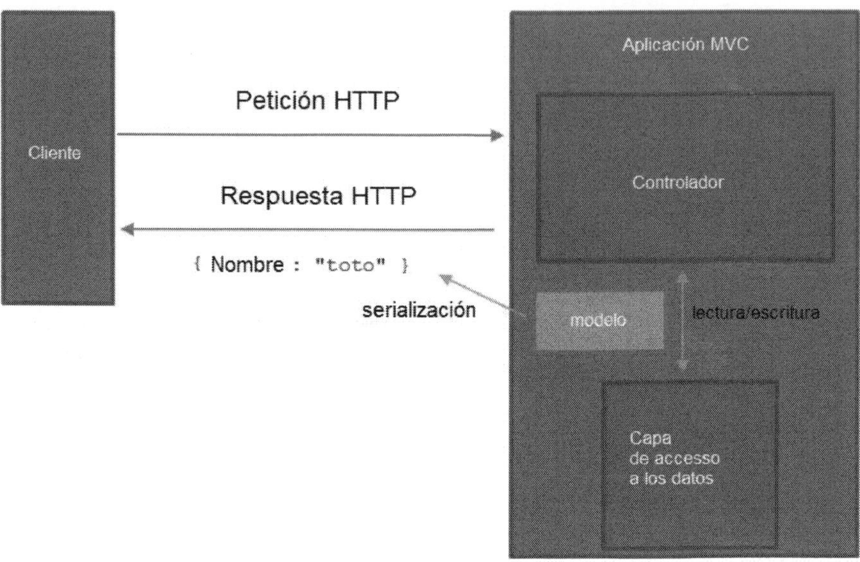

Diagrama de cómo llamar a un controlador API

Todo lo que tiene que hacer es implementar los distintos métodos que responderán a las diferentes peticiones HTTP. Por ejemplo, el siguiente código se puede utilizar para recuperar todos los productos o el producto correspondiente a un ID concreto:

```
[HttpGet]
public IEnumerable<Product> GetAll()
{
    return ProductItems.GetAll();
}

[HttpGet("{id}", Name = "GetProduct")]
public IActionResult GetById(string id)
{
    var item = ProductItems.Find(id);
    if (item == null)
    {
        return HttpNotFound();
    }
    return new ObjectResult(item);
}
```

Estos métodos implementan las siguientes API:

- **GET** /api/product
- **GET** /api/product/{id}

El atributo `[HttpGet]` indica que este método responde a una solicitud HTTP de tipo GET. La ruta para cada API se construye como sigue:

- Recupera la plantilla indicada en los atributos de ruta de los controladores, por ejemplo `[Route("api/[controller]")]`.
- Sustituya `[controller]` por el nombre real del controlador C# que se está utilizando. Por ejemplo, si el controlador se llama `ProductController`, la ruta será `/api/product` (ASP.NET Core no distingue entre mayúsculas y minúsculas).
- Aplicación del atributo `[HttpGet]` a la ruta. Este atributo tiene opciones (que pueden o no ser establecidas por el desarrollador) que se aplicarán a la ruta del API.

Observación

Existen otros atributos además de `[HttpGet]`, como `[HttpPost]`, `[HttpDelete]`, `[HttpHead]`, `[HttpOptions]`, `[HttpPatch]` y `[HttpPut]`, cada uno de los cuales define qué métodos del API responderán a qué solicitud HTTP.

En el método `GetById`, la variable `{id}` es sólo un *placeholder* (un elemento de sustitución), ya que sustituye la variable id en el método por el valor indicado en la URL.

El método `GetAll` devuelve un objeto gestionado del modelo definido en la aplicación. El framework MVC serializará automáticamente el objeto en formato JSON, escribirá el JSON en el cuerpo de la petición y así podrá ser utilizado directamente por el cliente que llame al API. El código de respuesta de la solicitud es 200, lo que indica que no se ha producido ninguna excepción en el código del controlador.

Por otro lado, el método `GetById` devuelve un objeto de tipo `IActionResult` porque, dependiendo del caso, no siempre devuelve un objeto gestionado que proviene del modelo:

- si no se encuentra ningún producto, el método devuelve un error 404 utilizando el método `HttpNotFound()` +,
- en caso contrario, el método devuelve un código 200 con el JSON de la respuesta.

Para recuperar objetos complejos de la consulta, basta con utilizar los siguientes atributos:

- `[FromUri]`: recupera la información contenida en la URL de la petición.
- `[FromBody]`: recupera información del cuerpo de la petición.
- `[FromForm]`: recupera la información contenida en el formulario de petición.
- `[FromQuery]`: recupera la información contenida en la petición (el atributo buscará por todas partes para encontrar el parámetro solicitado).
- `[FromHeader]`: recupera información de la cabecera de la petición.

Estos atributos se pueden utilizar en la firma de un método del API para recuperar la información que necesitamos y utilizarla directamente en el código del API. Por último, merece la pena echar un vistazo al método `Create` para ilustrar cómo recuperar información compleja de la solicitud y devolver respuestas que cumplan con los estándares Web. En el siguiente ejemplo de código, el método `CreatedAtRoute` se utiliza para devolver un código de respuesta 201, en línea con las expectativas de los estándares Web para un método POST.

```
[HttpPost]
public IActionResult Create([FromBody] ProductItem item)
{
    if (item == null)
        return HttpBadRequest();

    TodoItems.Add(item);
    return CreatedAtRoute("GetProduct", new { controller = "Product",
id = item.Key }, item);
}
```

Observación

Los controladores se basan en gran medida en los estándares web modernos y ya aplican métodos para facilitar el procesamiento.

De este modo, el desarrollador puede procesar solicitudes de varios clientes con un framework subyacente unificado y simplificado. Es más, el framework ya proporciona una serie de herramientas para gestionar las peticiones HTTP de la forma más precisa posible y extraer los datos necesarios para procesar la petición.

5. API mínimas

En un sector en rápida evolución, surgen nuevos conceptos en arquitectura y prácticas de desarrollo. Uno de estos conceptos es el microservicio, es decir, el desarrollo de una aplicación mínima, dirigida a un dominio empresarial concreto, con su propia base de datos y exponiendo solo las API necesarias para gestionar ese dominio.

En respuesta a la creciente demanda de este tipo de desarrollo, los equipos de Microsoft han introducido la posibilidad de crear aplicaciones web ASP.NET Core con la mínima cantidad de código necesaria para crear APIs.

El código que se muestra a continuación es suficiente para ejecutar la aplicación y expone un API que devuelve una cadena de caracteres. En este caso concreto, el desarrollador no necesita pasar por todas las carpetas y archivos que tradicionalmente componen una aplicación Web API (como las carpetas *Controllers* y *Areas*, por ejemplo).

```
var app = WebApplication.Create(args);
app.MapGet("/", () => "Hello World!");
app.Run();
```

La línea `WebApplication.Create` se encargará de añadir todas las capas necesarias para que la aplicación funcione correctamente: enrutamiento, inyección de servicios, gestión de controladores, gestión de la configuración, etc. Lo único que tiene que hacer el desarrollador es definir sus rutas mediante el método `MapGet` y, a continuación, lanzar la aplicación mediante el método `Run`.

Para crear APIs, existen varios métodos que siguen la misma semántica en función del método HTTP requerido: `MapGet`, `MapPost`, `MapPut` y `MapDelete`. También existe el método `MapMethods` para crear APIs utilizando otros métodos HTTP (`Options` o `Head`, por ejemplo).

```
var builder = WebApplication.CreateBuilder(args);
var app = builder.Build();

app.MapGet("/", () => "This is a GET");
app.MapPost("/", () => "This is a POST");
app.MapPut("/", () => "This is a PUT");
app.MapDelete("/", () => "This is a DELETE");

app.MapMethods("/options-or-head", new[] { "OPTIONS", "HEAD" },
                          () => "This is an options or head request ");

app.Run();
```

Como podemos ver en el ejemplo anterior, el API responderá a través de una función delegada. Es posible poner aquí todo tipo de elementos, como un método estático, un método de clase, un puntero a una función o incluso una función local. Dependiendo del método, los parámetros de entrada serán los parámetros de la función y el retorno será a través de un `return` tradicional. En definitiva, los mismos conceptos que teníamos para los controladores también se respetan a través de las API mínimas.

Al igual que con las API tradicionales, es posible imponer restricciones a las rutas.

```
var builder = WebApplication.CreateBuilder(args);
var app = builder.Build();

app.MapGet("/todos/{id:int}", (int id) => db.Todos.Find(id));
app.MapGet("/todos/{text}", (string text)
=> db.Todos.Where(t => t.Text.Contains(text));
app.MapGet("/posts/{slug:regex(^[a-z0-9_-]+$)}",
(string slug) => $"Post {slug}");

app.Run();
```

El código anterior crea una ruta `/todos/{id:int}` en la que el parámetro id debe ser un número, una ruta `/todos/{text}` en la que el parámetro se convertirá en una cadena de caracteres y una ruta `/posts/{slug:regex(^[a-z0-9_-]+$)}` para validar el parámetro mediante una regex.

Los desarrolladores pueden añadir parámetros como entrada a sus API (y, por tanto, a sus métodos). El origen del vínculo entre los parámetros y la solicitud puede ser de distintos tipos:

- Valor de las rutas de API
- Query string
- Encabezado de petición
- Contenido JSON
- Servicios mediante inyección de dependencias
- Personalizado

```
var builder = WebApplication.CreateBuilder(args);

// Added as service
builder.Services.AddSingleton<Service>();

var app = builder.Build();

app.MapGet("/{id}", (int id,
                     int page,
                     [FromHeader(Name = "X-CUSTOM-HEADER")]
string customHeader,
                     Service service) => { });

class Service { }
```

La siguiente consulta utiliza varios valores que vienen de la consulta en sí:

- **id**: proviene de la ruta ya que se declara a través de `{id}`.
- **page**: query string
- **customHeader**: encabezado `X-CUSTOM-HEADER` de la consulta
- **service**: inyección de un servicio de tipo Service

Se pueden añadir atributos explícitamente para una mayor personalización.

```
using Microsoft.AspNetCore.Mvc;

var builder = WebApplication.CreateBuilder(args);

// Added as service
```

```
builder.Services.AddSingleton<Service>();

var app = builder.Build();


app.MapGet("/{id}", ([FromRoute] int id,
                     [FromQuery(Name = "p")] int page,
                     [FromServices] Service service,
                     [FromHeader(Name = "Content-Type")]
string contentType)
                     => {});

class Service { }

record Person(string Name, int Age);
```

Observación

Sin embargo, tenga cuidado: para las solicitudes `GET`, `HEAD`, `OPTIONS` y `DELETE`, el contenido JSON de la consulta no está directamente vinculada a una variable API. Para ello, se debe utilizar explícitamente el atributo `[FromBody]`.

Las posibilidades que ofrecen las API mínimas son enormes y no podremos abarcarlo todo en este capítulo. No obstante, te aconsejo encarecidamente que consultes la documentación de Microsoft sobre el tema, que permitirá a los desarrolladores entrar en los detalles de las implementaciones:
https://learn.microsoft.com/en-us/aspnet/core/fundamentals/minimal-apis

Esto facilita a los desarrolladores la creación de aplicaciones de microservicios con este tipo de API. Incluye solo lo esencial, y su código es minimalista pero lo suficientemente potente como para satisfacer las necesidades empresariales del sector.

Capítulo 7
Estrategias de optimización

1. Introducción

La optimización de los sitios web es esencial para garantizar una experiencia óptima y evitar frustrar a los usuarios con ralentizaciones inoportunas. Los desarrolladores están obligados a tener siempre presente esta cuestión del rendimiento, y sus herramientas se deben adaptar para satisfacer esta necesidad.

La carga de una página web consiste simplemente en una serie de peticiones que el cliente envía al servidor para recuperar un determinado número de elementos (imágenes, scripts, porciones de HTML, hojas de estilo CSS, etc.) que permiten al navegador construir la página que el usuario ha solicitado. Cuantos más elementos necesite la página, más tardará en cargarse. Evidentemente, con un centenar de viajes de ida y vuelta entre el cliente y el servidor, el sitio web no será el más rápido de la red.

Las técnicas de optimización de aplicaciones web aceleran el renderizado de páginas mediante:

- reducción del peso de los elementos que se descargan,
- limitar el número de elementos a descargar,
- evitar que el servidor realice peticiones innecesarias.

ASP.NET ya cubría este ámbito mediante mecanismos muy específicos que se tratarán brevemente al principio de la siguiente sección. Sin embargo, como estos tratamientos eran específicos de ASP.NET y Microsoft, dejaron de ser pertinentes con la llegada de ASP.NET Core y su apertura. Por lo tanto, han surgido otras técnicas (tanto en el lado del servidor como del cliente) que se describirán en las secciones siguientes.

2. Optimización de clientes

El enfoque de ASP.NET MVC para la gestión de paquetes del lado del cliente, siempre ha sido muy específico de la plataforma de Microsoft. Desde la versión 4 de MVC, ha aparecido un archivo *BundleConfig.cs* que facilita la gestión de las librerías cliente. El efecto de esta clase en la plataforma:

- Agrupación de varios archivos para que el cliente descargue sólo uno al final.
- Minificación de archivos (scripts y estilos) para eliminar comentarios y espacios innecesarios, reduciendo el peso del código a descargar.

El siguiente código muestra un ejemplo de una clase `BundleConfig`. Aquí estamos registrando archivos JS (o CSS) bajo los mismos bundles, que luego se integrarán en *_Layout.cshtml* en forma de archivo concatenado y minificado.

```
public class BundleConfig
{
    public static void RegisterBundles(BundleCollection bundles)
    {
        bundles.Add(new ScriptBundle("~/bundles/jquery").Include(
                    "~/Scripts/jquery-{version}.js"));

        bundles.Add(new ScriptBundle("~/bundles/bootstrap").Include(
                  "~/Scripts/bootstrap.js",
                  "~/Scripts/respond.js"));

        bundles.Add(new StyleBundle("~/Content/css").Include(
                  "~/Content/bootstrap.css",
                  "~/Content/site.css"));
    }
}
```

Los paquetes se pueden utilizar de forma muy sencilla a través de los métodos `Styles.Render` o `Scripts.Render`.

```
<head>
    <meta charset="utf-8" />
    <title>Mi aplicación ASP.NET optimizada</title>
    @Styles.Render("~/Content/css")
    @Scripts.Render("~/bundles/jquery")
</head>
```

Sin embargo, con el deseo de Microsoft de abrirse al open source, ASP.NET Core ya no incluye este tipo de herramienta de concatenación y minificación automática. Los equipos encargados del desarrollo de ASP.NET Core están animando a los desarrolladores a utilizar herramientas de código abierto que ya se utilizan ampliamente en la comunidad de desarrolladores web y que ahora son la elección unánime en este campo. De hecho, Visual Studio ya incorpora estas herramientas para facilitar la experiencia del desarrollador en este ámbito. Estas herramientas ya han sido presentadas anteriormente y son NPM y Gulp/Grunt.

Observación

Los siguientes ejemplos utilizarán Gulp, pero es posible definir las mismas tareas con Grunt.

Gulp se compone de plug-ins que se pueden utilizar para crear una serie de tareas muy específicas. La siguiente lista muestra los plug-ins necesarios para reemplazar el antiguo sistema de bundles:

- **Gulp-concat**: concatenación de varios archivos en uno solo.
- **Gulp-uglify**: minificación de scripts JS.
- **Gulp-cssmin**: minificación de hojas de estilo CSS.

El archivo *package.json tendrá el* siguiente aspecto:

```
{
  "devDependencies": {
   "gulp": "3.9.1",
    "gulp-concat": "2.6.0",
    "gulp-cssmin": "0.1.7",
    "gulp-uglify": "1.5.4"
  }
}
```

La tarea que vamos a definir a través de Gulp en el archivo *gulpfile.js* realizará las siguientes acciones:

- Concatenación de scripts JS.
- Minificación del archivo JS recién generado.
- Mimificación de las hojas de estilo CSS.

En primer lugar, es necesario importar los plug-ins necesarios para ejecutar la tarea. El script incluirá estos plug-ins a través del método `require()`.

```
var gulp = require("gulp"),
    concat = require("gulp-concat"),
    cssmin = require("gulp-cssmin"),
    uglify = require("gulp-uglify")
```

Para hacer el script más legible, es habitual crear variables que contengan las rutas a los archivos que nos interesan.

```
var webrootFolder = "wwwroot";
var paths = {
    webroot: "./" + webrootFolder + "/"
};

paths.css = paths.webroot + "css/**/*.css";

paths.js = paths.webroot + "js/**/*.js";
paths.minJs = paths.webroot + "js/**/*.min.js";
paths.concatJsDest = paths.webroot + "js/site.min.js";
```

Por último, el script definirá tres tareas:

- Una tarea de concatenación y minificación de scripts.
- Una tarea de minificación de hojas de estilo.
- Una tarea que combina las dos tareas anteriores.

```
gulp.task("bundleJS", function () {
    gulp.src([paths.js, "!" + paths.minJs], { base: "." })
        .pipe(concat(paths.concatJsDest))
        .pipe(uglify())
        .pipe(gulp.dest("."));
});

gulp.task("bundleCSS", function () {
```

```
    gulp.src(paths.css)
        .pipe(cssmin())
        .pipe(gulp.dest('dist'));
});

gulp.task("bundleAll", function() {
    runSequence('bundleJS', 'bundleCS');
});
```

Observación

El plug-in run-sequence permite ejecutar varias tareas una tras otra.

Mediante el Task Runner Explorer de Visual Studio, los desarrolladores pueden lanzar sus tareas y ver los resultados en la consola correspondiente.

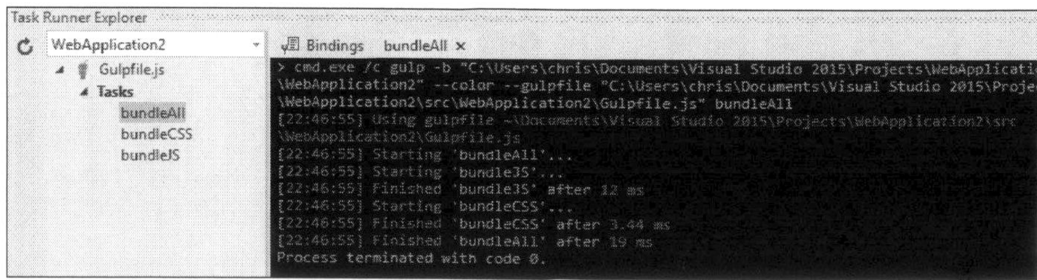

Resultado del proceso completo de bundling

Sólo queda insertar el archivo recién generado.

```
<script src="~/js/site.min.js"></script>
```

Observación

Le recomendamos que ejecute esta tarea automáticamente después de cada compilación del proyecto.

Sin embargo, durante la fase de desarrollo del proyecto, a menudo resulta tedioso disponer de scripts concatenados y minificados, sobre todo para la depuración, que se hace difícil. El objetivo es disponer de dos archivos, en función del entorno de ejecución del proyecto:

- **Producción**: uso de archivos concatenados para optimizar el sitio.
- **Desarrollo**: uso de archivos normales para depurar problemas rápidamente.

Con ASP.NET Core, es fácil configurar este proceso utilizando variables de entorno y, en particular, la variable `ASPNETCORE_ENVIRONMENT`. Esta variable puede recibir los valores *Development, Staging* (preproducción) o *Production*. El valor por defecto es *Development*.

Observación

*Este valor es fácil de modificar: en **los parámetros del proyecto** (pestaña **Debug**) en el archivo launchSettings.json. En el código C#, puedes comprobar esta variable utilizando el método* `env.IsEnvironment` *("*`environment-name`*").*

Los Tag Helpers se utilizan para elegir qué archivo seleccionar en función del entorno de ejecución del proyecto:

```
<environment names="Development">
    <link rel="stylesheet" href="~/css/site1.css" />
    <link rel="stylesheet" href="~/css/site2.css" />
</environment>
<environment names="Staging,Production">
    <link rel="stylesheet" href="~/css/site.min.css" asp-file-
version="true"/>
</environment>
```

La nueva versión de ASP.NET permite a los desarrolladores utilizar herramientas del mundo del código abierto, para gestionar la optimización de los paquetes cliente. Esto les proporciona un mayor control sobre los procesos que gestionan los scripts y las hojas de estilo de su proyecto y también, les permite personalizar su procesamiento como consideren oportuno. Por último, Visual Studio integra perfectamente estas nuevas herramientas en el IDE.

La noción de BundleConfig no ha desaparecido por completo. De hecho, el modelo de proyecto MVC en Visual Studio incluye un archivo llamado bundleconfig.json. En él se describe el proceso de minificación y concatenación dentro de un archivo de configuración en formato JSON.

```
[
  {
    "outputFileName": "wwwroot/css/site.min.css",
    "inputFiles": [
      "wwwroot/css/site.css"
    ]
  },
      {
    "outputFileName": "wwwroot/js/site.min.js",
    "inputFiles": [
      "wwwroot/js/site.js"
    ],
    "minify": {
      "enabled": true,
      "renameLocals": true
    },
    "sourceMap": false
  }
]
```

Las opciones son las siguientes:

- **outputFileName**: especifica el archivo de destino del grupo de archivos a procesar.
- **inputFiles**: especifica el conjunto de archivos que se procesarán durante el proceso de minificación y concatenación.
- **minify.enabled**: activa o desactiva el proceso de minificación.
- **minify.renameLocals**: renombra variables locales y no locales.
- **sourceMap**: generar o no sources maps para los archivos generados.

Para absorber este archivo y lanzar el proceso (sobre todo al generar el proyecto), existe un paquete NuGet: el **BuildBundlerMinifier**. Este proyecto opensource, disponible en GitHub, se puede intercalar en la *build* de un proyecto, leer el archivo y generar archivos de salida.

```
>------ Build started: Project: BuildBundlerMinifierApp,
Configuration: Debug Any CPU ------
>
>Bundler: Begin processing bundleconfig.json
>  Minified wwwroot/css/site.min.css
>  Minified wwwroot/js/site.min.js
>Bundler: Done processing bundleconfig.json
>BuildBundlerMinifierApp ->
C:\BuildBundlerMinifierApp\bin\Debug\
netcoreapp2.0\BuildBundlerMinifierApp.dll
== Build: 1 succeeded, 0 failed, 0 up-to-date, 0 skipped ==
```

Sin embargo, es posible ejecutar la herramienta desde la línea de comandos a través de *dotnet*. Para ello, basta con añadir al *.csproj* una referencia al paquete **BundleMinifier.Core**, esta vez como herramienta *dotnet* CLI.

```
<DotNetCliToolReference Include="BundlerMinifier.Core"
Version="2.6.362" />
```

A continuación, basta con ejecutar el siguiente comando para iniciar el proceso:

```
dotnet bundle
```

3. Optimización del servidor

En el apartado anterior se han tratado las optimizaciones y mejoras que los desarrolladores pueden realizar en su sitio web para optimizarlo desde el punto de vista del cliente. ASP.NET Core incluye otros mecanismos para mejorar el rendimiento del sistema, pero esta vez en el lado del servidor.

La creación de aplicaciones web de alto rendimiento es un reto al que los desarrolladores se enfrentan cada vez más, a pesar del gran número de peticiones que procesa el servidor. Hoy en día, una aplicación web debe tener capacidad de respuesta y ASP.NET Core se ha diseñado para facilitar los desarrollos en este sentido.

El primer mecanismo a estudiar es la gestión de una caché de página. En versiones anteriores de ASP.NET, era posible añadir el atributo `OutputCache`, que permitía almacenar en caché la salida de una acción de controlador. El siguiente código almacena en caché la salida de la acción `Index` durante 30 segundos.

```
[OutputCache(Duration = 30)] //caché durante 30 segundos
public ActionResult Index()
{
    ViewBag.Message = "Esta página se ha almacenado en caché";

    return View();
}
```

Era posible establecer este atributo en una acción o en todo un controlador. El desarrollador también podía trasladar los perfiles de caché en el archivo *web.config*. La nueva versión de ASP.NET ya no incluye este archivo, pero permite configurar los perfiles de caché en la clase `Startup` a través de la clase de opciones `MvcOptions`. El siguiente código muestra la configuración de un perfil de caché de una hora:

```
services.Configure<MvcOptions>(options =>
{
    options.CacheProfiles.Add(new CacheProfile() {
         Name = "Cache1Hour",
         Duration = 3600,
         VaryByHeader = "Accept"
    });
});
```

Este perfil se utiliza a través del atributo `ResponseCache`, en una acción o en un controlador completo si es necesario:

```
[ResponseCache(CacheProfile="Cache1Hour")]
public string Index()
{
return DateTime.Now;
}
```

Observación

Las mismas opciones se pueden establecer directamente en el atributo.

Esta técnica se llama *Response Caching*. Se utiliza para gestionar la caché de las acciones MVC en función de determinadas cabeceras contenidas en la petición HTTP. Estas cabeceras definen cómo el cliente (y potencialmente un proxy entre el cliente y el servidor) debe conservar la respuesta en memoria. Esto puede reducir fácilmente el número de peticiones que pasan entre el cliente y el servidor. El diagrama siguiente resume perfectamente el proceso que implica la activación de esta técnica.

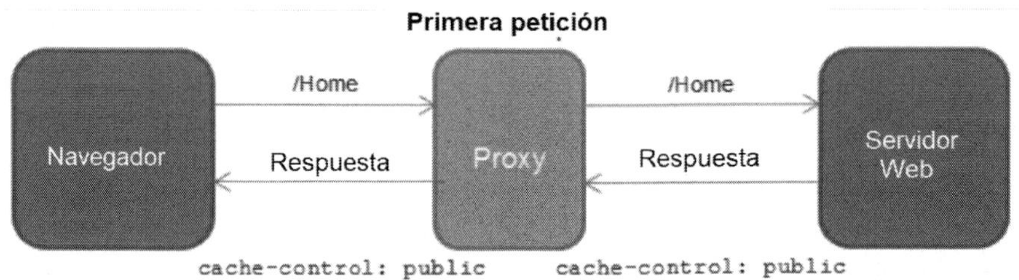

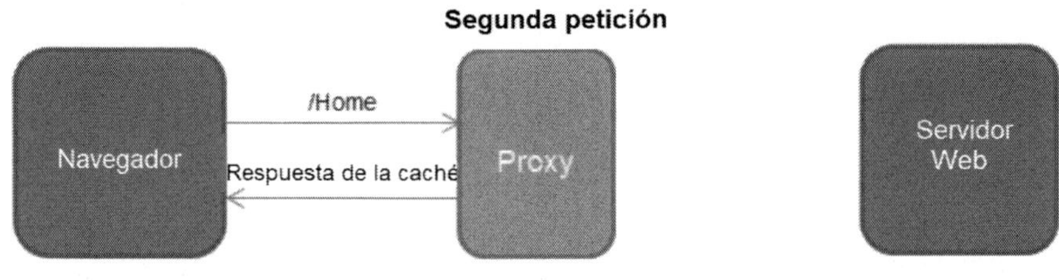

Diagrama del proceso de caché de respuesta

La principal cabecera utilizada es `cache-control`. Los principales valores son:

- **Public**: activar la caché para la respuesta.
- **Private**: activación de la caché pero por usuario, no a través de una caché compartida.
- **No-cache**: desactiva la caché.

El atributo se utiliza para crear un `ResponseCacheFilter` que se utilizará para modificar la respuesta según las opciones activadas en el atributo. Las opciones que se pueden configurar a través del atributo son:

- **CacheProfileName**: cadena de caracteres utilizada para definir qué perfil debe cargar el atributo para gestionar la caché de respuesta.
- **Duration**: tiempo, en segundos, para que la respuesta permanezca en caché.
- **Location**: define la ubicación de la caché, es decir, dónde debe almacenarse la respuesta en caché. Los valores posibles son `Any` (por defecto), `Client` o `None`. `Any` deja la elección del almacenamiento al middleware según sea necesario.
- **NoStore**: define si la respuesta se debe almacenar o no en caché. Esta opción es especialmente útil para los mensajes de error. Las páginas de error no se deben almacenar en caché, ya que cada vez que se produce un error es necesario mostrar una página de error actualizada. Si se activa esta opción, el atributo ya no tiene en cuenta las opciones `Duration`y `Location`.

Por ejemplo, el código siguiente utiliza la opción `NoStore` para evitar almacenar en caché la respuesta a la acción `Error`. Podría imaginar otro atributo `ResponseCache` ya presente en el controlador que engloba, pero el de esta acción tiene prioridad, garantizando una página de error siempre actualizada.

```
[ResponseCache(Location = ResponseCacheLocation.None, NoStore = true)]
public IActionResult Error()
{
    return View();
}
```

Este código produce el siguiente resultado en las cabeceras HTTP.

```
Cache-Control: no-store,no-cache
Pragma: no-cache
```

- **Order**: define el orden del filtro en el proceso de generación de la respuesta HTTP.

– **VaryByHeader**: define el contenido de la cabecera Vary, que ayuda al navegador a encontrar la página correcta previamente almacenada en caché. En algunos casos, el servidor debe indicar al navegador qué otras cabeceras debe utilizar el navegador, para encontrar la página HTML correcta almacenada en caché que debe renderizar.

Los desarrolladores disponen ahora de una excelente herramienta para gestionar las páginas almacenadas en caché entre el navegador y el servidor web.

Cuando se desarrollan determinados algoritmos del sitio web, a menudo es necesario almacenar en memoria objetos que se puedan reutilizar para otras consultas. Para ello, el desarrollador tiene a su disposición varias interfaces, en función de sus necesidades. La primera interfaz que vamos a examinar es `IMemoryCache`.

Esto permite al desarrollador utilizar un API para almacenar varios objetos en memoria según una clave única. La implementación subyacente es simplemente un diccionario clave/valor disponible de forma centralizada para toda la aplicación y para todas las peticiones HTTP: es un *singleton*.

Observación

El sitio web no debe depender por completo de la caché, sino simplemente utilizarla si está disponible. Los datos almacenados en la caché pueden tener una vida útil limitada: el sitio debe poder seguir funcionando sin ella.

Observación

Los desarrolladores deben escribir sus aplicaciones con una caché constante para mejorar el rendimiento del sitio.

Cuando se utiliza una caché, es importante almacenar únicamente objetos cuyo estado no fluctuará de una petición a otra, por ejemplo, una lista de objetos precalculados para la que el desarrollador sabe que no cambiará entre dos llamadas HTTP. Sin embargo, no debes almacenar en absoluto servicios que no tengan noción de estado, y menos aún servicios de acceso a bases de datos. En general, también debe evitar almacenar delegados de métodos o lambdas utilizando variables globales: esto puede provocar rápidamente conflictos de recursos entre peticiones HTTP.

Añadir una memoria caché es sencillo.

En la clase `Startup`, necesita añadir la caché a través del método de extensión `AddMemoryCache`.

```
public void ConfigureServices(IServiceCollection services)
{
    services.AddMemoryCache();
}
```

A continuación, sólo tiene que utilizar la inyección de dependencia para utilizar este servicio de almacenamiento en caché en memoria.

```
public MiControlador(IMemoryCache memoryCache)
{
    _memoryCache = memoryCache;
}
```

Los dos métodos de caché más importantes son:

- `Get`: recupera el valor según una clave, en caso contrario devuelve el valor `null`.
- `TryGet`: recupera el valor y también indica, como resultado del método, si la clave está presente en la caché.
- `Set`: añade una entrada a la caché según la clave especificada.
- `Remove`: destruye la entrada según la clave especificada.

Observación

La caché no tiene noción de las claves utilizadas, es decir, no almacena una lista de claves que el cliente pueda recuperar posteriormente. Esto es deliberado y corresponde al consumidor de este servicio gestionar él mismo la lista de claves.

Se pueden especificar opciones de caché adicionales utilizando la clase `MemoryCacheEntryOptions` y los siguientes métodos:

- `SetSlidingExpiration`: define si la caducidad de la caché es movible o no.
- `SetAbsoluteExpiration`: establece el tiempo de expiración de la caché.
- `SetPriority`: establece la prioridad de expiración de la caché.

- `RegisterPostEvictionCallback`: especifica el método al que se llamará cuando se destruya la entrada de la caché.

Las razones de este desalojo de la caché pueden ser las siguientes:

- `None`: no se ha encontrado ninguna razón.
- `Removed`: el elemento ha sido eliminado mediante el método `Remove()`.
- `Replaced`: el elemento ha sido sustituido.
- `Expired`: el elemento ha caducado.
- `TokenExpired`: el token de caducidad al que estaba vinculado el elemento ha caducado.

Se añade un token de expiración mediante el método `AddExpirationToken`. La expiración de una entrada de caché se puede gestionar a través de este token, según las necesidades del desarrollador. Esto también permite gestionar el desalojo de varios elementos de la caché a través de un único token de expiración.

```
new MemoryCacheEntryOptions()
      .AddExpirationToken(new CancellationChangeToken(cts.Token))
```

- `Capacity`: el elemento se ha borrado tras un proceso automático de gestión de la memoria.

La caché en memoria es una buena herramienta para hacer copias de seguridad de los datos. Sin embargo, si el sitio web se basa en una granja de servidores, cada servidor tendrá sus propios objetos en memoria y la caché no se compartirá entre servidores. En este caso, es preferible utilizar una caché distribuida.

ASP.NET Core permite el uso de una caché distribuida a través de la interfaz `IDistributedCache`. Una caché distribuida tiene varias ventajas:

- Garantizar la coherencia de los datos en todos los servidores web del sitio.
- Garantizar la persistencia de los datos en memoria cuando el servidor web se reinicia o sufre un fallo inesperado. Esto es especialmente útil para las sesiones de usuario.

Una caché distribuida puede aumentar fácilmente la capacidad de respuesta del sitio. La interfaz `IDistributedCache` tiene los siguientes métodos (una caché distribuida sólo funciona con elementos de tipo `byte[]`):

- `Set`, `SetAsync`: añade un elemento a la caché según la clave especificada (cadena de caracteres).
- `Get`, `GetAsync`: recupera el elemento según la clave especificada.
- `Refresh`, `RefreshAsync`: refresca un elemento de la caché según la clave y reajusta su caducidad movible si ésta se ha especificado previamente.
- `Remove`, `RemoveAsync`: destruye un elemento.

Una caché distribuida se añade de la misma manera que una caché normal, es decir, a través del método `AddDistributedCache()` y luego integrándola en la clase `Startup`. A continuación, la inyección de dependencia inyecta automáticamente el objeto correcto en el consumidor.

Los desarrolladores son libres de implementar su propia caché distribuida, pero el framework ya cuenta con algunas implementaciones de caché distribuida.

Observación

Existe una caché distribuida a través de Redis para almacenar la caché en memoria en un servidor dedicado. Configurar este tipo de caché es simplemente cuestión de configurar la clase Startup. La documentación es muy completa al respecto:
https://docs.asp.net/en/latest/performance/caching/distributed.html#using-a-redis-distributed-cache

Esta sección se centrará más bien en una caché distribuida a través de una base de datos, con el fin de mostrar también las herramientas de que dispone el desarrollado para configurar este tipo de caché.

En primer lugar, el desarrollador debe crear la tabla en la base de datos relacional que se utilizará como caché. Esto se hace utilizando la herramienta `dotnet`, que tiene un comando `sql-cache`. El comando se ejecuta directamente desde la raíz del proyecto. El siguiente ejemplo muestra cómo utilizar esta herramienta para crear la tabla necesaria para la caché distribuida:

```
C:\DistCacheSample\src\DistCacheSample>dotnet sql-cache create
"Data Source=(localdb)\v11.0;Initial Catalog=DistCache;Integrated
Security=True;" dbo TestCache

info: Microsoft.Extensions.Caching.SqlConfig.Tools.Program[0]
    Table and index were created successfully.
```

Para utilizar este comando en el proyecto, es necesario añadir las herramientas a través del paquete NuGet del proyecto.

```
<ItemGroup>
    <DotNetCliToolReference
         Include="Microsoft.Extensions.Caching.SqlConfig.Tools"
         Version="2.0.0" />
</ItemGroup>
```

El comando `donet sql`-cache creará la siguiente tabla en la base de datos solicitada:

	Column Name	Data Type	Allow Nulls
▶🔑	Id	nvarchar(900)	☐
	Value	varbinary(MAX)	☐
	ExpiresAtTime	datetimeoffset(7)	☐
	SlidingExpirationInSecon...	bigint	☑
	AbsoluteExpiration	datetimeoffset(7)	☑
			☐

Tabla creada con la herramienta de gestión de caché distribuida

Observación

La columna `Value` es de tipo `varbinary`(MAX): por eso el desarrollador debe procesar los datos en formato `byte[]`. Esto delega el procesamiento de la serialización al consumidor. Cualquier objeto que no pueda representarse en forma de matriz de `bytes no se puede` colocar en una caché distribuida.

A continuación, sólo tiene que indicar al proyecto dónde se encuentra esta tabla para que la caché distribuida se base directamente en SQL Server y no en una caché en memoria (la implementación por defecto de una caché distribuida es una caché en memoria).

```
services.AddDistributedSqlServerCache(options =>
            {
                options.ConnectionString = @"Data
Source=(localdb)\v11.0;Initial Catalog=DistCache;Integrated
Security=True;";
                options.SchemaName = "dbo";
                options.TableName = "TestCache";
            });
```

En esta sección se han presentado los distintos mecanismos de optimización de un sitio web en el lado del servidor. Gracias a los distintos métodos de almacenamiento en caché, el desarrollador puede garantizar un sitio web más eficaz y con mayor capacidad de respuesta. También dispone de herramientas para garantizar la integridad de los datos en caso de caída inesperada del servidor. El almacenamiento en caché es una parte importante del desarrollo web y los desarrolladores deben tenerlo en cuenta desde el primer momento al escribir el código.

Capítulo 8
Enrutamiento y errores

1. Introducción

El enrutamiento es un tema muy importante en el desarrollo web. Las rutas son la base de la navegación en un sitio web y en Internet en general. Las rutas definen el camino que los usuarios finales pueden seguir para navegar por el sitio web. Estas rutas deben ser claras y precisas para representar lo mejor posible el contenido de la página.

El enrutamiento consiste simplemente en asociar una petición HTTP a un gestor de rutas. Este gestor procesará entonces la ruta según su implementación. Las rutas se definen cuando se inicia la aplicación y esta sección describe varias formas de configurar rutas. El enrutamiento también es responsable de generar enlaces para redirecciones, por ejemplo.

En este capítulo se aborda el problema del enrutamiento y se describen las distintas APIs encargadas de procesar las solicitudes HTTP y las rutas. El enrutamiento a través de ASP.NET Core permite implementar multitud de funciones que se explicarán en las siguientes secciones. Por último, el capítulo abordará la gestión de errores y páginas de excepción dentro de un proyecto ASP.NET Core.

2. Gestión de las URL

El proceso de determinación de una ruta es sencillo. En general, una aplicación web sólo tiene una colección de rutas. Para determinar qué ruta tomar en función de la petición, el sitio escaneará todas las rutas y, mediante un sistema de correspondencia, determinará la primera ruta capaz de responder a la petición.

Con ASP.NET Core, hay dos componentes importantes de gestión de rutas:

- La interfaz `IRouter`, que determina si la petición corresponde a una de las rutas registradas en la aplicación.
- `RouteMiddleware`, que inicia la llamada al proceso de determinación de la ruta. Si se encuentra una ruta, el proceso continúa hacia el componente responsable de procesar la petición, según la ruta específica. En caso contrario, el middleware continúa encadenando las llamadas al middleware.

En resumen, el middleware llama al método `RouteAsync` de `IRouter` sobre todas las rutas para determinar cuál es la más adecuada. La clase responsable de determinar si la petición coincide con una ruta es la clase `TemplateMatcher` a través del método `TryMatch`.

Observación

Como el método `TryMatch` es bastante complejo, esta sección no lo tratará en detalle, ya que no es el propósito de este capítulo. Sin embargo, merece la pena echar un vistazo rápido a la secuencia de operaciones que se realizan a través del código fuente en GitHub.

Si el algoritmo detecta una ruta correspondiente a la petición, se asigna un handler al contexto de ruta HTTP a través de la propiedad `RouteContext.Handler`. Los datos relativos a la petición se almacenan en la propiedad `RouteContext.RouteData`. A continuación, el handler determinado anteriormente se encarga de procesar la petición.

Observación

Con MVC, un handler MVC toma el relevo. Este determinará qué controlador instanciar y qué acción lanzar. Esto nos lleva al punto final del procesamiento de la petición por el middleware. Aquí es donde se ejecuta el código del desarrollador que genera la página. Una vez ejecutada, la petición se convierte en respuesta y vuelve al navegador, siguiendo el mismo camino, pero en sentido contrario.

La clase `RouteData` tiene otras propiedades interesantes:

- `Values`: valores recuperados de la URL y correspondientes a las diferentes partes definidas en la ruta.
- `DataTokens`: datos adicionales de la ruta.
- `Routers`: lista de rutas implicadas en la aceptación de la petición.

Una ruta se crea utilizando la clase `Route`, que hereda de `IRouter`. Existen varios métodos de extensión para añadir rutas a la colección:

- `MapRoute`: añade la ruta especificada a la colección.
- `MapGet`: añade la ruta para la petición HTTP específica de tipo `GET`.
- `MapPost`: añade la ruta para la petición HTTP específica de tipo `POST`.
- `MapPut`: añade la ruta para la petición HTTP específica de tipo `PUT`.
- `MapVerb`: añade la ruta para la petición HTTP con la cabecera `Verb` especificada en el parámetro.

El siguiente ejemplo define una ruta MVC sencilla. Esta ruta se define por defecto en las plantillas de Visual Studio.

```
routes.MapRoute(
    name: "default",
    template: "{controller=Home}/{action=Index}/{id?}");
```

Esta plantilla puede responder a peticiones de este tipo:

- */*
- */Home*
- */Home/Index*
- */Home/About*

– */Client*

– */Client/Detail/17*

Sin embargo, la petición */Client/Contact/17/18* no funcionará. El sistema de enrutamiento extraerá automáticamente los datos de la URL dividiendo la URL en segmentos y, a continuación, nombrando los valores de acuerdo con los parámetros de la ruta. Por ejemplo, la ruta */Client/Detail/17* se dividirá de la siguiente manera:

```
{ controller = Client, action = Detail, id = 17 }
```

Observación

La asignación de nombres es extremadamente importante, ya que permite encontrar posteriormente valores con los mismos nombres que los indicados en la ruta. Los nombres se indican entre llaves.

Es posible incluir restricciones en la ruta. Por ejemplo, el id debe ser siempre numérico. La siguiente ruta añade esta restricción.

```
routes.MapRoute(
    name: "default",
    template: "{controller=Home}/{action=Index}/{id:int}");
```

Aquí también entra en juego el proceso de generación de URL. La clase de tipo `Route` es capaz de generar la URL en función de los datos que ha recuperado de la petición, en particular para generar una respuesta diferente a la petición. Por ejemplo, los siguientes datos `{ controller = Home, action = Index }` producirán la URL /, porque la ruta define `Home` e `Index` como valores por defecto.

Otro ejemplo interesante es éste:

```
routes.MapRoute(
  name: "blog",
  template: "Blog/{*article}",
  defaults: new { controller = "Blog", action = "Article" });
```

Con los siguientes datos: `{ article = El-Enrutado/Parte-1 }` esto producirá la URL *Blog/Article/El-Enrutado/Parte-1*, gracias en particular al asterisco en la definición de la ruta.

Gracias al sistema de definición de rutas, el desarrollador puede construir rutas robustas, que respondan a todas las peticiones que necesite. También es posible definir rutas a través del `RouteAttribute`, pero esto requiere que se coloque en cada acción del controlador, mientras que el método mencionado anteriormente permite definir rutas globales para toda la aplicación.

3. Middleware y restricciones

Cada petición se procesa a través de un único middleware de enrutamiento llamado `RouterMiddleware`. Este redirige la petición a un handler que la procesa. Su código es muy sencillo:

```
public async Task Invoke(HttpContext httpContext)
{
    var context = new RouteContext(httpContext);
    context.RouteData.Routers.Add(_router);

    await _router.RouteAsync(context);

    if (context.Handler == null)
    {
        _logger.RequestDidNotMatchRoutes();
        await _next.Invoke(httpContext);
    }
    else
    {
        httpContext.Features[typeof(IRoutingFeature)] = new
RoutingFeature()
        {
            RouteData = context.RouteData,
        };

        await context.Handler(context.HttpContext);
    }
}
```

La primera parte del middleware permite la creación de un objeto de contexto `RouteContext` para la gestión de rutas. Es este objeto el que se modificará en el proceso de determinación de una ruta y el que contendrá el resto de operaciones (si se encuentra una ruta) a través de su propiedad `RequestDelegate Handler`.

```
var context = new RouteContext(httpContext);
    context.RouteData.Routers.Add(_router);
```

Observación

El objeto de enrutamiento inyectado, simbolizado por la propiedad `_router`, es por defecto la clase `Router`, que implementa `IRouter` y se utiliza para determinar la ruta.

A continuación, el middleware simplemente llama al método `RouteAsync()` para encontrar la ruta correcta para la petición entrante. Para cada ruta registrada, el middleware comprobará que la plantilla se corresponde con la petición a través de la clase `TemplateMatcher`.

```
await _router.RouteAsync(context);
```

En este punto, la clase `Route`, que hereda de `RouteBase` para hacer la mayor parte del trabajo, realiza las siguientes acciones:

- Determinar la ruta correcta a utilizar:

```
if (!_matcher.TryMatch(requestPath, context.RouteData.Values))
{
    // Sí no se encuentra ninguna ruta
    return TaskCache.CompletedTask;
}
```

- Comprobación de las limitaciones de la ruta:

```
if (!RouteConstraintMatcher.Match(
                Constraints,
                context.RouteData.Values,
                context.HttpContext,
                this,
                RouteDirection.IncomingRequest,
                _constraintLogger))
       {
       // Si las restricciones no se respetan
```

```
                return TaskCache.CompletedTask;
        }
```

Si todo va bien, la clase `RouteHandler` (que también es un `IRouter`) asigna el handler al contexto para continuar el procesamiento hacia MVC.

```
public Task RouteAsync(RouteContext context)
{
    context.Handler = _requestDelegate;
    return TaskCache.CompletedTask;
}
```

Después de todo este procesamiento, el middleware comprueba si se ha asignado un gestor al contexto. Si es así, el procesamiento continúa hacia este handler, de lo contrario el middleware pasa al siguiente middleware con un mensaje en el registro de eventos, indicando que no se ha encontrado ninguna ruta para la petición solicitada.

```
if (context.Handler == null)
    {
        _logger.RequestDidNotMatchRoutes();
        await _next.Invoke(httpContext);
    }
    else
    {
        httpContext.Features[typeof(IRoutingFeature)] =
new RoutingFeature()
        {
            RouteData = context.RouteData,
        };

        await context.Handler(context.HttpContext);
    }
```

A continuación, registre los servicios necesarios en la clase `Startup`.

```
public void ConfigureServices(IServiceCollection services)
{
    services.AddRouting();
}
```

Observación

Usando la librería MVC y el método `UseMvc`, el desarrollador define el handler por defecto como el de MVC, pero también puede definir su propio handler para procesos particulares.

Para ello, primero debe crear su handler y posteriormente, su propio `RouteBuilder`. Un handler se crea fácilmente utilizando la clase `RouteHandler`, que acepta un delegado como parámetro de su constructor. El ejemplo siguiente simplemente recupera los valores de la ruta y los muestra en la respuesta.

```
var customRouteHandler = new RouteHandler(context =>
    {
        var routeValues = context.GetRouteData().Values;
        return context.Response.WriteAsync(
            $"Valeurs: {string.Join(", ", routeValues)}");
    });
```

Entonces simplemente creamos el `RouteBuilder` con el handler, definimos las rutas y las registramos a través de la interfaz `IApplicationBuilder`. Este proceso indica entonces a la aplicación web que debe utilizar nuestro propio handler de rutas. El siguiente código es un ejemplo de este proceso.

```
var routeBuilder = new RouteBuilder(app, customRouteHandler);

routeBuilder.MapRoute(
        "Mi Ruta ",
        "customRoute/{variable}/{id:int}");

var rutas = routeBuilder.Build();
app.UseRouter(rutas);
```

También es posible definir un gestor específico para una ruta concreta. Esto es particularmente necesario cuando el desarrollador define rutas `GET`, `POST`, `PUT`, `DELETE` o `VERB`. `El` código siguiente define una ruta particular para una petición GET con un handler particular.

```
routeBuilder.MapGet("getMethod/{name}", context =>
   s {
        var name = context.GetRouteValue("name");

        // Route handler para "getMethod/<anything>"
        return context.Response.WriteAsync($"Hey, {name}!");
    });
```

Observación

El templating de rutas es un aspecto importante del enrutamiento en ASP.NET Core. Para evitar tener que definir una ruta para cada ruta posible en su sitio, los desarrolladores deben utilizar el templating para crear rutas genéricas, evitando así la redundancia en la declaración de sus rutas. Los desarrolladores son libres de crear tantas rutas como necesiten, pero deben tener en cuenta que un sitio con muchas definiciones de rutas puede aumentar la complejidad del enrutamiento.

Las restricciones de ruta son también una herramienta que permite a los desarrolladores orientar mejor sus peticiones a las rutas correspondientes. Es posible asignar restricciones al parámetro a nivel de tipo, indicando que una variable dada debe ser una fecha o un número. La tabla siguiente resume las restricciones de tipo simples. Los ejemplos se han tomado directamente de la documentación oficial:

Restricción	Ejemplo	Ejemplo de valor
`int`	`{id:int}`	123
`bool`	`{active:bool}`	true
`datetime`	`{dob:datetime}`	2016-01-01
`decimal`	`{price:decimal}`	49.99
`doble`	`{weight:double}`	4.234
`float`	`{weight:float}`	3.14
`guid`	`{id:guid}`	7342570B-<snip>
`long`	`{ticks:long}`	123456789

A continuación, es posible aplicar estas restricciones de longitud a un número o restricciones de longitud de cadena a los valores introducidos en la URL.

Restricción	Ejemplo	Ejemplo de valor
`minlength(value)`	`{username:minlength(5)}`	steve
`maxlength(value)`	`{filename:maxlength(8)}`	somefile
`length(min,max)`	`{filename:length(4,16)}`	somefile.txt

Restricción	Ejemplo	Ejemplo de valor
`min(value)`	`{age:min(18)}`	19
`max(value)`	`{age:max(120)}`	91
`range(min,max)`	`{age:range(18,120)}`	91

Por último, es posible aplicar ciertas restricciones más precisas a los valores de entrada.

Restricción	Ejemplo	Ejemplo de valor
`alpha`	`{name:alpha}`	Steve
`regex(expression)`	`{ssn:regex(d{3}-d{2}-d{4})}`	123-45-6789
`required`	`{name:required}`	Steve

ASP.NET Core también le permite definir sus propias restricciones y utilizarlas en las rutas. En este caso, la interfaz importante aquí es `IRouteConstraint` y su método es `Match`. Los parámetros de entrada de este método proporcionan al desarrollador toda la información necesaria para el procesamiento. El método devuelve un booleano para determinar si se respeta o no la restricción.

```
 public class CustomConstraint : IrouteConstraint
{
    public bool Match(
        HttpContext httpContext,
        IRouter route,
        string routeKey,
        IDictionary<string, object> values,
        RouteDirection routeDirection)
    {
        // Mi restricción
    }
}
```

A continuación, sólo tiene que modificar las opciones de enrutamiento en la clase `Startup` para insertar la restricción del desarrollador.

```
services.Configure<RouteOptions>(options =>
  options.ConstraintMap.Add("custom", typeof(CustomConstraint)));
```

Con esto, el desarrollador puede utilizar su nueva restricción en la plantilla de enrutamiento. El ejemplo siguiente utiliza un atributo con la restricción para determinar la ruta de la acción.

```
[Route("home/about/{id:custom}")]
public IActionResult About(string customid)
{
    // El código de negocio
    return View();
}
```

La restricción también se puede utilizar para plantillas de rutas en la clase `Startup`.

Observación

Cuando se comprueban las restricciones, los valores se convierten al tipo de destino, pero sólo para comprobar que se respetan las restricciones y no se modifican. El ejemplo concreto son las fechas. Las fechas se convierten al tipo Date para comprobar que el tipo es correcto, pero no se modifican en función de la ubicación del servidor: los valores permanecen tal cual en la URL.

Las restricciones son una buena forma de comprobar que las entradas de la URL corresponden a las rutas que el desarrollador ha definido en su aplicación. A continuación, corresponde al middleware comprobar estas restricciones y determinar si la ruta es o no la correcta. ASP.NET Core incluye un gran número de herramientas para ayudar a los desarrolladores a definir sus rutas. Lo importante aquí es recordar que el sistema de rutas es extremadamente extensible, dependiendo de las necesidades del desarrollador.

4. Páginas de error

Los errores y las excepciones son habituales en la programación informática y ASP.NET Core no es una excepción. El sistema nunca es inmune y el desarrollador debe disponer de todas las herramientas necesarias para gestionar las situaciones de error, de la forma más eficaz posible.

En primer lugar, el desarrollador puede configurar una página de excepción que se mostrará cuando se produzca un error en el sitio web. Esta página, diseñada específicamente para la depuración y para ser utilizada sólo durante la fase de desarrollo del sitio, muestra una serie de información útil para ayudar a localizar el problema. El siguiente código configura esta página en la clase `Startup`.

```
public void Configure(IApplicationBuilder app,
    IHostingEnvironment env)
{
    if (env.IsDevelopment())
    {
        app.UseDeveloperExceptionPage();
    }
```

Aquí hay dos cosas importantes:

- La prueba para comprobar que el entorno del sistema está en desarrollo (se puede modificar en los parámetros del proyecto).
- El método `UseDeveloperExceptionPage` para mostrar una página de excepción cuando se produce un error en el código.

Observación

Una vez más, esta página sólo se debe utilizar en modo de desarrollo, ya que es probable que muestre información sensible en el sitio.

Probar esta página es muy sencillo: basta con lanzar una excepción en cualquier parte del código:

```
throw new Exception("Exception triggered!");
```

Cuando el código lanza una excepción, el servidor redirige automáticamente a la página de error, proporcionando una serie de información de depuración.

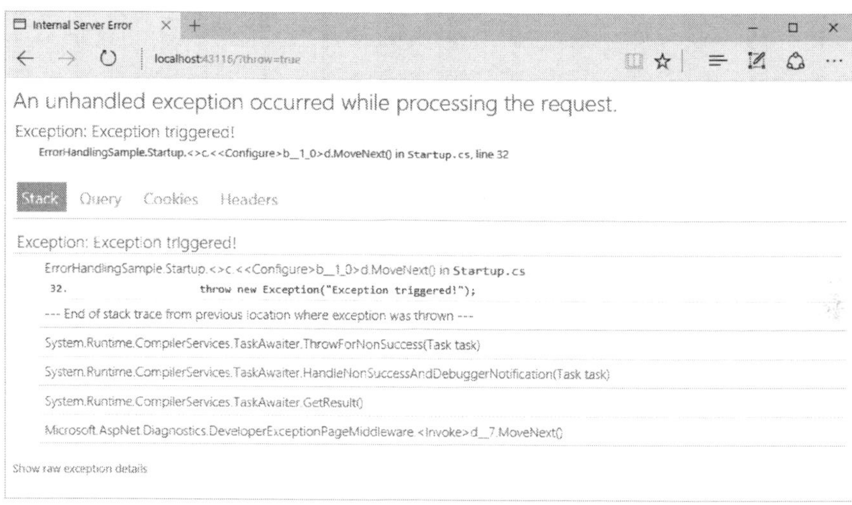

Página de excepciones para los desarrolladores

La información contenida en esta página de excepción es:

- **La pila de ejecución**: muestra la pila de ejecución del código que ha sido llamado, haciendo zoom en la línea que lanzó la excepción, el archivo que contiene el código, la línea, etc.
- **La petición**: visualización de la petición que se ha enviado al servidor con los parámetros de la cadena URL.
- **Cookies**: visualización de las cookies que componen la petición.
- **Cabeceras**: visualización de todas las cabeceras que componen la consulta en forma de matriz Variable/Valor.

De forma estándar, la aplicación web no proporciona una página de error según los códigos HTTP 500 (error interno del servidor) o 404 (no encontrado). Sin embargo, es posible configurar ASP.NET Core para que el middleware lo haga. El middleware es `StatusCodePagesMiddleware` y, básicamente, se limita a mostrar un mensaje de texto con el código de error devuelto. El siguiente código configura el middleware:

```
app.UseStatusCodePages();
```

El resultado es muy sencillo:

Página de error basada en el código HTTP devuelto

Sin embargo, es posible personalizar esta configuración mediante toda una serie de prácticos métodos de extensión. El primero permite simplemente personalizar el mensaje de retorno:

```
app.UseStatusCodePages("text/plain", "Response, code: {0}");
```

La segunda permite recuperar directamente y en su totalidad, el objeto de contexto .NET que representa la petición HTTP, de modo que la respuesta se pueda modificar según sea necesario.

```
app.UseStatusCodePages(context =>
  context.HttpContext.Response.SendAsync("Código: " +
  context.HttpContext.Response.StatusCode, "text/plain"));
```

Hay otros dos métodos interesantes:

- UseStatusCodePagesWithRedirects: redirige al usuario a la página especificada en el método. El desarrollador puede utilizar el código HTTP en la URL con el parámetro {0}. El código siguiente ilustra este uso:

```
app.UseStatusCodePagesWithRedirects("~/errors/{0}");
```

- UseStatusCodePagesWithReExecute: vuelve a ejecutar la petición, pero desde una nueva ruta. Aquí también es posible utilizar el código HTTP de la misma forma que en el método anterior:

```
app.UseStatusCodePagesWithReExecute("/errors/{0}");
```

Por último, el desarrollador puede deshabilitar el procesamiento de la página de códigos HTTP para determinadas peticiones, mediante el siguiente código:

```
var feature = context.Features.Get<IStatusCodePagesFeature>();
if (feature!= null)
{
feature.Enabled = false;
}
```

Cuando el servidor lanza una excepción, las reglas son simples:

- Si aún no se han generado las cabeceras de respuesta, el servidor devuelve un error 500 (*Internal Server Error*) sin contenido en el cuerpo de la respuesta.
- Si se han generado las cabeceras y se produce una excepción, el servidor cierra la conexión con el cliente.

Si las excepciones no son gestionadas por la aplicación a través del código de usuario, son gestionadas por el servidor a través de los procesos mencionados anteriormente.

Observación

Una buena práctica es mantener la página de error estática para evitar otras excepciones en la propia página de error.

También hay otros métodos de extensión que se pueden utilizar en la clase `Startup` para manejar diferentes errores:

- `UseDatabaseErrorPage`: este método, similar a `UseDeveloperExceptionPage`, se utiliza para recuperar errores relacionados con la base de datos. El mensaje de error tiene entonces este aspecto:

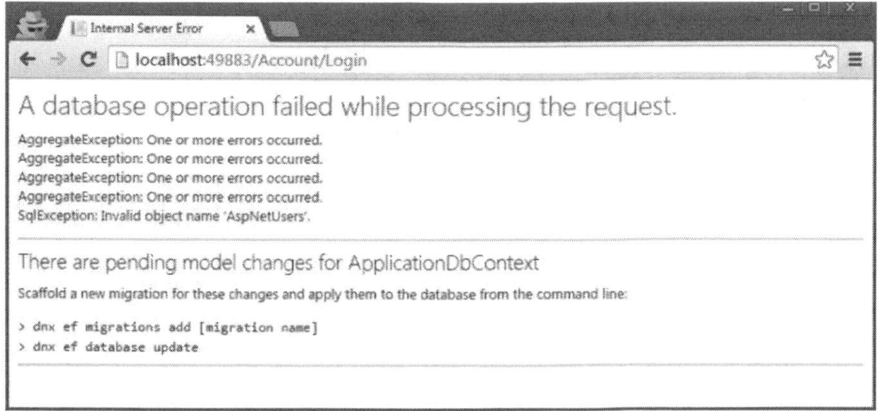

Página de error de la base de datos

Observación

Si no se utiliza `UseDatabaseErrorPage`, el método `UseDeveloperExceptionPage` tomará el relevo y mostrará un mensaje de error, aunque menos preciso que con el primer método.

- `UseExceptionHandler`: en un entorno de producción, el objetivo es mostrar un mensaje de error simple, sin información de depuración. Esto suele corresponder a una ruta estática en el sitio web, por ejemplo `/Home/Error`. Este método redirige al usuario a una página si se ha producido un error. El código siguiente ilustra este proceso:

```
if (env.IsDevelopment())
{
    app.UseBrowserLink();
    app.UseDeveloperExceptionPage();
    app.UseDatabaseErrorPage();
}
else
```

```
{
    app.UseExceptionHandler("/Home/Error");
}
```

Observación

Para comprobar que la página `/Home/Error` *se muestra correctamente, basta con cambiar la variable de entorno en los parámetros del proyecto.*

- `UseElmPage` y `UseElmCapture`: acrónimo de *Error Login Middleware*, este componente se llamaba originalmente ELMAH (*Error Logging Module and Handlers*). La última versión se ha diseñado específicamente para ASP.NET Core. Permite ver rápidamente los registros producidos por el sistema a través de la URL `/elm`. El código siguiente activa esta funcionalidad:

```
public void ConfigureServices(IServiceCollection services)
 {
     services.AddElm();
 }
 public void Configure(IApplicationBuilder app)
 {
   /* Otros middleware ... */

     if (env.IsDevelopment())
     {
         app.UseElmPage();
         app.UseElmCapture();
     }
     else
     {
         app.UseExceptionHandler("/Home/Error");
     }
```

Observación

Una vez más, es importante utilizar esta función sólo en modo de desarrollo.

El resultado es el siguiente:

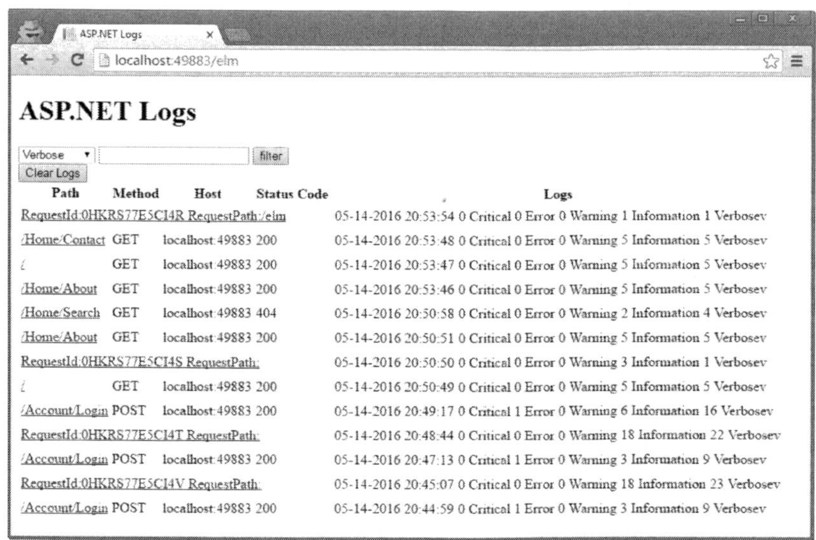

Logs del sitio web a través de ELM

Los desarrolladores disponen ahora de una serie de herramientas que les ayudan a gestionar los errores que se puedan producir en su sistema. Por último, pueden recuperar errores de forma más precisa, justo sobre las acciones de los controladores, utilizando filtros de excepciones (*Exceptions Filters*). La interfaz a utilizar es `IExceptionFilter` y todo lo que tienes que hacer es implementar el método `OnException`. El código lo recorrerá sistemáticamente cuando se produzca una excepción en los controladores MVC. El siguiente código da un ejemplo de implementación: el filtro recupera la excepción, luego devuelve un error 500 al cliente con el mensaje de error.

```
public class GlobalExceptionFilter : IexceptionFilter
{
  private readonly ILogger _logger;

  public GlobalExceptionFilter(ILoggerFactory logger)
  {
    if (logger == null)
    {
      throw new ArgumentNullException(nameof(logger));
    }

    this._logger = logger.CreateLogger("Global Exception");
  }

  public void OnException(ExceptionContext context)
  {
    var response = new ErrorResponse()
                {
                  Message = context.Exception.Message,
                  StackTrace = context.Exception.StackTrace
                };

    context.Result = new ObjectResult(response)
                {
                  StatusCode = 500,
                  DeclaredType = typeof(ErrorResponse)
                };

    this._logger.LogError("Exception", context.Exception);
  }
}
```

ASP.NET Core proporciona entonces todas las herramientas necesarias para que el desarrollador recupere fácilmente los errores y también permite distinguir claramente entre la fase de desarrollo y la fase de producción. Es importante no exponer datos de depuración o registro al usuario, sino devolver un error limpio y sencillo. Los registros deben permitir al desarrollador encontrar el error asociado.

Capítulo 9
Ergonomía y comportamiento del cliente

1. Introducción

Las aplicaciones web modernas son mucho más sofisticadas que hace 5 o 10 años. Los sitios web de hoy son bonitos, organizados, impresionantemente animados, a veces llamativos y saben cómo mantener la atención del usuario en el navegador. Además, estos sitios también son responsivos, es decir, se adaptan al tamaño de la pantalla.

Con la explosión de los teléfonos inteligentes y las tabletas, los sitios web se han visto obligados a encontrar soluciones para adaptar sus contenidos a la pantalla, con el fin de garantizar la mejor experiencia posible al usuario, sea cual sea el soporte en el que se ejecute el sitio web. En torno a este problema, se han diseñado ciertas tecnologías para ayudar a los desarrolladores en su trabajo diario.

La navegación del usuario también es mucho más fluida que antes, con muchas menos recargas fuera de lugar. Esto requiere más conocimientos de front-end por parte del desarrollador, en lugar de conocimientos puramente orientados al servidor. La arquitectura de los sitios web cambia constantemente, lo que obliga a los equipos de desarrollo a estar a la vanguardia de los nuevos avances.

Este capítulo tratará esencialmente de una serie de técnicas, librerías y frameworks del lado del cliente que permiten a los desarrolladores gestionar mejor los problemas actuales. Algunas secciones se centrarán en LESS, SASS y Bootstrap para la gestión de estilos, mientras que otras tratarán más sobre JavaScript y varias técnicas para gestionar el código de negocio del lado del cliente. También veremos cómo se integran todas estas tecnologías en el entorno .NET.

2. Gestión de estilo con LESS y SASS

Los usuarios de la web exigen mucho de sus sitios, tanto en términos de estilo como de experiencia de usuario. Estas exigencias obligan también al desarrollador a utilizar frameworks cada vez más complejos y completos para obtener un resultado final convincente. La organización del proyecto es esencial para garantizar un mantenimiento óptimo y para el diseño, esto significa concebir hojas de estilo CSS que sean a la vez coherentes y legibles: un nuevo desarrollador en el equipo también debe ser capaz de orientarse fácilmente. Así nacieron las herramientas LESS y SASS y librerías como Font Awesome.

Los lenguajes LESS y SASS son lenguajes preprocesadores de CSS, es decir, son lenguajes pensados para ser compilados en CSS. Estos lenguajes proporcionan funcionalidades adicionales al lenguaje CSS básico, como gestión de variables, anidamiento de estilos para evitar repeticiones y mucho más. El siguiente ejemplo ofrece un primer ejemplo en CSS, seguido de un segundo ejemplo, en LESS, que muestra cómo se pueden compartir los estilos:

```
.header {
   color: black;
   font-weight: bold;
   font-size: 18px;
   font-family: Helvetica, Arial, sans-serif;
}

.small-header {
   color: black;
   font-weight: bold;
   font-size: 14px;
   font-family: Helvetica, Arial, sans-serif;
}
```

El segundo estilo utiliza la mayoría de las propiedades del primero, sólo modifica la fuente. ¿Por qué no compartir estilos comunes? El código siguiente muestra cómo el segundo estilo reutiliza la clase `header` para adoptar sus estilos:

```
.header {
   color: black;
   font-weight: bold;
   font-size: 18px;
   font-family: Helvetica, Arial, sans-serif;
}

.small-header {
   .header;
   font-size: 14px;
}
```

Observación

Visual Studio 2015 ayuda a los desarrolladores a diseñar sus aplicaciones y, además, ofrece compatibilidad nativa con LESS y SASS.

2.1 El lenguaje LESS

LESS es un lenguaje preprocesador que funciona con Node.js. En primer lugar, es importante instalar el paquete necesario con NPM.

```
npm install -g less
```

A continuación, Visual Studio puede insertar un archivo con la extensión *.less* (sección *Client-side*), identificando el archivo como un archivo LESS. Visual Studio reconocerá entonces la sintaxis del lenguaje y ayudará al desarrollador.

Inserción de un archivo LESS con Visual Studio

Este archivo es ahora capaz de hacer LESS, es decir, CSS mejorado. La primera característica interesante es el uso de variables, ya que a menudo es útil reutilizar colores o fuentes en varios estilos. El código siguiente define varias variables que representan colores y fuentes. A su vez, las variables pueden utilizar otras variables. Las características son las siguientes:

- La sintaxis @ se utiliza para definir una variable.
- La función `spin()` es una función de LESS utilizada para rotar un color entre 0 y 360. En el ejemplo siguiente, *spin* se utiliza en la variable `@base` para obtener el color inverso.
- La función `lighten()` aclara el color en un porcentaje determinado. También existe una función `darken()`.
- A continuación, las variables se utilizan como valores para asignar propiedades CSS.

```
@base: #663333;
@background: spin(@base, 180);
@lighter: lighten(spin(@base, 5), 10%);
@fontDefault : 'Times New Roman';

body {
        background-color:@background;
        font-family: @fontDefault;
}
.baseColor  {color:@base}
.bgLight    {color:@lighter}
```

Al compilar, las variables se sustituirán por los valores, lo que dará como resultado un archivo CSS más completo. En este caso, LESS es extremadamente útil para factorizar propiedades. Vamos a mantener el ejemplo anterior y diseñar todo el proceso, usando Gulp, para compilar este LESS en CSS.

Lo primero que hay que hacer es añadir el paquete al archivo *package.json*, en la sección *devDependencies*. NPM restaurará automáticamente el paquete una vez guardado el archivo.

```
"devDependencies": {
                "gulp": "3.8.11",
                "gulp-less": "3.0.2"
        }
```

Posteriormente, en el archivo *gulpfile.js*, necesita agregar el paquete LESS, y luego agregar la tarea que compilará el archivo LESS en un archivo CSS. Aquí están los pasos de esta tarea:

- Recuperar los archivos LESS.
- Compilar los archivos.
- Crear los archivos CSS en la ubicación deseada.

El código siguiente crea la tarea *less* retomando los pasos anteriores.

```
var gulp = require("gulp"),
    rimraf = require("rimraf"),
    fs = require("fs"),
    less = require("gulp-less");

gulp.task("less", function () {
        return gulp.src('Styles/main.less')
                .pipe(less())
                .pipe(gulp.dest('wwwroot/css'));
});
```

Observación

Es posible registrar esta tarea siguiendo diferentes eventos de Visual Studio: después de la compilación, antes de la compilación, etc. La sección Gestión de tareas del capítulo Novedades de ASP.NET Core ofrece más detalles sobre este tema. Para LESS, recomendamos registrar esta tarea antes de cada compilación, para garantizar que el sitio web tenga los últimos estilos desarrollados.

Por tanto, el archivo CSS resultante *main.css* contiene las mismas clases que el archivo LESS, pero con el valor de las variables añadido.

```
body {
  background-color: #336666;
  font-family: 'Times New Roman'
}
.baseColor {
  color: #663333;
}
.bgLight {
  color: #884a44;
}
```

Este proceso automatiza la generación de archivos CSS, al tiempo que garantiza un estilo limpio gracias al lenguaje CSS. Existe abundante documentación sobre todas las posibilidades que ofrece LESS: http://lesscss.org/. En resumen, LESS permite:

– añadir variables,
– ejecutar funciones matemáticas, funciones de gestión de cadenas y funciones de gestión del color,
– crear clases abstractas.

2.2 El lenguaje SASS

El lenguaje SASS es relativamente similar a LESS, pero utiliza una sintaxis muy diferente. Está construido usando Ruby (en lugar de JavaScript) y por lo tanto, requiere que Ruby esté instalado en su máquina. Se ha desarrollado una sintaxis especial para CSS, llamada SCSS (*Sassy for CSS*), para integrar mejor el lenguaje SASS con CSS.

Observación

Inicialmente, SASS sólo utilizaba sangrías para identificar los distintos bloques del lenguaje. Para integrarse mejor con CSS, la versión 3 del lenguaje utiliza corchetes.

Una vez instalado Ruby, basta con ejecutar el siguiente comando para instalar SASS:

```
gem install sass
```

El ejemplo con SASS utilizará lo que se conoce como un *mixin*. Un mixin es simplemente una función, que define varias reglas CSS dependiendo de los argumentos de la función y devuelve un resultado en forma de CSS. La ventaja aquí es que las reglas pueden ser compartidas dentro de un único bloque reutilizable. El código siguiente utiliza un mixin para definir bordes redondeados en todos los navegadores (la sintaxis cambia en función del navegador).

```
@mixin border-radius($radius) {
  -webkit-border-radius: $radius;
         -moz-border-radius: $radius;
          -ms-border-radius: $radius;
                  border-radius: $radius;
}

.box { @include border-radius(10px); }
```

Utilizar un mixin es sencillo: basta con usar la notación `@include mixin-name` y enviar los argumentos necesarios según se requiera. También es posible crear mixins sin argumentos, en cuyo caso simplemente devolverán CSS sin ninguna regla especial. Pero, ¿cómo se traduce esto en CSS? Los párrafos siguientes definirán la tarea Gulp necesaria.

Primero tenemos que crear el archivo SCSS que contendrá nuestro mixin. Aquí también, Visual Studio incluye un archivo SCSS en sus plantillas, lo que ayuda a mantener la sintaxis correcta para el lenguaje. La generación de un archivo CSS a partir de un archivo SCSS es muy parecida a la de LESS, es decir:

- integrar la dependencia *gulp-sass* en Gulp,
- añadir el paquete al archivo *gulpfile.js*,
- definir la tarea de compilación del archivo SCSS.

```
var gulp = require("gulp"),
        sass = require("gulp-sass");

gulp.task("sass", function () {
        return gulp.src('Styles/main2.scss')
                .pipe(sass())
                .pipe(gulp.dest('wwwroot/css'));
});
```

Utilizando la tarea Gulp, el desarrollador puede generar CSS a partir de un archivo SASS. El resultado del código SASS definido anteriormente es el siguiente:

```
.box {
  -webkit-border-radius: 10px;
  -moz-border-radius: 10px;
  -ms-border-radius: 10px;
  border-radius: 10px; }
```

Es importante señalar que la compilación simplemente sustituyó el mixin por el CSS que devolvió con el argumento pasado como parámetro. El lenguaje CSS no está familiarizado con los mixins, por lo que es natural que el mixin no se encuentre en el archivo CSS.

Elegir entre LESS y SASS no es cosa fácil, ya que depende de las preferencias individuales, pero es esencial llegar a un acuerdo dentro del equipo, ya que estos lenguajes son cada vez más populares en el desarrollo web. Según una encuesta reciente en Twitter, la mayoría de los desarrolladores de ASP.NET utilizan LESS. Al fin y al cabo, elija la herramienta que elija, sigue siendo una buena elección y la mejor práctica probablemente sea utilizar una de estas herramientas.

2.3 La librería Font Awesome

Por último, las aplicaciones modernas suelen incluir multitud de iconos y en lugar de diseñar una imagen por color y tamaño de icono, es preferible utilizar fuentes que, en lugar de definir texto, definan iconos. Este es el caso de Font Awesome.

Font Awesome es una librería de más de 500 iconos escalables y de uso gratuito. Primero se vinculó a Bootstrap, pero hoy ya no depende de librerías JavaScript.

Observación

Se puede acceder a la librería a través de la CDN (Content Delivery Network), pero también se puede descargar a través de Bower/NPM y luego copiarla en la carpeta wwwroot a través de una tarea Gulp.

El siguiente código HTML utiliza iconos de la librería Font Awesome. Las clases utilizadas son las siguientes:

- `fa-ul` y `fa-li` se utilizan para alinear correctamente los elementos de la lista.
- `fa-home` y `fa-cog` son los iconos que se deben utilizar.

```
<!DOCTYPE html>
<html>
<head>
        <meta charset="utf-8" />
        <title></title>
        <link href="lib/font-awesome/css/font-awesome.css"
rel="stylesheet" />
</head>
<body>
        <ul class="fa-ul">
                <li><i class="fa-li fa-home"></i> Home</li>
                <li><i class="fa-li fa-cog"></i> Settings</li>
        </ul>
</body>
</html>
```

El resultado es el siguiente:

Uso de Font Awesome

Observación

Una lista de todos los iconos ofrecidos por Font Awesome se puede encontrar aquí: https://github.com/FortAwesome/Font-Awesome

3. La librería Bootstrap

El diseño adaptable se ha convertido en uno de los requisitos clave del desarrollo web moderno: los clientes quieren que su sitio funcione en ordenadores, tabletas y teléfonos inteligentes, adaptando el contenido para garantizar que siempre sea legible y comprensible en cualquier soporte.

Bootstrap es actualmente la librería más popular para crear aplicaciones web responsivas. Desarrollada por Twitter y compuesta tanto por CSS como por JavaScript, Bootstrap proporciona un gran número de funciones muy fáciles de utilizar por los desarrolladores, para mejorar la experiencia del usuario. Esta librería es casi como un framework, ya que proporciona un método real de trabajo e implementación para construir páginas responsive.

En primer lugar, debe instalar la librería en su proyecto mediante Bower o NPM. Los siguientes comandos se pueden utilizar para llevar a cabo la instalación, dependiendo del gestor de paquetes utilizado:

```
// Para bower
bower install bootstrap

// Para NPM
npm install bootstrap
```

Observación

En la plantilla básica de ASP.NET Core en Visual Studio, el IDE ya integra Bootstrap en el proyecto y lo implementa en las pocas páginas de la plantilla. jQuery también se debe incluir para poder utilizar Bootstrap.

Si se utiliza bower, basta con incluir el CSS en la página. Si se utiliza NPM, es necesario utilizar Gulp o Grunt para copiar el archivo en la carpeta *wwwroot*.

El concepto principal se refiere a la colocación de los elementos dentro de la página. En lugar de utilizar etiquetas `<table>`, Bootstrap utiliza un sistema de cuadrícula muy sencillo para colocar los elementos en un ancho máximo de 12 columnas. Se eligió este número porque se puede dividir en 1, 2, 3 o 4 según sea necesario. El desarrollador elige entonces cuántas columnas deben ocupar los elementos para construir la página. El siguiente diagrama resume este concepto disponiendo 3 bloques de `<div>` en 4 columnas de Bootstrap cada uno, formando así las 12 columnas de Bootstrap.

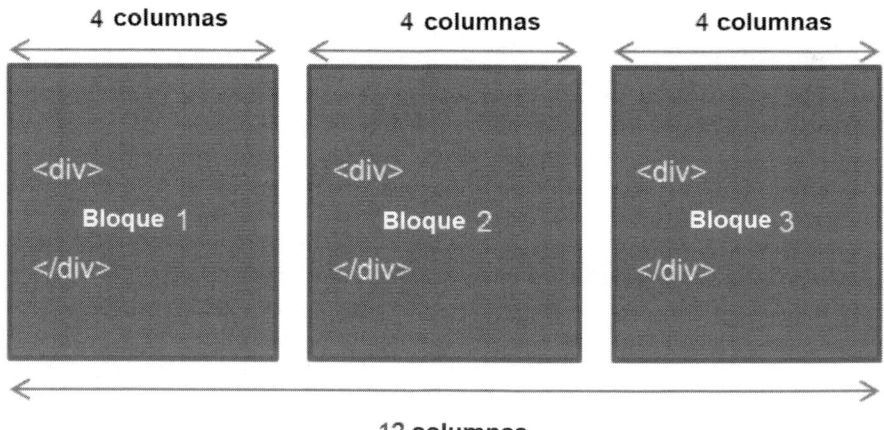

Diseño en columnas con Bootstrap

Para asignar las columnas a los bloques, basta con utilizar una de las muchas clases que Bootstrap pone a disposición del desarrollador. En el ejemplo anterior, se utilizaría las clases `col-md-4` en los tres bloques para ordenarlos en tres columnas ("`md`" significa mediano, el tamaño estándar de un ordenador). Esta clase está disponible en 12 clases diferentes, que van de `col-md-1` a `col-md-12`. Todo lo que tiene que hacer es asignar una clase a cada bloque, en función del tamaño que deba tener el bloque.

Con el mismo espíritu que `col-md-*`, existen otras tres clases para alinear elementos, pero en diferentes tamaños de pantalla. La tabla siguiente resume las distintas clases que se pueden utilizar:

Prefijo CSS	Soporte	Anchura
`col-xs-*`	Teléfono	< 768px
`col-sm-*`	Tableta	>= 768px
`col-md-*`	Ordenador	>= 992px
`col-lg-*`	Más grande que un PC (un televisor, por ejemplo)	>= 1200px

Cada prefijo está asociado a un intervalo de tamaño de pantalla, lo que significa que un bloque puede tener varios tamaños en función de la anchura de la pantalla. Si tomamos el ejemplo de los tres bloques anteriores: con la clase `col-md-4`, estos bloques ocuparán efectivamente tres columnas **siempre que el tamaño de la pantalla sea superior a 992px** (incluso superior a 1200px para el último trozo). Si la pantalla es más pequeña, todos los bloques se desplazarán a una columna porque no se ha definido la clase `col-sm-*` para los bloques. Para mantener las tres columnas, también hay que añadir `col-sm-4` a todos los bloques y así sucesivamente, para los demás cortes de pantalla.

Observación

Por debajo de 992px, los bloques se convertirían en una columna, ya que para las franjas menores que las definidas por las clases CSS para nuestros bloques (`col-sm-*` y `col-xs-*` en nuestro caso), la clase por defecto es `col-sm-12` y `col-xs-12`, por lo que nuestros bloques ocuparían cada uno todo el ancho de la página. De este modo, estarían dispuestos uno debajo del otro, en lugar de uno al lado del otro.

El diagrama siguiente muestra cómo se disponen los bloques cuando el tamaño de la pantalla es superior a 992px y luego cuando el tamaño de la pantalla es inferior a 992px.

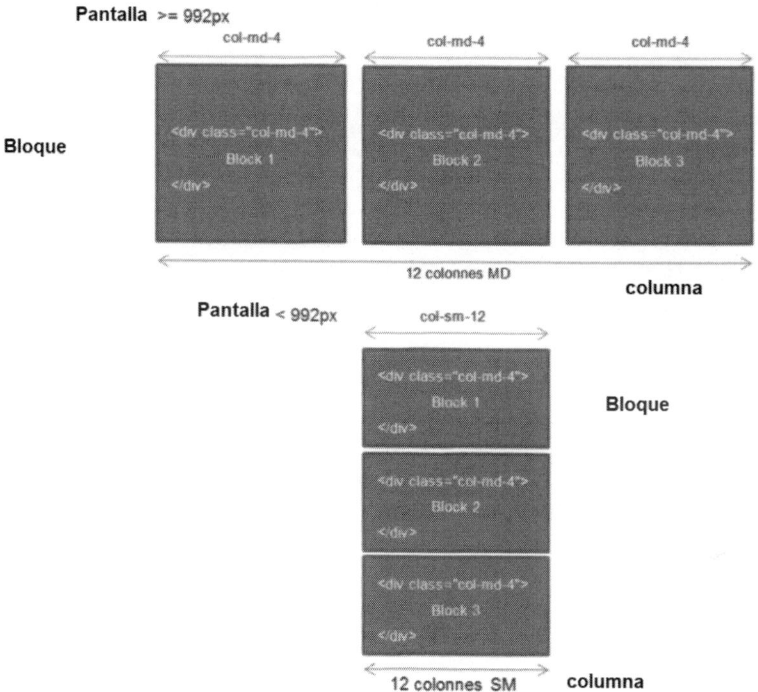

Diagrama que muestra la disposición de los elementos según el tamaño de la pantalla

Observación

Consejo: siempre debe agrupar los bloques que formen una línea completa en `<div class="row">`, y todas las líneas en un único bloque `<div class="container">`.

Con todas las clases disponibles a través de Bootstrap, el desarrollador puede diseñar 48 combinaciones posibles para cada bloque. La librería no se detiene ahí, ya que permite muchas más cosas, como los desplazamientos de los bloques: la documentación es exhaustiva:
https://getbootstrap.com/examples/grid/

Bootstrap proporciona una forma muy elegante de integrar menús de navegación responsivos, a los que se puede acceder en cualquier tamaño de pantalla. Todo se basa en clases CSS que definen las reglas para todos los tipos de menú. El código de ejemplo a continuación utiliza las siguientes clases:

- `navbar`, `nav`, `navbar-header`, `container` y `navbar-nav` definen el diseño general del menú y los elementos que lo componen.
- `navbar-inverse` define el color del menú (aquí utilizamos los colores inversos del sitio para que el menú destaque).
- `navbar-fixed`-top define el tipo de menú que se utilizará.
- `navbar-toggle` define el botón que se utilizará para mostrar el menú cuando no haya espacio suficiente para mostrarlo por completo. Básicamente, es un botón con tres guiones dentro (también conocido como "*hamburger menu*").
- `navbar-collapse` define el contenido del menú. Bootstrap gestiona automáticamente su visualización en función del tamaño de la pantalla.
- `navbar-right` define que estos elementos en particular se coloquen a la derecha del menú.

Bootstrap ocultará automáticamente el menú y mostrará un botón para mostrar el menú cuando no haya suficiente espacio en la pantalla.

```
<div class="navbar navbar-inverse navbar-fixed-top">
  <div class="container">
      <div class="navbar-header">
          <button type="button"
                  class="navbar-toggle"
                  data-toggle="collapse"
                  data-target=".navbar-collapse">
              <span class="sr-only">Toggle navigation</span>
              <span class="icon-bar"></span>
              <span class="icon-bar"></span>
              <span class="icon-bar"></span>
```

```
            </button>
            <a>Application name</a>
        </div>
        <div class="navbar-collapse collapse">
            <ul class="nav navbar-nav">
                <li><a>Home</a></li>
                <li><a>About</a></li>
                <li><a>Contact</a></li>
            </ul>
            <ul class="nav navbar-nav navbar-right">
                <li><a>Register</a></li>
                <li><a>Log in</a></li>
            </ul>
        </div>
    </div>
</div>
```

La plantilla básica de Visual Studio permite apreciar las dos renderizaciones diferentes en función del tamaño de la pantalla.

El menú está completo cuando hay espacio suficiente

Se puede acceder al menú mediante un botón situado en la esquina superior derecha del teléfono.

Bootstrap no es sólo un sistema de cuadrículas y menús, también es un conjunto muy amplio de estilos predefinidos que se pueden utilizar tal cual en la aplicación. Por ejemplo, a menudo es útil mostrar un mensaje al usuario para informarle de que un proceso se ha completado con éxito o, en caso contrario, de que se ha producido un error. Las siguientes clases definen estilos predefinidos para manejar estos casos:

- `alert-success` para los mensajes de éxito.
- `alert-info` para obtener información sencilla.
- `alerta-warning` para alertas.
- `alert-danger` para los mensajes de error.

El código CSS es muy sencillo. La clase `alert` define los márgenes y el diseño general del mensaje, mientras que las clases `alert-*` definen los colores.

```
.alert {
  padding: 15px;
  margin-bottom: 20px;
  border: 1px solid transparent;
  border-radius: 4px;
}

.alert-danger {
  color: #a94442;
  background-color: #f2dede;
  border-color: #ebccd1;
}
```

Observación

Cabe señalar que con la instalación de Bootstrap, hay dos archivos CSS que se integran en el proyecto. El primero es bootstrap.css, que define el estilo general del sitio, y el segundo es bootstrap-theme.css, que define el tema del sitio. Con esto, es muy fácil cambiar de un tema a otro y el desarrollador debe, en cambio, modificar el archivo boostrap-theme para construir su propio tema. Sin embargo, el archivo bootstrap-theme es opcional, ya que el archivo bootstrap ya contiene un tema minimalista. Aún así, es aconsejable mantener la separación para facilitar la lectura del código.

Por último, Bootstrap también incluye un API de JavaScript para que las páginas web sean aún más dinámicas. Este API se puede utilizar para mostrar ventanas modales, hacer transiciones, crear pestañas con diferentes transiciones, etc. El siguiente ejemplo define una ventana modal muy simple con las siguientes características:

- `modal`, `modal-dialog`, `modal-content` para definir la estructura general del modal.
- `modal-header`, `modal-title`, `modal-body` y `modal-footer` para definir las diferentes partes del modal.
- `fade` para definir la transición que se utilizará cuando el modal aparezca/desaparezca.
- la cabecera define un botón para cerrar el modal.
- el pie de página define dos botones, uno para cerrar el modal y otro para realizar una acción específica.

```
<div class="modal fade" tabindex="-1" role="dialog">
  <div class="modal-dialog">
    <div class="modal-content">
      <div class="modal-header">
        <button type="button"
                class="close"
                data-dismiss="modal"
                aria-label="Fermer">
          <span aria-hidden="true">Fermer</span>
        </button>
        <h4 class="modal-title">Mon titre</h4>
      </div>
      <div class="modal-body">
        <p>Le corps</p>
      </div>
      <div class="modal-footer">
        <button type="button"
                class="btn btn-default"
                data-dismiss="modal">Fermer</button>
        <button type="button"
                class="btn btn-primary">Sauvegarder</button>
      </div>
    </div><!-- /.modal-content -->
  </div><!-- /.modal-dialog -->
</div><!-- /.modal -->
```

Hay dos formas de abrir este modal:

- mediante `data-attributes`, lo que le permite escribir sólo HTML.
- mediante JavaScript con una función del API de Bootstrap.

```
// Solución puramente HTML a través de data-attributes
<button type="button"
        data-toggle="modal"
        data-target="#myModal">
    Launch modal
</button>

// Solución en JavaScript
$('#myModal').modal(options)
```

Observación

La documentación del API es muy completa y ofrece una serie de opciones que se pueden utilizar para añadir aún más dinamismo a los controles Bootstrap utilizados: http://getbootstrap.com/javascript

En conclusión, Bootstrap es una librería excelente para construir páginas que sean, a la vez responsivas y dinámicas, al tiempo que proporciona estilos listos para usar que están realmente bien construidos. Todo lo que el desarrollador tiene que hacer es instalar la librería y empezar a utilizarla de acuerdo con los principios descritos anteriormente.

4. El framework Knockout.js

A lo largo de los años han aparecido numerosos frameworks y librerías JavaScript para manipular datos estrechamente vinculados a la vista. El objetivo es desplazar la carga de trabajo del desarrollador: ya no tiene que actuar directamente sobre la vista, sino simplemente sobre los datos que, a través del framework o la librería, actualizarán automáticamente la vista. Las aplicaciones modernas (web o no) utilizan cada vez más este proceso para aumentar la mantenibilidad del proyecto, porque es mucho más fácil detectar errores en los algoritmos de manipulación de datos que en los algoritmos de manipulación de vistas. Desde el punto de vista del código, éste resulta más legible y comprensible para una persona ajena al proyecto.

El framework Knockout.js permite implementar este proceso en JavaScript, actualizando la vista según los datos del lado del cliente, sin recargar la página. Este tipo de librería es especialmente útil con páginas e interfaces de usuario complejas que requieren mucho código JavaScript. El principio es sencillo: el framework asigna elementos de la interfaz gráfica a propiedades de un modelo de datos definido en un objeto JavaScript. La comunicación puede tener lugar en ambas direcciones, lo que significa que es posible actualizar los datos desde la vista y actualizar la vista modificando los datos en el código.

Desde un punto de vista conceptual, Knockout.js permite implementar el patrón Model-View-ViewModel (MVVM). Este patrón facilita la separación de las capas visuales y de modelado del código de negocio puro. El "ViewModel" será por tanto el objeto de mapeo entre las propiedades JavaScript y la vista. Los conceptos importantes cubiertos en esta sección son `Observables` y Bindings.

Observación

Esta sección no tratará el modelo MVVM y se centrará únicamente en Knockout.js.

Knockout.js se descarga a través de bower o NPM, al igual que todas las demás librerías del lado del cliente. Por lo tanto, es posible dejar que bower instale el paquete o utilizar NPM y posteriormente, Gulp o Grunt para copiar la librería. El código siguiente utiliza el archivo *package.json* para instalar el paquete.

```
{
  "name": "ASP.NET",
  "version": "0.0.0",
  "dependencies": {
    "knockout": "^3.4.0"
  },
  "devDependencies": {
    "gulp": "3.8.11",
  }
}
```

Una vez copiada en la carpeta *wwwroot*, basta con integrar la librería como cualquier otro archivo JavaScript. Knockout.js tiene su propia sintaxis para el mapping entre la vista y el objeto JavaScript y ofrece multitud de soluciones para manipular la vista a partir de los datos (mostrar texto, enmascarar elementos, añadir una clase dinámica, etc.). El siguiente código es un ejemplo de uso de Knockout.js: simplemente muestra una propiedad de texto del código JavaScript en una etiqueta `<span>`. Los puntos importantes a tener en cuenta son:

- La etiqueta `span` utiliza el atributo `data-bind` para indicar a Knockout.js que se debe producir una asignación en este punto. El atributo indica que el mapping es de tipo "`text`", que simplemente muestra el valor de la propiedad `author`.
- Un script inicializa un objeto JavaScript con una única propiedad con el valor "Steve Smith". A continuación, se utiliza Knockout para asignar este objeto JavaScript a la vista actual mediante el método `ko.applyBindings(viewModel)`.

```
<body>
  <h1>Some Article</h1>
  <p>
    By <span data-bind="text: auteur"></span>
  </p>
  <script type="text/javascript">
    var viewModel = {
      autor: 'Steve Smith'
    };
    ko.applyBindings(viewModel);
  </script>
</body>
```

Sin embargo, el código anterior sólo muestra la propiedad `author` en la etiqueta `<span>`: el enlace sólo se realiza la primera vez que se muestra la vista, lo que significa que cada cambio en la propiedad no provocará la actualización de la vista. Para activar el mecanismo de actualización, se deben utilizar los `observables`.

JavaScript no sabe cómo ejecutar código cuando se asigna un valor a una propiedad: no existe realmente un `getter` o `setter` como en C#. La solución es, por tanto, definir la propiedad como una función y activar así los mecanismos de actualización, cuando se llama a la función, es decir, cuando se asigna la propiedad. El código *ViewModel* cambia entonces ligeramente para utilizar el método `ko.observable("value")`.

```
var viewModel = {
  auteur: ko.observable('Steve Smith')
};
ko.applyBindings(viewModel);
```

Cualquier cambio en esta propiedad, ya sea en la vista o en el código, se transmitirá automáticamente a la otra entidad implicada en la asignación.

También es posible modificar otras propiedades del elemento donde tiene lugar la asignación. Por ejemplo, se puede mapear el atributo `src` de un hipervínculo para hacerlo más dinámico. Una característica muy interesante es la posibilidad de ocultar/mostrar elementos a partir de una variable. El ejemplo siguiente muestra el uso del mapeo visible: permite utilizar un valor booleano del objeto JavaScript para mostrar u ocultar rápidamente un bloque HTML completo.

```
<div data-bind="visible: verMensaje">
    Este mensaje se muestra si " verMensaje " es cierto.
</div>

<script type="text/javascript">
    var viewModel = {
        verMensaje: ko.observable(true) // Mensaje visible
    };
    viewModel.verMensaje (false); // ... caché
    viewModel.verMensaje (true); // ... visible de nuevo
</script>
```

Observación

*Es importante tener en cuenta cómo se asigna un valor a una propiedad **observable**. Hemos indicado anteriormente que los observables son funciones: para modificar la propiedad, hay que utilizarla como si fuera una función y pasar el nuevo valor a la función que caracteriza la propiedad. Lo mismo ocurre con la recuperación de información.*

Knockout.js también admite el mapping de eventos entre un elemento DOM y una función de objeto JavaScript. El siguiente ejemplo de código muestra cómo combinar el mapeo para mejorar la interacción entre la vista y el código de negocio:

- El evento `click` cuenta el número de veces que el usuario pulsa sobre el botón y almacena la información en la variable `clicknumber`.
- Al mismo tiempo, cuando se actualiza la propiedad, la vista se actualiza para mostrar el número de clics en tiempo real.

```
<div>
    Ha pulsado <span data-bind="text: nombreDeClick ">
</span> veces
    <button data-bind="click: incrementoClick">Pulsar aquí</button>
</div>

<script type="text/javascript">
    var viewModel = {
        numeroDeClick : ko.observable(0),
        incrementoClick: function() {
            var contadorAnterior = this. NumeroDeClick();
            this.numeroDeClick(contadorAnterior + 1);
        }
    };
</script>
```

En muchos casos, el desarrollador querrá mostrar una lista, una tabla o un índice. La ventaja de Knockout.js aquí es que puede almacenar y manipular una lista de objetos y luego mostrarlos automáticamente en la vista, de acuerdo con una plantilla bien definida. La librería también soporta condiciones e iteraciones. El siguiente ejemplo utiliza el mapping `foreach` para mostrar una lista de personas almacenadas en el objeto JavaScript.

```
<table>
    <thead>
        <tr><th>Nombre</th><th>Apellido</th></tr>
    </thead>
    <tbody data-bind="foreach: personas ">
        <tr>
            <td data-bind="text: nombre "></td>
            <td data-bind="text: apellido "></td>
        </tr>
    </tbody>
```

```
</table>

<script type="text/javascript">
    ko.applyBindings({
        personnes:
            { nombre: 'Bert', apellido: 'Bertington' },
            { nombre: 'Charles', apellido: 'Charlesforth' },
            { nombre: 'Denise', apellido: 'Dentiste' }
          ]
    });
</script>
```

Esta técnica permite crear fácilmente tablas muy personalizables. Además, cualquier cambio que hagas en la lista actualizará automáticamente la vista, al igual que la adición de un nuevo registro.

```
self.addPersona = function() {
  self.personas.push(new{ nombre: 'Sam', apellido: Smith });
}
```

Observación

Lo mismo ocurre con los objetos dentro de la tabla: si el desarrollador modifica una propiedad del objeto, la vista se actualizará en cuanto la propiedad sea un observable y viceversa si la modificación procede de la vista.

Knockout.js permite trabajar con datos en formato JSON. Si las propiedades fueran funciones, sería difícil enviar los datos a través de una llamada Ajax: los datos se verían como nada. Knockout.js incluye un sistema capaz de transformar rápidamente un observable en un simple objeto JavaScript, sin mapeado o en una cadena de caracteres en formato JSON.

```
// Transformación de un objeto JavaScript mapeado en un JSON
var jsonData = ko.toJSON(viewModel);

// Transformación de un objeto JavaScript mapeado en un objeto JS
var planoJs = ko.toJS(viewModel);
```

Por último, Knockout.js proporciona una forma elegante de trabajar con vistas HTML a partir de datos JavaScript. La sintaxis de mapeo es relativamente sencilla y permite a los desarrolladores construir rápidamente su vista de forma dinámica. ASP.NET Core se complementa con Knockout.js en el sentido de que la tecnología de Microsoft podría simplemente suministrar los datos al cliente Knockout.js, que se limitaría a renderizar la vista y darle vida en el navegador.

5. Comunicación en tiempo real con SignalR

ASP.NET SignalR es una tecnología diseñada para que los desarrolladores de ASP.NET creen aplicaciones web con interacción en tiempo real entre el cliente y el servidor. En la práctica, esto significa que el servidor se puede comunicar con los clientes y enviar información instantáneamente sin que se actualice la página.

Las nuevas API HTML5 se han integrado en SignalR para aprovechar la tecnología WebSockets, que permite una comunicación rápida y eficaz. Así, no es necesario que el desarrollador codifique un sistema de transporte entre el cliente y el servidor: SignalR lo hace automáticamente. Sin embargo, los WebSockets sólo son compatibles desde HTML 5 y, por tanto, sólo a través de navegadores recientes. Afortunadamente, SignalR puede volver a tecnologías más antiguas si es necesario. Los distintos modos de transporte son los siguientes:

- **WebSocket** (si el servidor y el navegador lo admiten): abre un pipeline persistente y full-duplex (comunicación bidireccional simultánea) entre el servidor y el cliente.
- **Server Sent Events**: sistema de actualización del cliente desde el servidor (no compatible con Internet Explorer).
- **Forever Frame** (sólo Internet Explorer): envío continuo de un script por parte del servidor, que luego se ejecuta en el lado del cliente, lo que implica una conexión unidireccional del servidor al cliente. La inversión es posible abriendo una nueva conexión en sentido contrario.

- **Ajax long polling**: creación de una petición al servidor que permanece abierta hasta que el servidor responde. Cuando el servidor responde, se vuelve a crear inmediatamente una nueva solicitud.

SignalR pasa por varias etapas para definir el modo de transporte que debe utilizar:

- Si el navegador es Internet Explorer 8, se utiliza el *Long Polling* (espera pasiva de una respuesta).
- Si se configura el parámetro JSONP al inicializar la conexión, se utiliza el Long Polling.
- Si se utiliza una conexión cross-domain (dominio diferente entre el host de la página y el endpoint de SignalR), se utilizarán WebSockets si el cliente soporta CORS (*Cross-Origin Resource Sharing*), si soporta WebSockets y si el servidor también soporta WebSockets. En caso contrario, se utilizará Long Polling.
- Si el parámetro JSONP no está configurado y la conexión no es cross-domain, se utilizarán WebSockets si están soportados.
- Al final, si el cliente (o servidor) no soporta WebSockets, se utiliza *Server Sent Events*, si no *Forever Frame* (envío continuo de información desde el servidor) o si no Long Polling.

Estas distintas etapas garantizan que SignalR utilice el medio de transporte adecuado para cada medio: este proceso se denomina negociación. Esta negociación puede llevar algún tiempo, pero si estamos seguros de las capacidades del servidor y del cliente, podemos indicar directamente el medio de transporte adecuado. El siguiente código indica los dos medios de transporte preferidos durante la negociación.

```
connection.start({ transport: ['webSockets','longPolling'] });
```

SignalR expone un API para crear RPCs (*Remote Procedure Calls*), lo que significa que el código .NET es capaz de llamar a código JavaScript y viceversa, de una manera que es completamente transparente para el desarrollador.

Los siguientes esquemas resumen cómo se realizan las llamadas:

- Se crea un hub en el lado del servidor para recibir y procesar las llamadas de los clientes.
- Este hub también contiene una referencia a los clientes registrados para que el servidor pueda enviar mensajes a los propios clientes (*Remote Procedure Calls*).
- SignalR se puede utilizar para hacer broadcastde mensajes de forma que se envíe el mismo mensaje a todos los clientes o bien el servidor puede gestionar a qué cliente desea enviar el mensaje.
- Dependiendo del hub creado en el servidor, se genera el mismo hub para el cliente, llamado Proxy Hub. Este Proxy Hub se utiliza para realizar llamadas JavaScript desde el cliente al servidor.

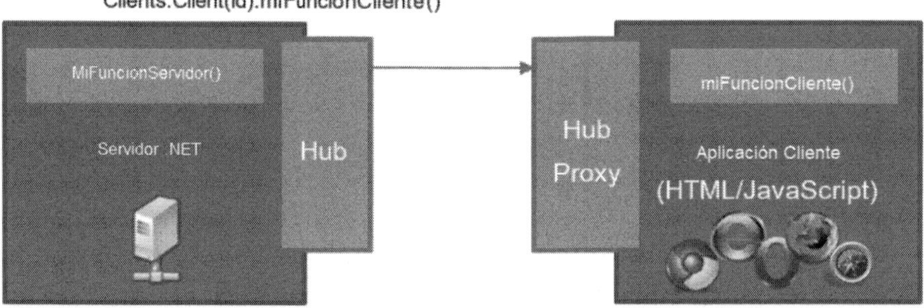

Llamada a una función cliente desde el servidor

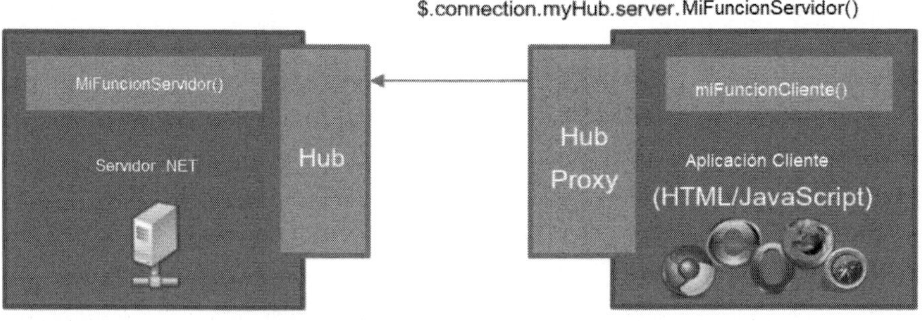

Llamada a una función del servidor desde el cliente

La arquitectura desarrollada por SignalR es muy completa y facilita la interconexión de un servidor con varios clientes terminales. Los hubs funcionan de la siguiente manera:

- Cuando el hub llama a un método al cliente, se envía un paquete a través del canal de comunicación utilizado (WebSockets, Long polling, etc.) que contiene el nombre del método y los parámetros del mismo.
- Los parámetros enviados se serializan en JSON.
- El cliente recibe el paquete y lo inspecciona para encontrar el nombre del método.
- A continuación, el cliente intenta encontrar el método correspondiente al nombre y lo llama enviando los parámetros.

El siguiente diagrama resume la pila tecnológica utilizada por SignalR:

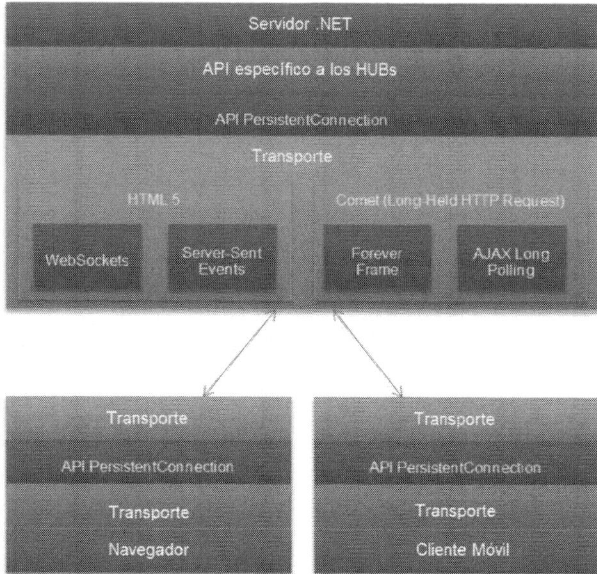

Arquitectura tecnológica utilizada por SignalR

En el lado del servidor, añadir SignalR es muy sencillo. En primer lugar, es necesario añadir los servicios adecuados al proyecto en la clase `Startup`.

```
services.AddSignalR();
```

A continuación, en el lado del pipeline HTTP, tenemos que añadir el middleware SignalR. Esto redirigirá las peticiones al hub correcto. El código siguiente asignará el canal WebSocket *chathub* al hub **ChatHub**.

```
app.UseSignalR(route =>
{
    route.MapHub<ChatHub>("/chathub");
});
```

En términos de configuración, esto es todo lo que necesitas para que SignalR funcione. Para el hub, todo lo que necesitas hacer es crear una clase que herede de la clase `Hub`. Los clientes pueden llamar a todos los métodos públicos. Es perfectamente posible enviar objetos complejos y matrices, con SignalR cuidando de la serialización / deserialización.

```
public class ChatHub : Hub
{
    public Task SendMessage(string user, string message)
    {
        return Clients.All.SendAsync("ReceiveMessage", user, message);
    }
}
```

Observación

*Un hub está registrado como **Transient**, lo que significa que cada inyección de un objeto hub lanzará una nueva instancia de este hub, independientemente de si está en la misma petición o no. Esto significa que no debe almacenar absolutamente ningún dato en el hub en forma de estado, ya que se perderá automáticamente durante una futura inyección en otro servicio. A continuación, es importante esperar métodos asíncronos a través de la palabra clave **await** dentro del hub para garantizar su vida útil durante todo el envío del mensaje.*

SignalR añade varios objetos importantes al hub. El primero es **Context**, que tiene las siguientes propiedades:

- **ConnectionId**: ID de la conexión actual.
- **UserIdentifier**: nombre del usuario de SignalR, recuperado del claim *NameIdentifier* (si existe en **ClaimsPrincipal**).
- **Usuario**: usuario actual.

- **Ítems**: datos en forma de clave/valor que se pueden compartir entre varias conexiones y varias instancias del mismo hub. Aquí se almacena la información en caso de necesidad.
- **ConnectionAborted**: conexión cancelada o no.

El objeto también contiene el método **GetHttpContext**, utilizado para recuperar el objeto **HttpContext** actual y el método **Abort**, utilizado para detener la conexión actual con el cliente.

El segundo objeto importante es **Clients**. Sirve para comunicarse con uno o varios clientes conectados al servidor SignalR. Tiene las siguientes propiedades:

- **All**: llama a un método para todos los clientes.
- **Caller**: llama a un método en el cliente que invocó al hub.
- **Others**: llama a un método en todos los clientes excepto en el que invocó al concentrador.

Dentro de estas propiedades, es posible llamar a diferentes métodos dependiendo del caso de uso:

- **AllExcept**: todos los clientes excepto las conexiones especificadas.
- **Client**: un único cliente.
- **Clients**: varios clientes.
- **Group**: un grupo de clientes.
- **GroupExcept**: todos los clientes del mismo grupo excepto las conexiones especificadas.
- **Groups**: varios grupos.
- **OthersInGroups**: el resto de clientes de un grupo según las conexiones especificadas.
- **User**: todas las conexiones del mismo usuario.
- **Users**: todas las conexiones de varios usuarios.

Por lo tanto, enviar mensajes a los clientes es muy sencillo. El siguiente código muestra la implementación de tres envíos de mensajes:

```
public Task SendMessage(string user, string message)
{
    return Clients.All.SendAsync("ReceiveMessage", user, message);
}

public Task SendMessageToCaller(string message)
{
    return Clients.Caller.SendAsync("ReceiveMessage", message);
}

public Task SendMessageToGroup(string message)
{
    return Clients.Group("SignalR Users").SendAsync("ReceiveMessage",
message);
}
```

La cadena **ReceiveMessage** especifica el método a llamar en el cliente. Es complicado utilizar simplemente una cadena de caracteres, ya que es fácil que se pueda colar un error. Por otro lado, es posible utilizar la interfaz **Hub**<T>, donde **T** representa los métodos disponibles en el cliente. La siguiente interfaz declara los métodos del cliente.

```
public interface IChatClient
{
    Task ReceiveMessage(string user, string message);
    Task ReceiveMessage(string message);
}
```

A continuación, el objeto **Clients** del hub tiene los métodos especificados en la interfaz.

```
public class StronglyTypedChatHub : Hub<IChatClient>
{
    public async Task SendMessage(string user, string message)
    {
        await Clients.All.ReceiveMessage(user, message);
    }

    public Task SendMessageToCaller(string message)
    {
        return Clients.Caller.ReceiveMessage(message);
    }
}
```

El uso de esta interfaz significa que los métodos disponibles en el cliente pueden ser fuertemente tipados a través del compilador.

En el lado del cliente, se han desarrollado SDK para facilitar la integración de SignalR en .NET, Java, JavaScript y TypeScript. Tomaremos TypeScript como ejemplo, pero la documentación para otros lenguajes es igualmente extensa.

En primer lugar, debe instalar el SDK del cliente SignalR.

```
npm init -y
npm install @aspnet/signalr
```

A continuación, tenemos que importar el espacio de nombres apropiado para utilizar las clases SignalR.

```
import * as signalR from '@aspnet/signalr';
```

Crear una conexión a un hub es muy sencillo utilizando la clase `HubConnectionBuilder`. En primer lugar, vamos a configurar qué URL va a utilizar el hub. La URL aquí es relativa, pero bien puede apuntar a la dirección de una aplicación que muestre los servicios de SignalR.

A continuación, configuramos el nivel de registro deseado y establecemos la conexión. El último paso es lanzar la conexión entre el cliente y el servidor.

```
const connection = new signalR.HubConnectionBuilder()
    .withUrl("/chatHub")
    .configureLogging(signalR.LogLevel.Information)
    .build();
this.hubConnection.start().catch(err => console.error(err.toS-
tring()));
```

A partir de aquí, son posibles dos operaciones. La primera es recibir mensajes del concentrador remoto. El siguiente código ilustra este caso de uso (`ReceiveMessage` corresponde a los métodos declarados en nuestro hub fuertemente tipado del lado del servidor).

```
connection.on("ReceiveMessage", (user, message) => {
    // Your code here
});
```

Observación

Una buena práctica es llamar al método `.start` después de todos los eventos `.on` declarados. Esto asegura que el cliente está registrado para todos los eventos antes de recibir mensajes.

Por último, para enviar mensajes al hub, basta con utilizar el método `.invoke` con el nombre del método del concentrador que se va a utilizar.

```
connection
    .invoke("SendMessage", user, message)
    .catch(err => console.error(err.toString()));
```

Y ya está. Su aplicación está lista para comunicarse entre el cliente y el servidor. Este es el código mínimo necesario para configurar la transmisión de información en tiempo real.

De este modo, los desarrolladores pueden añadir fácilmente este tipo de funcionalidad a su aplicación en unas pocas líneas.

6. El lenguaje TypeScript

JavaScript es actualmente uno de los lenguajes más utilizados en el mundo para diseñar aplicaciones web modernas y dinámicas. Hay varias razones por las que ahora es difícil para los desarrolladores front-end prescindir de esta tecnología:

- Esta es la única opción del lado del cliente para escribir código de negocio.
- Debido a las limitaciones de los sitios web modernos, la explosión en el número de frameworks y librerías disponibles, significa que la proporción de código JavaScript ha aumentado enormemente.

Escribir código JavaScript limpio y mantenible no es necesariamente fácil y las aplicaciones web rápidamente se pueden convertir en algo difícil de gestionar si el código cliente no es de alta calidad o no está escrito con un mínimo de buenas prácticas. Los desarrolladores se pueden perder rápidamente si no tienen un sólido conocimiento y experiencia del lenguaje.

Para superar estos problemas, han surgido varios lenguajes compilados basados en JavaScript. Microsoft ha creado y desarrollado su propio lenguaje, TypeScript. Tanto de código abierto como utilizable fuera del entorno Microsoft, TypeScript se está convirtiendo en una alternativa sólida a la escritura de código cliente.

TypeScript es un lenguaje compilado, lo que significa que Microsoft ha desarrollado su propio compilador para *transpilar* (contracción de *traducir* y *compilar*) el código TypeScript a JavaScript. Cualquier código JavaScript se integrará muy fácilmente en el código TypeScript, porque el lenguaje de Microsoft es simplemente un superconjunto de JavaScript. Librerías como jQuery o Bootstrap se integrarán del mismo modo que con JavaScript.

Observación

Las librerías mencionadas anteriormente y, de hecho, todas las librerías JavaScript, estarían mucho mejor integradas en el código TypeScript del desarrollador si ellas mismas estuvieran escritas en TypeScript, ya que entonces tendrían características como la resolución de tipos, el autocompletado en Visual Studio y las interfaces.

La sintaxis de TypeScript es una verdadera extensión de la de JavaScript y el tiempo necesario para adaptarlo a partir de un lenguaje existente es muy corto. El aprendizaje de este lenguaje también es muy sencillo, ya que sólo proporciona las funcionalidades básicas de la programación de objetos que JavaScript aún no tiene. En resumen, adoptar un lenguaje como TypeScript significa que acaba teniendo un código JavaScript limpio que utiliza buenas prácticas a la vez que se acerca a las funcionalidades de los lenguajes modernos actuales.

JavaScript se basa en el estándar ECMAScript, normalizado por Ecma International en 1997. A lo largo de los años, el lenguaje ha evolucionado y se ha beneficiado de una serie de adiciones sintácticas y funcionales. TypeScript se basa en gran medida en estos estándares para generar JavaScript. La sintaxis del lenguaje permite implementar funciones JavaScript de forma elegante para los desarrolladores, así como unificar el código del lado del cliente de acuerdo con los estándares ECMAScript soportados por los navegadores.

La gran ventaja de TypeScript es su tipado estático (a diferencia de JavaScript, que tiene tipado dinámico). Este tipado aporta un sinfín de ventajas:

- Mejora la colaboración entre los desarrolladores del equipo.
- Mejora la experiencia de usuario del IDE ofreciendo funciones avanzadas como autocompletado, navegación por referencias, resolución de tipos y mucho más.
- Incluso añade ayuda de entrada para librerías externas escritas en JavaScript, gracias a los archivos de definición que enumeran las numerosas API existentes mantenidas por la gran comunidad de librerías *Typings*. El GitHub está muy bien documentado al respecto: https://github.com/typings/typings
- Comprueba los errores durante la compilación en lugar de en tiempo de ejecución.

Observación

El tipado estático es opcional, lo que significa que los desarrolladores pueden optar por tipar todo dinámicamente si lo desean. Sin embargo, se recomienda declarar los tipos en una clase destinada a ser expuesta como API a otros desarrolladores. Los desarrolladores son libres de elegir sus niveles de tipado en el código.

Declarar una variable tipada es muy sencillo en TypeScript, pero el compilador también sabe cómo inducir el tipo de acuerdo con la declaración. Los dos ejemplos de código siguientes son equivalentes:

```
// Declaración del tipo explícito
var miCadena: string = 'Mi cadena de caracteres;

// Tipo incluido de manea implícita
var miCadena: string = 'Mi_caden de caracteres';
```

Por lo tanto, una asignación de un tipo distinto del tipo declarado para la variable, dará lugar a un error durante la compilación.

```
maCadena = 123; // Cannot convert 'number' to 'string'
```

Como se ha indicado anteriormente en esta sección, el desarrollador es libre de escribir sus variables dinámicamente. Por lo tanto, el código siguiente es válido a los ojos del compilador:

```
var miCadena: any = 'Mi cadena de caracteres';
miCadena= 123;
// El compilador dejará pasar
// Y el JavaScript transpilado funcionará también
```

De este modo, el lenguaje ofrece a los desarrolladores total libertad para tipar o no sus variables y métodos. La declaración de una interfaz es una de las novedades del lenguaje. Permite añadir la contractualización dentro de las clases, de modo que el código es más prolijo y fácil de mantener. La siguiente clase tiene las siguientes características:

- Implementa `AlertInterface` con el método `VerAlerta` a través de la palabra clave `implements`.
- El método `verAlerta` recibe un mensaje como parámetro para mostrarlo en la alerta.
- El método añade un prefijo al mensaje. Este prefijo se declara directamente en el constructor de la clase utilizando el indicador `private`, que se utiliza para declarar la variable como una variable de clase, accesible a través de la palabra clave `this`.

```
interface AlertInterface {
   verAlerta(message: string): void;
}
class MiClase implements AlertInterface {
   constructor(private prefix = 'Alert - ')
    {}

   public verAlerta (message: string) {
      alert(this.prefix + message);


}
```

Observación

Desde el punto de vista de JavaScript, el lenguaje no utiliza una interfaz, por lo que no comprobará que la interfaz está correctamente implementada. Simplemente ejecutará el método `verAlerta`*. Si está presente, el código se ejecutará, de lo contrario el script se bloqueará.*

Las interfaces son una buena manera para que los desarrolladores se aseguren de que su código TypeScript está formateado correctamente y cumple con un cierto estándar. También son útiles cuando se desarrolla un API destinado a ser publicado y utilizado por otros desarrolladores.

Con los lenguajes modernos actuales, como C# o Java, los desarrolladores pueden crear clases reutilizables, más comúnmente conocidas como clases genéricas. Dado que JavaScript es un lenguaje dinámico, soporta la genericidad de tipos por su propia naturaleza, ya que ningún tipo está realmente definido en JavaScript. Para tener un soporte más concreto de TypeScript, el lenguaje incorpora una sintaxis que es relativamente idéntica a la de los lenguajes modernos. El código siguiente muestra cómo es más elegante usar genéricos en lugar de la sintaxis `any` de JavaScript.

```
// Utilización con ANY
function identity(arg: any): any {
    return arg;
}

// Utilización con un tipo genérico
function identity<T>(arg: T): T {
    return arg;
}
```

Este tipo de escritura permite imponer restricciones al tipo T (como una interfaz), y garantiza que el código que utiliza el método respeta el contrato.

Otra característica interesante del lenguaje es la herencia de clases. Esta herencia es posible mediante la palabra clave `extends` y permite al desarrollador dividir su código en varias clases con responsabilidades claramente separadas. El código siguiente representa una jerarquía de animales, que permite separar las propiedades de cada uno.

```
class Animal{
    Nombre: string;
    Tipo: string;
}
class Perro extends Animal {
    Raza: string;
}
```

El compilador TypeScript se encarga de generar el JavaScript a partir del código escrito por el desarrollador y permite integrar varias opciones de compilación en el proceso de generación. Estas opciones se integran mediante un archivo llamado *tsconfig.json*. Depositar este archivo en una carpeta significa que esta carpeta es la raíz de un proyecto TypeScript y permite indicar varias opciones al compilador. La compilación tiene lugar en el siguiente orden:

- Lanzamiento de **tsc** (compilador TypeScript) sin opciones específicas. El compilador busca un archivo tsconfig.json en la carpeta actual y en todas sus carpetas padre.
- Ejecute **tsc** con la opción **--project** para especificar un archivo concreto.

Observación

Visual Studio 2015 es capaz de entender y leer este archivo para que la experiencia de compilación de TypeScript esté totalmente integrada en el IDE.

Las opciones importantes que se pueden incluir en el archivo *tsconfigs.json* son las siguientes:

- `compileOnSave`: indica al IDE que compile los archivos TypeScript cuando se guarden.
- `module`: importar modo de resolución (CommonJS, Node, etc.).
- `target`: versión de ECMAScript para la generación de JavaScript (es5, es6...).

- `sourceMap`: generación de un archivo .map para la depuración de TypeScript a través de navegadores.
- `exclude`: carpeta o archivo que se debe excluir durante la compilación.
- `files: archivo` que se incluirá durante la compilación. Si no se proporciona esta opción, el compilador buscará todos los archivos **.ts** en la carpeta actual y en todas las subcarpetas.

El código siguiente ofrece un ejemplo de varias opciones que puede utilizar el compilador:

```
{
    "compileOnSave": true,
    "compilerOptions": {
        "module": "commonjs",
        "target": "es6",
        "removeComments": true,
        "preserveConstEnums": true,
        "outFile": "../../built/local/tsc.js",
        "sourceMap": true
    },
    "exclude": [
        "node_modules",
        "wwwroot"
    ]
}
```

La lista completa de opciones puede consultarse aquí:
https://www.typescriptlang.org/docs/handbook/compiler-options.html

TypeScript es realmente un lenguaje que facilita el trabajo colaborativo dentro del equipo de desarrollo y aumenta la mantenibilidad del código del cliente. Recomendamos encarecidamente el uso de este lenguaje, cada vez más popular en la comunidad de desarrollo web actual.

Capítulo 10
Implementación de Angular

1. Introducción

Desde hace varios años, el mundo del desarrollo web ha visto la llegada de innumerables frameworks y otras librerías JavaScript para hacer la vida más fácil a los desarrolladores front-end. Uno de ellos, AngularJS, se ha consolidado como uno de los frameworks más populares de su generación, ofreciendo una metodología robusta para hacer el código cliente mucho más mantenible y eficiente. En concreto, el objetivo de AngularJS es ofrecer la metodología MVC en el lado del cliente y, al mismo tiempo, aportar las ventajas de una *Single Page Application* con la potencia del lenguaje JavaScript.

Anunciada hace casi dos años, la versión 2 del famoso framework está a punto de finalizarse, ofreciendo ya una base extremadamente sólida para construir aplicaciones web modernas. En colaboración con el equipo de Microsoft encargado del lenguaje TypeScript, el equipo de Angular ha reescrito y replanteado por completo el framework para aportarle el rendimiento que le faltaba, pero también para aprovechar toda la potencia de la sintaxis de TypeScript para diseñar un código limpio y mucho más mantenible de lo que podía ser antes.

Este capítulo cubrirá los puntos más importantes de Angular, a la vez que mostrará cómo el framework ha aprovechado lo mejor de HTML 5 y TypeScript. Como la noción de componentes es el punto central del framework, le dedicaremos una sección, luego el capítulo hará un recorrido por las distintas funcionalidades de Angular, finalizando con la navegación.

Observación

Todos los ejemplos de código de este capítulo se crearon utilizando la versión RC1 de Angular, por lo que no es imposible que algunas API cambien con las distintas nuevas versiones del framework.

2. Las nuevas API HTML 5

Durante mucho tiempo, la Web se diseñó utilizando etiquetas `<div>` y `<span>`, que en definitiva añadían muy poca verbosidad al código HTML escrito por el desarrollador. Por supuesto, hay clases CSS que facilitan el estilo de las etiquetas, pero desde un punto de vista puramente HTML, el código tiene muy poca estructura.

¿No sería mejor poder crear y utilizar una etiqueta `<left-menu>` para un menú vertical, una etiqueta `<grid>` para diseñar una cuadrícula o incluso una etiqueta `<notification>` para diseñar un centro de notificaciones para la aplicación? HTML 5 permite ahora este tipo de escritura mediante la autorización de elementos personalizados.

Los elementos personalizados permiten a los desarrolladores web diseñar sus propios tipos de elementos HTML, sentando las bases para el concepto más amplio de componentes web (que se explica en la siguiente sección). Estos nuevos elementos permiten:

- definir nuevos elementos HTML/DOM,
- crear elementos que amplíen otros elementos,
- diseñar funciones personalizadas reunidas en un único paquete lógico e identificadas por una única etiqueta,
- amplían las API de otros elementos del DOM.

La base para cualquier creación de un nuevo elemento HTML 5 proviene del método `document.registerElement()` en JavaScript. El código siguiente muestra cómo crear un elemento desde cero:

```
var TestAngular = document.createElement('test-angular);
document.body.appendChild(new TestAngular());
```

El resultado es el siguiente código HTML, que se inserta en el DOM de la página:

```
<test-angular></test-angular>
```

Observación

La denominación de los elementos es muy importante. Todos los navegadores soportan una lista finita de elementos HTML conocidos. Los elementos desconocidos, como `<ciudad>` o `<cliente>` no causarán necesariamente un error en el analizador sintáctico de HTML y, en su lugar, se definirán como elementos desconocidos a través de la interfaz `HTMLUnknownElement`. El estándar W3C recomienda añadir un guion (-) a cada elemento personalizado añadido por el desarrollador para que el analizador HTML pueda distinguirlo. Esto también previene futuros cambios en el estándar al evitar colisiones con nuevos elementos HTML 5. Al final, la etiqueta `<ciudad>` será `<mi_ciudad>` o `<x_ciudad>`.

El siguiente código JavaScript se puede utilizar para comprobar rápidamente si el elemento creado cumple las recomendaciones del W3C. Para ello, basta con probar el prototipo del elemento creado.

```
// "tabs" no es un nombre válido
document.createElement('tabs').__proto__ ===
HTMLUnknownElement.prototype

// "x-tabs" es un nombre válido para un elemento personalizado
document.createElement('x-tabs').__proto__ ===
HTMLElement.prototype
```

También es posible adjuntar eventos a elementos personalizados mediante el método `addEventListener()`, añadiendo así interacción con el nuevo elemento.

```
var myCity = document.createElement('my-city');
myCity.addEventListener('click', function(e) {
  alert('Thanks!');
});
```

Esto permite crear elementos independientes que combinan los aspectos estructurales de HTML 5 con la interactividad de JavaScript. El código siguiente crea un objeto JavaScript con una función y una propiedad, encapsulado en un elemento personalizado de HTML 5 y añadido al DOM.

```
// Declaración del elemento
var MyCity = document.registerElement('my-city', {
  prototype: Object.create(HTMLElement.prototype   population: {
      get: function() { return 5; }
    },
    makeAlert: {
      value: function() {
        alert('makeAlert() called');
      }
    }
  })
});

// Creación del elemento
var xfoo = document.createElement('x-foo');

// Añadir un nuevo elemento a la página
document.body.appendChild(xfoo);
```

Para terminar con este API, a los elementos creados anteriormente les falta una cosa: contenido. Para definir HTML dentro de un elemento, lo único que necesita hacer es utilizar callbacks, que le permiten definir funciones en ciertos puntos del ciclo de vida del elemento (creación, unión al DOM, separación del DOM, cambio de atributo). El código siguiente utiliza la callback de creación para añadir HTML al elemento.

```
var MyCityProto = Object.create(HTMLElement.prototype);

MyCityProto.createdCallback = function() {
  this.innerHTML = "<b>Soy una x-city-with-markup.</b>";
};

var MyCity = document.registerElement('x-city-with-markup',
{prototype: MyCityProto });
```

Sin embargo, el código dentro de nuestro elemento no está realmente aislado del resto de la página. De hecho, cuando se define un nuevo elemento HTML 5 con eventos y comportamiento, es preferible encapsular el código HTML para que el nuevo elemento tenga el monopolio de modificar y enriquecer este HTML. Para ello, basta con utilizar un nuevo API: el Shadow DOM.

En pocas palabras, el Shadow DOM permite:

- ocultar toda la mecánica detrás de un nuevo elemento,
- evitar exponer el HTML al resto de la página,
- encapsulan el estilo del elemento.

El código siguiente crea un Shadow DOM dentro del elemento. En términos prácticos, esto significa utilizar el método `createShadowRoot()` para el elemento personalizado actual y definir el HTML que desea dentro de él. Este proceso es simple y requiere muy poco código adicional.

```
var XFooProto = Object.create(HTMLElement.prototype);

MyCityProto.createdCallback = function() {
  // 1. Agregar una raíz DOM de tipo "shadow" al elemento.
  var shadow = this.createShadowRoot();

  // 2. Rellenar con código HTML.
  shadow.innerHTML = "<b>Soy el Shadow DOM.</b>";
};

var MyCity = document.registerElement('my-city-shadowdom',
{prototype: MyCityProto });
```

Con la opción " Show Shadow DOM " en DevTools, muestra el Shadow DOM correspondiente al HTML insertado en el nuevo elemento.

```
<my-city-shadowdom>
   #shadow-root
     <b>Soy el Shadow DOM.</b>
 </ my-city -shadowdom>
```

El último punto importante de este API es el uso de una plantilla para crear el Shadow DOM. Después de todo, es más fácil de leer si se separa el HTML del JavaScript. Para ello, se pueden utilizar plantillas para definir fragmentos de HTML que luego se pueden utilizar en el JavaScript simplemente identificándolos.

- El código que figura a continuación tiene las siguientes características:
- registro del nuevo componente,
- creación del DOM Shadom del elemento con una plantilla,
- encapsulación del DOM del elemento. No todas las etiquetas <p> se vuelven rojas.

```
<template id="mytemplate">
  <style>
    p { color: red; }
  </style>
  <p>Es el Shadow DOM, desde un template.</p>
</template>

<script>
var proto = Object.create(HTMLElement.prototype, {
  createdCallback: {
    value: function() {
      var t = document.querySelector('# mytemplate);
      var clone = document.importNode(t.content, true);
      this.createShadowRoot().appendChild(clone);
    }
  }
});
document.registerElement('x-element-from-template', {prototype:
proto});
</script>
```

El último API que hay que explorar es la de importación de HTML: permite importar fácilmente documentos HTML dentro de otros documentos HTML. En concreto, cualquier cosa que acepte un archivo .html se puede importar a través del API, como archivos CSS o JavaScript. Esto le da mucha más flexibilidad a la hora de organizar su proyecto, pero también le permite cargar los archivos necesarios de forma asíncrona.

El siguiente código muestra cómo importar fácilmente otro archivo .html:

```
<head>
  <link rel="import" href="/ruta/del/archivo/stuff.html">
</head>
```

Otra ventaja de este API es que permite empaquetar las importaciones necesarias para la aplicación web. La librería Bootstrap es un buen ejemplo, porque los desarrolladores a menudo necesitan importar varias librerías y scripts como *jquery.js, bootstrap.js, bootstrap.css, fonts.css*, etc. para que la librería funcione. Con la importación HTML, todo lo que hay que hacer es importar un único archivo .html que contenga todas las librerías.

```
<head>
  <link rel="import" href="bootstrap.html">
</head>
```

Incluir una importación en una página también permite analizar la importación y ejecutar los scripts que contiene. Un documento importado se denomina documento import y el desarrollador puede manipular el DOM del import, utilizando las API clásicas de manipulación del DOM. El código siguiente importa un documento y mantiene una referencia al contenido en JavaScript, lo que permite manipularlo posteriormente:

```
var content =
document.querySelector('link[rel="import"]').import;
```

La importación será nula si:

- el navegador no soporta importaciones HTML,
- la etiqueta `<link>` no tiene el atributo `rel="imports"`,
- la etiqueta `<link>` no está presente en el DOM.

Las reglas de importación de JavaScript son:

- Los scripts de importación se ejecutan en el mismo orden en que se definen y en el mismo contexto que el contexto de llamada.
- Las importaciones no bloquean el análisis de la página, por lo que los scripts dentro de la importación se ejecutan en diferido a este análisis.

La utilidad de este API no acaba ahí, ya que también se puede utilizar para importar plantillas. La ventaja de las plantillas es que JavaScript no se ejecuta hasta que la plantilla está completamente incluida en el DOM, lo que hace mucho más fácil separar el código estructural (la vista) del código de negocio (los scripts). La siguiente plantilla define un script que no se lanzará hasta que se haya cargado y activado completamente. La etiqueta `<img>` sólo cargará la imagen cuando la plantilla esté completamente incluida en el DOM.

```
<template>
  <img src="html5.png">
  <script>alert("El template se ha cargado.");</script>
</template>
```

A continuación, el código siguiente importa el documento anterior, pero no hace nada en particular para activar los scripts de importación:

```
<head>
  <link rel="import" href="import.html">
</head>
<body>
  <div id="container"></div>
  <script>
    var link = document.querySelector('link[rel="import"]');

    // Recuperación del template
    var template = link.import.querySelector('template');
    var clone = document.importNode(template.content, true);

    document.querySelector('#container').appendChild(clone);
  </script>
</body>
```

En el ejemplo anterior, es interesante completar el código añadiendo el API Shadow DOM para encapsular un poco más la estructura de importación. A continuación, basta con añadir un elemento personalizado para encapsular la plantilla en un componente JavaScript para añadir interactividad.

El código siguiente se empaqueta en otro archivo HTML que se importa en la página principal de la aplicación. La importación se encarga de lanzar los scripts automáticamente. Primero define una plantilla que luego se carga por el script y se inserta en un elemento personalizado llamado <shadow-element>. El propio elemento se encarga de recuperar el HTML que lo compone.

```
<template id="t">
  <style>
    ::content > * {
      color: red;
    }
  </style>
  <span>Es el Shadow DOM.</span>
  <content></content>
</template>

<script>
  (function() {
    var importDoc = document.currentScript.ownerDocument; // importada

    // Creación de un <shadow-element>
    // que utiliza Shadow DOM y un Template.
    var ProtoTest = Object.create(HTMLElement.prototype);

    ProtoTest.createdCallback = function() {
      // Recuperación del template de la importación
      var template = importDoc.querySelector('#t');

      // Importación del contenido del template
      var clone = document.importNode(template.content, true);

      var root = this.createShadowRoot();
      root.appendChild(clone);
    };

    document.registerElement('shadow-element', {prototype: ProtoTest });
  })();
</script>
```

Todo lo que tiene que hacer es integrar el elemento como un elemento personalizado:

```
<head>
  <link rel="import" href="elements.html">
</head>
<body>
  <shadow-element></shadow-element>
</body>
```

Al final, así es como estas nuevas API de HTML 5 se combinan para ofrecer a los desarrolladores una forma potente y flexible de trocear el código de sus clientes. Obviamente, Angular utiliza estas APIs pero de una forma totalmente transparente para el desarrollador, por lo que no necesita centrarse en cómo importar los elementos: simplemente especifica un archivo que servirá de plantilla y la mecánica de Angular se encargará de importarlo. Todos estos procesos tienen un único objetivo: la creación de componentes web.

3. El concepto de componente

Angular se centra decididamente en los nuevos estándares de la Web moderna, implementando muchas de las nuevas API y ofreciendo una metodología de desarrollo del lado del cliente rica y flexible. El corazón de Angular se centra ahora en un único concepto: los web components.

En términos sencillos, un componente web es una fusión de los principios fundamentales descritos en la sección anterior: importaciones, elementos personalizados y el Shadow DOM. El uso de un web components tiene varias ventajas:

- El uso del Shadow DOM permite trabajar sólo en una pequeña parte del DOM y no en todo el DOM de la página. Como resultado, al manipular elementos HTML, el proceso es más eficiente porque sólo se explora una parte del DOM.
- Encapsulación de estilos para evitar colisiones entre diferentes CSS.
- Reutilización de componentes mediante la importación.
- Creación automática y limpieza de elementos personalizados.

- La separación del DOM y el código fuente es mucho más sencilla y clara, al tiempo que se mantiene una capacidad de mantenimiento eficaz.
- Las páginas son más ligeras de cargar.

Sin embargo, los componentes web se pueden volver rápidamente desorganizados y complejos si el desarrollador construye elementos demasiado grandes. Aquí es donde entra Angular, que ofrece una respuesta eficiente y organizada a la complejidad de los web components.

Desde el punto de vista de Angular, la conclusión es muy clara: todo es un componente. Esto significa que cada parte de la aplicación web debe ser un web component para mejorar el rendimiento y el dinamismo del sitio. Incluso toda la aplicación debe ser un web component que, a su vez, interactuará con otros componentes para la recuperación de datos o la navegación. Al final, el desarrollador construye un árbol de componentes que se pueden comunicar entre sí.

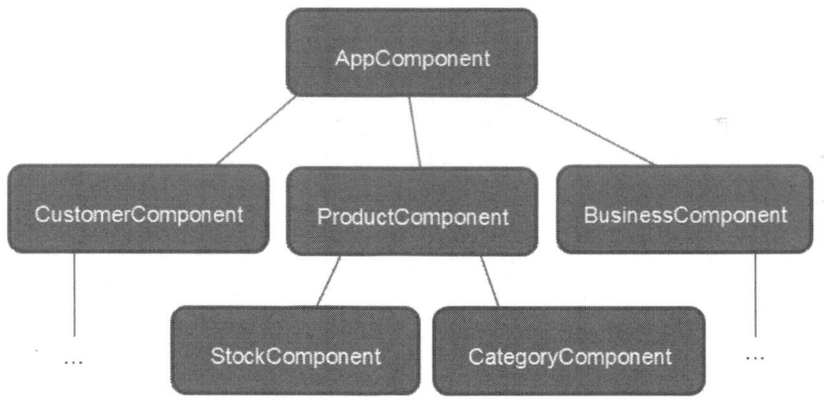

Ejemplo de árbol de dependencias de un componente Angular.

Originalmente, la primera versión de AngularJS proponía implementar el patrón MVC (Model - View - Controller) en el lado cliente en JavaScript para lograr un mejor desglose de las capas. A medida que avanzaron las distintas versiones y reelaboraciones de código del framework, AngularJS tendió en su lugar a implementar un patrón MVVM (Model - View - ViewModel), redistribuyendo las responsabilidades de las distintas capas de forma diferente.

Hoy en día, la nueva versión de Angular vuelve a cambiar el concepto y avanza hacia un patrón MV* o MVW (Model - View - Whatever), lo que significa que la tercera capa de la aplicación es adaptable según las necesidades del desarrollador. Los componentes de Angular implementan este patrón para desglosar las distintas partes del componente web de la forma más eficaz posible.

El código de un componente es muy sencillo porque, al final, un componente Angular no es más que una clase TypeScript a la que el desarrollador añade metadatos para especificar el papel de este componente (componente HTML, atributo HTML, servicio, etc.). Para que un componente empiece a vivir, necesita:

- Un selector: es la etiqueta del nuevo componente.
- Una plantilla: es el HTML del componente.

Estos dos elementos permiten a Angular utilizar las API de HTML5 para crear el elemento personalizado, importar la plantilla y utilizar el Shadow DOM.

El siguiente ejemplo utiliza el selector `product-component` para definir la etiqueta del nuevo elemento y, a continuación, define la ruta de la plantilla.

```
@Component({
    selector: 'product-component',
    templateUrl: 'talk.component.html'
})
class ProductComponent {
    // Métodos, funciones, propiedades...
}
```

Observación

Observe la naturaleza muy simple del componente. Angular oculta completamente al desarrollador la complejidad de la creación del componente para mejorar la mantenibilidad de la aplicación.

La anotación `@Component` es específica de Angular, e indica que este componente es un nuevo elemento HTML5. Las distintas anotaciones se describen en la siguiente sección. De este modo, el componente puede utilizarse simplemente en una vista de la aplicación utilizando la etiqueta definida en la clase TypeScript.

```
<product-component></product-component>
```

La siguiente información constituye un componente:

- Un componente sabe cómo interactuar con su DOM.
- Un componente sabe cómo visualizarse.
- Un componente configura sus propias dependencias (Angular también tiene su propio sistema de inyección de dependencias).
- Un componente puede exponer un conjunto de APIs públicas formadas por propiedades de entrada y salida.

Lo importante aquí es que un componente Angular es auto-descriptivo, es decir, se instancia a sí mismo. Esto aumenta en gran medida la reutilización del componente.

Observación

Para los nostálgicos de Angular 1, las directivas no han desaparecido. Los componentes son simplemente los tipos más importantes de directivas, pero no son los únicos (las diferentes directivas se explican en la siguiente sección). En términos simples, un componente es una directiva con una plantilla.

Los componentes también tienen un ciclo de vida que permite al desarrollador integrar código cuando Angular crea, actualiza o elimina el componente. Este ciclo de vida está representado por interfaces que el desarrollador decide implementar o no en función de sus necesidades. Cada interfaz tiene un único método que corresponde a un punto específico del ciclo de vida, prefijado con `ng`. Por ejemplo, la interfaz `OnInit` implementa el método `ngOnInit`, por lo que el código incluido en este método se ejecutará cuando el componente sea inicializado por Angular.

```
@Component({
    selector: 'product-component',
    templateUrl: 'talk.component.html'
})
class ProductComponent implements OnInit {
    // Metodos, funciones, propiedades, etc.

    ngOnInit() {
        // Componente inicializado
    }
}
```

Observación

La interfaz es opcional. No hay interfaces en JavaScript, por lo que en tiempo de ejecución, Angular llamará a los métodos del ciclo de vida si están definidos, independientemente de si la interfaz ha sido implementada o no. Sin embargo, se recomienda encarecidamente el uso de interfaces para facilitar la lectura del código.

Los siguientes métodos se pueden utilizar para gestionar el ciclo de vida de los componentes y las directivas en general:

Método	Descripción
`ngOnInit`	Inicialización de la directiva de componentes después de que Angular haya inicializado los parámetros de entrada.
`noOnChanges`	Tras modificar una propiedad de entrada, el método recibe un objeto `changes` que permite procesar los valores anteriores y posteriores al cambio.
`ngDoCheck`	Después de cada cambio detectado en el componente.
`ngOnDestroy`	Antes de destruir el objeto.

Además, existen otros métodos específicos para los componentes, que permiten gestionar mejor el ciclo de vida de la vista y del contenido en particular:

Método	Descripción
`ngAfterContentInit`	Después de que Angular haya importado el contenido a la vista.
`ngAfterContentChecked`	Después de que Angular haya comprobado la vinculación del contenido externo, que luego será interpretado por el componente en su vista.
`ngAfterViewInit`	Después de que Angular haya creado la vista del componente.
`ngAfterViewCheck`	Después de que Angular haya comprobado la vinculación en la vista del componente.

Por último, estos métodos se activan en un orden muy concreto:

Método	Descripción
`ngOnChanges`	En cuanto cambian las propiedades de entrada del componente.
`ngOnInit`	Después del primer `ngOnChanges`.
`ngDoCheck`	Después de cada ciclo de detección.
`ngAfterContentInit`	Después de cada proyección de contenido en el componente.
`ngAfterContentChecked`	Después de cada verificación del contenido proyectado en el componente.
`ngAfterViewInit`	Después de inicializar la vista y todas las vistas hijas.
`ngAfterViewChecked`	Después de cada comprobación de la vista del componente y de todas las vistas secundarias.
`ngOnDestroy`	Antes de cada destrucción del componente

Estos métodos permiten añadir interactividad con el DOM en puntos muy concretos del ciclo de vida de los componentes, lo que ofrece numerosas posibilidades al desarrollador. En general, Angular ofrece una gestión de componentes muy avanzada que implementa diversas API de HTML5 de forma sencilla y elegante. Dado que la noción de componentes es un concepto de desarrollo web moderno, Angular ofrece a los desarrolladores una mejor comprensión de este nuevo concepto desde una perspectiva de alto nivel.

4. Los diferentes metadatos

La sección anterior destacó la noción de un componente Angular y la filosofía detrás de todo el framework. Los ejemplos mostraron que un componente es, en última instancia, una simple clase TypeScript. Entonces, ¿cómo puede Angular interpretar esta clase como un componente web? Gracias a los metadatos.

Un metadato se utiliza para dar información a Angular para que pueda realizar un cierto número de operaciones sobre la clase dependiendo del tipo de metadato. Los metadatos se añaden a través de decoradores, como @Component que estaba presente en los ejemplos anteriores. El siguiente código añade metadatos a una clase TypeScript para añadir funcionalidades Angular:

```
@Component({
  selector:    'product-list',
  templateUrl: 'app/product-list.component.html',
  directives:  [ProductDetailComponent],
  providers:   [ProductService]
})
export class ProductsComponent { ... }
```

Aquí el decorador indica que la clase `ProductsComponent` es un componente Angular. Los decoradores son nada más y nada menos que funciones, tomando como entrada un objeto de configuración que luego será procesado por Angular para realizar las acciones necesarias (recuperar la vista, inyectar servicios, etc.).

El ejemplo anterior contiene la siguiente información de configuración:

- selector: selector CSS que permite a Angular crear el componente en cuanto encuentra la etiqueta <product-list> en el HTML padre. Por ejemplo, Angular podrá sustituir el siguiente código HTML por el componente correspondiente:

```
<product-list></ product -list>
```

- `templateUrl`: la ruta hacia la vista del componente.
- `directives`: matriz de componentes o directivas requeridas por la plantilla. En concreto, el `ProductsComponent` probablemente necesitará otros componentes para funcionar (por ejemplo, un componente para mostrar los detalles de un producto). Cada uno de los demás componentes utilizados por la plantilla a través de elementos personalizados, tendrán que indicar en `directives` el tipo de componente a utilizar (`<product-detail>` pedirá que indique un `ProductDetailComponent` en la configuración).

- `providers`: matriz de proveedores de los servicios utilizados por el componente. Si el componente `ProductComponent` solicita un `ProductService` en su constructor para recuperar la lista de todos los productos, debe indicarlo en la lista de sus providers.

Observación

Existen muchas más propiedades para el decorador @`Component`. La documentación del API se puede encontrar aquí:
https://angular.io/docs/ts/latest/api/core/index/Component-decorator.html

Existen otros decoradores que los desarrolladores pueden utilizar, como @`Directive`. Las directivas se pueden utilizar para añadir comportamiento a un elemento DOM. Los componentes son simplemente directivas específicas que añaden plantillas HTML. Las directivas, en cambio, definen atributos HTML personalizados para controlar un nuevo comportamiento para el elemento DOM que utiliza ese atributo. Cuando Angular encuentra una directiva en el DOM a través de selectores, desencadena los siguientes procesos:

- resolución de los argumentos del constructor de la directiva, utilizando el `ElementInjector` (objeto Angular utilizado para inyectar componentes en el DOM según las etiquetas encontradas),
- instanciar componentes en el orden en que se declaran en el DOM e inyectar dependencias de clases.

El siguiente ejemplo muestra una directiva utilizada para añadir comportamiento a un elemento DOM e interactuar con él. Representa una burbuja de información (un tooltip) que muestra diversa información cuando el ratón pasa por encima del elemento DOM. Las propiedades de configuración utilizadas son:

- `selector`: selector personalizado para la directiva.
- `inputs`: indica que la directiva tiene un parámetro de entrada de tipo texto.
- `host`: permite interactuar con el elemento sobre el que se establece la directiva. En el ejemplo, los eventos del ratón están vinculados a métodos de la directiva.

```
@Directive({
  selector: '[tooltip]',
  inputs: [
    'text: tooltip'
  ],
  host: {
    '(mouseenter)': 'onMouseEnter()',
    '(mouseleave)': 'onMouseLeave()'
  }
})
class Tooltip{
  text:string;

  constructor() {}

  onMouseEnter() {
    // evento de entrada
  }

  onMouseLeave() {
    // evento de salida
  }
}
```

La directiva es muy fácil de usar:

```
<p tooltip="El texto de mi tooltip"></div>
```

Observación

Las directivas pueden no aceptar ningún parámetro de entrada, en función de las necesidades. Por ejemplo, una directiva puede simplemente actuar sobre el elemento HTML actual y cambiar sus propiedades, como el color, el contenido, el posicionamiento, etc.

Con estas dos primeras herramientas, los desarrolladores pueden crear sus propios componentes y directivas HTML 5, añadiendo dinamismo a sus páginas. Angular también incorpora su propio motor de inyección de dependencias, lo que permite a los desarrolladores crear sus propios servicios e inyectarlos en sus componentes Angular de forma muy sencilla. Básicamente, Angular resolverá automáticamente todas las clases TypeScript que se integren en el constructor del componente en cuanto se indique el tipo de la clase como proveedor del componente.

El código siguiente indica que el servicio `ProductService` ya está disponible para su inyección en el componente `ProductsComponent` y en todos sus componentes hijos:

```
import { ProductListComponent }  from './product-list.component';
import { ProductService }         from './product.service';

@Component({
  selector: 'my-products',
  template: `
         <h2>Mi template</h2>
        <product-list></product-list>
          `,
  providers:[ProductService],
  directives:[ProductListComponent]
})
export class ProductsComponent {
  constructor(productService: ProductService) {
     this.products = productService.getProducts();
  }
}
```

Gracias a la declaración `ProductService` en el provider, esta clase se puede inyectar en el constructor para acceder a los métodos del servicio. Esta inyección también es posible en todos los componentes hijos, como `ProductListComponent`.

Observación

Es preferible indicar los providers en los componentes más altos de la jerarquía para evitar declaraciones redundantes. Además, cada servicio se inyecta como un singleton en el componente y en todos los componentes hijos: tener una sola declaración garantiza que haya una sola instancia de nuestro servicio en los componentes.

El siguiente código muestra la clase de servicio utilizada anteriormente en el componente. Esta clase tiene varias características:

- Tiene una dependencia con `Logger`. De hecho, los propios servicios pueden tener dependencias y lo único que tiene que hacer para inyectarlas es utilizar el mismo script en el constructor.
- Tiene un decorador @`Injectable`. De hecho, para inyectar la dependencia en el servicio, Angular necesita los metadatos de los parámetros del constructor para saber qué clase inyectar y TypeScript sólo genera metadatos para una clase cuando tiene un decorador. El decorador se utiliza para generar los metadatos que Angular utilizará para la inyección. No es necesario ponerlo en los componentes porque ya tienen un decorador @`Component` para generar los metadatos.

```
@Injectable()
export class ProductService {

  constructor(private logger: Logger) {  }

  getProducts() {
    this.logger.log('Getting products ...')
    return PRODUCTS;
  }
}
```

Observación

Es aconsejable añadir el decorador @`Injectable` a todas las clases de servicio, incluso si estas clases no tienen necesariamente dependencias. Esto asegura que las mismas reglas de nomenclatura se aplican en todas partes y también evita errores si se olvida el decorador a pesar de que el servicio tiene una dependencia.

Observación

No olvide los paréntesis.

Observación

No olvide añadir el provider apropiado al componente, para que Angular pueda encadenar la resolución de dependencias. Si no está presente, Angular seguirá emitiendo un error para que pueda localizar rápidamente el problema.

```
EXCEPTION: No provider for Logger! (ProductListComponent ->
ProductService -> Logger)
```

La inyección se puede hacer opcional utilizando el decorador @`Optional`. En ese caso, corresponde al desarrollador comprobar que el servicio está presente y proporcionar otro servicio para que el componente funcione correctamente.

La notación utilizada para los proveedores es sólo un atajo, porque en realidad esta notación utiliza la clase `Provider` o el método `provide` que crea el `Provider`. En ambos casos, se deben suministrar los siguientes parámetros:

- Un token utilizado como clave para localizar la dependencia y registrar el provider.
- Un objeto de definición de provider, utilizado para definir cómo se va a crear la dependencia.

```
Providers: [Logger]
     // se convierte en
[new Provider(Logger, {useClass: Logger})]
     // o
[provide(Logger, {useClass: Logger})]
```

A menudo se encuentran los siguientes objetos de definición de provider:

- `useClass`: se utiliza para especificar un tipo que se utilizará durante la inyección.
- `useExisting`: se utiliza para indicar una nueva clase que sustituirá a otra, indicada a su vez bajo la misma clave (o el mismo alias). Si, por ejemplo, la clase antigua no se puede modificar por diversos motivos, basta con utilizar `useExisting` para sustituir la inyección de la clase antigua por la nueva, manteniendo la misma clave para el provider.
- `useValue`: se utiliza para indicar una instancia directamente en el provider.

Observación

También es posible crear sus propios objetos de definición de providers, pero este no es el tema de esta sección. La documentación sobre inyección de dependencias es muy detallada al respecto: https://angular.io/docs/ts/latest/guide/dependency-injection.html

En general, las aplicaciones realizan y repiten tareas recurrentes a lo largo de su ciclo de vida, como:

- recuperación de datos,
- transformación de datos,
- al usuario.

La transformación de estos datos puede ser mutualizada, ya que en la mayoría de los casos el desarrollador realizará las mismas transformaciones sobre los datos (formateo de fechas, capitalización de cadenas de caracteres, etc.). Es por ello que Angular integra un nuevo concepto llamado pipes. Los pipes permiten integrar las transformaciones de datos directamente en las plantillas de los componentes, facilitando la lectura del código. El siguiente componente declara una fecha, que luego se formatea directamente en su plantilla.

```
export class ProductRelease{
  release = new Date(1988,3,15)
}
```

El componente utiliza la siguiente plantilla para mostrar la fecha:

```
<p>El producto ha salido el {{ release | date }}</p>
```

Esta anotación con la barra vertical (un pipe) permite mostrar la fecha de forma más visible para un humano (15 de abril de 1988) en lugar de una fecha sin formatear mostrada por el sistema (Fri Apr 15 1988 00:00:00 GMT-0700 (Pacific Daylight Time)). Los pipes integradps en el framework son:

- `DatePipe`: formatea de fecha.
- `UpperCasePipe`: formatea la cadena con letras mayúsculas.
- `LowerCasePipe`: formatea la cadena con minúsculas.
- `CurrencyPipe`: formatea el número según la moneda.
- `PercentPipe`: formatea la cifra como porcentaje.

Cada uno de estos pipes tiene opciones para afinar la transformación. Por ejemplo, para `DatePipe`, puede especificar un formato distinto del predeterminado. El siguiente código utiliza una opción para dar un formato diferente a la fecha:

```
 <p> Fecha de salida: {{ birthday | date:"MM/dd/yy" }} </p>
// Genera el siguiente resultado
Fecha de salida: 05/28/16
```

Observación

También es posible encadenar pipes en la misma expresión.

Por último, los desarrolladores pueden crear sus propios pipes para aplicar las transformaciones que deseen a los datos. El siguiente código define un pipe que aplica la función matemática exponencial a un número. Las características de la clase son:

- Un pipe es una clase con el decorador @`Pipe`.
- El decorador @`Pipe` acepta un objeto con la propiedad `name`, que define el nombre que se utilizará en las plantillas de componentes.
- La clase implementa la interfaz `PipeTransform` a través del método `transform`. En este método es donde tendrá lugar la transformación. Acepta un primer argumento que es el valor del parámetro en la expresión Angular.
- El método de `transform` acepta un segundo argumento que será el exponente de la operación matemática.

```
import { Pipe, PipeTransform } from '@angular/core';

@Pipe({name: exponentiel})
export class ExponentielPipe implements PipeTransform {
  transform(value: number, exposant: string): number {
    let exp = parseFloat(exposant);
    return Math.pow(value, isNaN(exp) ? 1 : exp);
  }
}
```

El nuevo pipe se utiliza de la siguiente manera:

```
El resultado es: {{2 | exponencial: 10}}
```

Sigue siendo importante decirle a Angular qué clase usar para el pipe. Al igual que con los providers, esto se hace en el decorador `@Component` a través de la propiedad `pipes`, que acepta una matriz de pipes.

```
pipes: [ExponentialPipe]
```

Con todos los decoradores vistos anteriormente, los desarrolladores son ahora capaces de diseñar aplicaciones Angular 2 ricas, dinámicas y modernas, al mismo tiempo que mantienen su código legible y fácil de mantener. Los metadatos también contribuyen a la legibilidad del código, gracias en particular al lenguaje TypeScript.

5. Lanzamiento de una aplicación Angular

Los decoradores son una forma muy eficaz de estructurar una aplicación Angular y diseñar componentes HTML 5 de una manera ágil. El framework se encarga de instanciar los componentes, recuperar las vistas y gestionar las dependencias y el desarrollador solo tiene que codificar la funcionalidad que necesita para satisfacer sus requisitos.

Escribir los componentes es una cosa, pero luego estos componentes necesitan instanciarse y vivir a través de la página con el fin de responder a las diversas interacciones del usuario. Este proceso se llama bootstrapping, y permite lanzar componentes Angular.

Para que su primer componente funcione, primero necesita importar e integrar todos los scripts que Angular necesita para funcionar. Los paquetes NPM son los siguientes:

- **Todos los módulos de Angular**: @angular/common, @angular/core o @angular/http para el funcionamiento del framework.
- **SystemJS**: un *module-loader* (carga de las librerías y dependencias sobre la marcha) universal y popular en JavaScript.
- **Es6-shim**: compatibilidad con ECMAScript 6 para motores JavaScript.
- **Reflect-metadata**: funcionalidad de reflexión para metadatos escritos en ECMAScript 6.
- **RxJS**: programación asíncrona y basada en eventos.

- **Zone.js**: contexto de ejecución persistente a través de tareas asíncronas. Esta librería se utiliza en particular para actualizar automáticamente la vista cuando se asigna una propiedad desde otra tarea.

Las dependencias que se deben insertar en el archivo *package.json*, son las siguientes:

```
"dependencies": {
    "@angular/common":  "2.0.0-rc.1",
    "@angular/compiler":  "2.0.0-rc.1",
    "@angular/core":  "2.0.0-rc.1",
    "@angular/http":  "2.0.0-rc.1",
    "@angular/platform-browser":  "2.0.0-rc.1",
    "@angular/platform-browser-dynamic":  "2.0.0-rc.1",
    "@angular/router":  "2.0.0-rc.1",
    "@angular/router-deprecated":  "2.0.0-rc.1",
    "@angular/upgrade":  "2.0.0-rc.1",

    "systemjs": "0.19.27",
    "es6-shim": "^0.35.0",
    "reflect-metadata": "^0.1.3",
    "rxjs": "5.0.0-beta.6",
    "zone.js": "^0.6.12"
}
```

Observación

La versión utilizada es RC1 de Angular, pero está claro que hay nuevos cambios en el framework constantemente. Cada versión utiliza una versión diferente de SystemJS o RxJS y, afortunadamente, NPM es capaz de indicar qué versión de la dependencia es necesaria para que los paquetes de Angular funcionen.

Lo primero que hay que hacer es crear el componente que representará a toda la aplicación, llamado `AppComponent`, por convención. Este es el componente que contendrá todas las interacciones del lado del cliente y representará el componente raíz del sitio web. También por convención, este componente se almacena en una carpeta *app*.

```
import { Component } from '@angular/core';

@Component({
  selector: 'my-app',
  template: '<h1>My First Angular App</h1>'
})
export class AppComponent { }
```

El componente App se exporta desde su módulo para ser importado en el archivo que lanzará la aplicación. Este archivo se llama *main.ts* y utiliza el método `bootstrap` para arrancar el componente principal. El código es muy sencillo:

```
import { bootstrap }    from '@angular/platform-browser-dynamic';
import { AppComponent } from './app.component';

bootstrap(AppComponent);
```

Observación

El método `bootstrap` proviene del módulo @angular/platform-browser-dynamic y no de @angular/core (como puede haber sido el caso en las versiones beta). De hecho, hay varias formas, desde librerías externas, de lanzar la aplicación. En dispositivos móviles, por ejemplo, el componente principal se podría lanzar con Apache Cordova o NativeScript, por lo que es importante que el bootstrapping de la aplicación no forme parte del núcleo de Angular.

El código para lanzar la aplicación es muy simple. Ahora necesitamos importar este archivo y ejecutar el JavaScript transpilado desde TypeScript. Aquí es donde la importación se vuelve importante cuando se utiliza SystemJS. A lo largo de la aplicación, Angular necesitará importar archivos, clases, vistas, etc. y el framework preguntará a SystemJS qué módulos importar (recuerde, SystemJS es un cargador de módulos).

La configuración de SystemJS es esencial. Por convención, se ubica en un archivo llamado *systemjs.config.js*, que contiene el mapping que permite a SystemJS encontrar los módulos. Esta configuración es bastante imponente y consta de las siguientes partes:

- **Mapping** de archivos con un alias para indicar a SystemJS dónde encontrar los archivos.
- **Configuración** de paquetes en caso de que SystemJS no encuentre el archivo o si no se indica la extensión. Esto equivale a especificar valores por defecto en caso de que el nombre o la extensión del archivo no existan.
- **Definición** de los archivos a utilizar en el framework Angular. Con el framework RC, cada módulo tiene un archivo index.js y este archivo es el que hay que indicar a SystemJS para que el framework funcione.

La configuración mínima es la siguiente:

```
(function(global) {

  // Mapeamos los archivos
  var map = {
    'app':                          'app', // 'dist',
    'rxjs':                         'node_modules/rxjs',
    'angular2-in-memory-web-api': 'node_modules/angular2-in-
memory-web-api',
    '@angular':                     'node_modules/@angular'
  };

  // Indicamos los valores por defecto
  var packages = {
    'app':                          { main: 'main.js',
defaultExtension: 'js' },
    'rxjs':                         { defaultExtension: 'js' },
    'angular2-in-memory-web-api': { defaultExtension: 'js' },
  };

  var packageNames = [
    '@angular/common',
    '@angular/compiler',
    '@angular/core',
    '@angular/http',
    '@angular/platform-browser',
    '@angular/platform-browser-dynamic',
    '@angular/router',
    '@angular/router-deprecated',
    '@angular/testing',
    '@angular/upgrade',
  ];

  // Incluimos los paquetes Angular de la siguiente manera:
  //'@angular/common': { main: 'index.js', defaultExtension: 'js' }
  packageNames.forEach(function(pkgName) {
    packages[pkgName] = { main: 'index.js', defaultExtension: 'js' };
  });

  // Objeto de configuración de SystemJS
  var config = {
    map: map,
    packages: packages
  }

  // Configuración que proviene del exterior si es necesario
  if (global.filterSystemConfig) {
```

```
global.filterSystemConfig(config); }

  System.config(config);

})(this);
```

Observación

La configuración define el mapeo 'app' como la raíz de todos los componentes Angular creados por el desarrollador. Esto significa que SystemJS conoce todas las posibles dependencias y, por lo tanto, podrá resolver todas las importaciones definidas en los archivos TypeScript.

El siguiente script lanzará el componente principal de la aplicación. Tenga en cuenta que sólo se utiliza el alias 'app' que, dada la siguiente configuración, buscará automáticamente el archivo *main* con la extensión 'JS'.

```
System.import('app').catch(function(err){ console.error(err); });
```

A partir de ahí, se lanza el componente principal y pueden comenzar las interacciones entre el usuario y los componentes. Es posible lanzar varios componentes al mismo tiempo, con diferentes métodos `bootstrap`, pero deben ser de diferentes tipos: Angular no permite lanzar dos componentes idénticos al mismo tiempo.

6. Navegación

La navegación es una característica común de un sitio web: los usuarios exploran la aplicación a través de las URL que definen la página en la que se encuentran. Este proceso también les permite escribir directamente la URL que deseen y el sitio web responderá con la página correspondiente. Por eso es importante disponer de un sistema coherente y fiable para traducir cada URL, con una página web proporcionada por el servidor: son las llamadas rutas.

Angular tiene un componente dedicado al enrutamiento en la aplicación: el componente enrutador (o router). Este componente interpreta las URL del navegador para navegar a una página generada por el cliente. Es importante recordar que Angular sólo funciona en el lado del cliente, por lo que la navegación en el lado del servidor simplemente cortocircuitaría el funcionamiento de Angular, reiniciando todos los componentes cada vez que se actualiza la página. El framework incorpora un buen número de conceptos que serán examinados en esta sección.

El concepto de navegación con Angular se basa enteramente en componentes. Cuando una aplicación Angular navega de URL a URL, en realidad está navegando de componente a componente y los propios componentes pueden definir rutas a nuevos componentes, y así sucesivamente. No es necesario definir todas las rutas a nivel del componente raíz y tampoco es necesario definir plantillas de rutas.

En primer lugar, y para que Angular funcione correctamente, el desarrollador debe integrar una etiqueta bastante especial que es `<base href="/">` en el *index.html*, después de la etiqueta `<head>`. Esta etiqueta permitirá definir rutas relativas, componente por componente.

Para entender cómo funciona, imaginemos una aplicación con cuatro páginas: una lista de productos, un detalle del producto, una lista de ventas de este producto y, por último, una página con los detalles de la venta. La lista de ventas sería accesible a través del detalle del producto. Tendríamos entonces las siguientes rutas:

- */products*: lista de todos los productos.
- */products/25*: detalles del producto con ID 25.
- */products/25/sales*: lista de todas las ventas del producto ID 25.
- */products/25/sales/12*: detalles de las ventas de ID 12 del producto ID 25.

Con este tipo de arquitectura, es fácil imaginar los siguientes componentes:

- `ProductsComponent`: componente que gestiona la navegación entre la lista y los detalles.
- `ProductsListComponent`: componente que muestra la lista de productos.

- ProductDetailComponent: componente que muestra los detalles de un producto.
- SalesComponent: componente que gestiona la navegación entre la lista de ventas y los detalles de las ventas.
- SalesListComponent: componente que muestra la lista de ventas de un producto.
- SalesDetailComponent: componente que muestra los detalles de una venta.

Los dos componentes principales son ProductsComponent y SalesComponent. En el ejemplo anterior, la aplicación accede a las ventas desde un producto, pero es muy posible que se acceda a las ventas desde una página que no sea la de productos: por lo tanto, es importante que la definición de las rutas no refleje la navegación anterior. Cada componente debe definir las rutas sin tener en cuenta la navegación anterior. El diagrama siguiente retoma las explicaciones anteriores mostrando todas las rutas posibles y cómo se definen en los componentes:

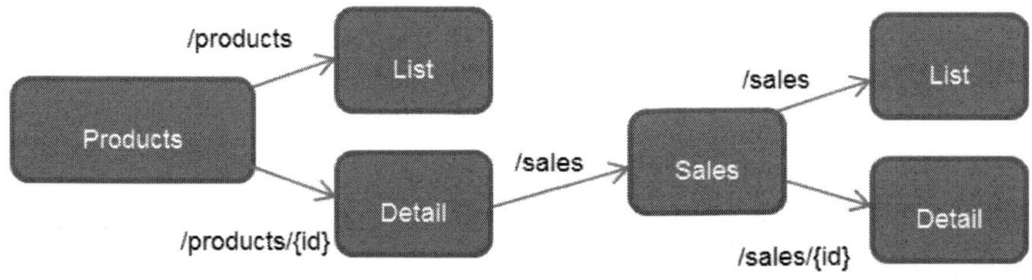

Diagrama de definición de las rutas.

Observación

Los parámetros de solicitud no se muestran aquí para mantener el esquema claro. En el ejemplo anterior, el ProductDetailComponent debe enviar un parámetro al SalesComponent para averiguar en qué producto se debe basar la lista. Pero una vez más, esta información no debe estar en la definición de ruta del SalesComponent.

Este tipo de navegación se basa en última instancia en rutas relativas y aquí es donde entra en juego la etiqueta `<base href="/">`. Angular se basa en el componente router para realizar la navegación y, a su vez, se basa en el método `history.pushState` para modificar la URL del navegador sin enviar una petición al servidor. La etiqueta `<base href="/">` permite que este método funcione porque antepone a cada URL relativa (por tanto, la definida en los componentes) el historial de navegación y, de esta manera, garantiza que los archivos de Angular (HTML, CSS y JavaScript) se descarguen correctamente del servidor, permitiendo así la navegación.

Observación

La etiqueta permite conservar lo que se conoce como contexto de navegación, haciendo que la gestión del historial sea totalmente transparente para el desarrollador.

Una ruta se define utilizando el decorador `@Routes`. Este acepta un array de `RouteDefinition` para indicar qué URL navega a qué componente. Usando el ejemplo anterior, podríamos imaginar que la aplicación principal tiene dos rutas: la primera navega a la lista de productos y la segunda navega a la lista de ventas (independientemente del producto seleccionado esta vez). El código siguiente define estas dos rutas y requiere que la aplicación navegue a la ruta de productos tan pronto como se cargue el componente principal. En la definición de la ruta, es necesario indicar la URL y el componente hacia el que navegará la aplicación.

```
import { Router } from '@angular/router';

@Component({ ... })
@Routes([
  {path: '/products', component: ProductsComponent},
  {path: '/sales',    component: SalesComponent}
])
export class AppComponent  implements OnInit {
  constructor(private router: Router) {}

  ngOnInit() {
    this.router.navigate(['/products']);
  }
}
```

Observación

El componente inyecta un objeto de tipo `Router`, que representa la clase de navegación de Angular. Tiene métodos para navegar a una ruta a través de código TypeScript: este es un método posible de navegación. El otro método consiste en referenciar la ruta directamente en la plantilla. Este proceso se explica más adelante en la sección.

Otro componente es esencial para la navegación: el `router-outlet`. Este se coloca en la plantilla del componente que define una o más rutas y le dice a Angular dónde llevar a cabo la navegación. De hecho, podemos imaginar que sólo la mitad de la página está sujeta a la navegación, siendo el resto información estática.

```
<!-- Las vistas rutas se insertan aquí -->
<router-outlet></router-outlet>
```

Con esto, el desarrollador ya puede realizar su enrutamiento a través del código y la clase `Router`. Sin embargo, sigue siendo más elegante definir los enlaces de enrutamiento en la propia plantilla. Angular incluye la directiva `[routerLink]`, que sepuede utilizar para indicar la ruta a la que navegará un enlace cuando el usuario haga clic en él. La plantilla de abajo define dos enlaces, cada uno con una ruta diferente, dependiendo de la ruta definida en la directiva:

```
template: `
  <h1>Component Router</h1>
  <nav>
    <a [routerLink]="['/products']">Products</a>
    <a [routerLink]="['/sales']">Sales</a>
  </nav>
  <router-outlet></router-outlet>
`,
<router-outlet></router-outlet>
`,
```

Observación

Recomendamos esta solución de asignación de rutas, siempre que sea posible, para garantizar que el código siga siendo fácil de leer.

A continuación, es posible definir rutas parametrizadas. Siguiendo con los ejemplos anteriores, podríamos imaginar una lista de productos navegando hasta un detalle. Las rutas se configurarían de la siguiente manera:

```
@Routes([
  {path: '/products',    component: ProductListComponent};
  {path: '/products/:id',component: ProductDetailComponent, name:
'ProductDetail'}
])
```

Y en la plantilla, la directiva incluiría un argumento correspondiente al ID solicitado por la página de detalles. El parámetro *:id* se puede recuperar del `ProductDetailComponent` a través de un servicio `RouterParams`, que se puede inyectar en el componente.

```
<a [routerLink]="['ProductDetail', {id: product.id}]">
   {{product.name}}
</a>
```

Para terminar con el tema de la navegación, es importante saber que existen dos tipos de estrategia de navegación del lado del cliente:

- **PathLocationStrategy**: estrategia por defecto de HTML 5 que utiliza el método pushState y no envía una petición al servidor. Esta estrategia mantiene las URL simples y con sentido.

`localhost:3002/products/`

- **HashLocationStrategy**: los navegadores más antiguos, que no soportan el método `pushState`, envían necesariamente una petición al servidor cuando cambia la URL, a menos que la URL cambie después de un signo de almohadilla (#). La idea detrás de esta estrategia es mantener esta notación para definir las URL de las aplicaciones.

```
localhost:3002/src/#/products/
```

Una buena práctica sería conservar la estrategia de HTML 5 para mantener las URL simples y despejadas, pero también para conservar la navegación del lado del servidor (para páginas de error, por ejemplo). Esta es la estrategia por defecto de Angular, pero se puede modificar en el `bootstrap` de la aplicación.

```
bootstrap(AppComponent, [
  ROUTER_PROVIDERS,
  provide(LocationStrategy,
         {useClass: HashLocationStrategy}) // .../#/products/
]);
```

La navegación ofrece innumerables ventajas, como la posibilidad de cargar una página sin tener que actualizarla por completo y de hacerlo de manera uniforme en todas las plataformas. Como el sistema de navegación de Angular aún está en fase de desarrollo, se irá enriqueciendo gradualmente para ofrecer a los desarrolladores varias opciones de navegación posibles.

Capítulo 11
Seguridad

1. Introducción

La seguridad de un sistema de información es esencial para garantizar la confidencialidad de los datos expuestos al usuario y evitar que un descuidado pueda operar en el sistema y dañar la integridad de los datos de la empresa. El acceso a las páginas, el acceso a los datos y la protección de datos, son cuestiones delicadas que el desarrollador debe tener en cuenta a la hora de desarrollar el sitio web.

La seguridad del sistema plantea una serie de cuestiones: ¿quién tiene acceso a una página determinada? Una vez generada la página, ¿quién tiene derecho a ver los datos? ¿Trabaja el usuario con una serie concreta de datos? ¿Un usuario tiene derecho a ver los datos de otro? ¿Cómo se pueden almacenar de forma segura los datos confidenciales en la estación de trabajo del usuario? ASP.NET Core ofrece una respuesta sofisticada a estas preguntas, sin perder de vista la naturaleza modular del framework, a través de varias API.

El primer aspecto tratado en este capítulo se refiere a la autenticación mediante Identity. Responde a la siguiente pregunta: ¿cómo gestionar un sistema completo de autenticación para el sitio web? El segundo tema es la autorización: ¿cómo gestionar de forma segura el acceso a los datos? Por último, el capítulo aborda las estrategias de protección de datos y de CORS.

2. Autenticación y API Identity

ASP.NET Core Identity es un framework de autenticación extremadamente completo y abierto, con innumerables mecanismos para el inicio de sesión de los usuarios, el envío de correos electrónicos de validación, el registro en el sitio web, la verificación por SMS, etc. Identity se basa en tres puntos principales:

- proporcionan una capa de abstracción entre la aplicación y el almacenamiento del usuario,
- proporcionan mecanismos sencillos y listos para usar que reducen la carga de trabajo del desarrollador a la hora de gestionar la autenticación,
- se abre a sistemas de autenticación externos como Facebook o Google.

Identity debe ser la interfaz seleccionada entre el sistema de información y la autenticación de los usuarios. ASP.NET Core Identity se encuentra ahora en su tercera versión y se ha rediseñado por completo, para ofrecer una apertura sin igual. En la configuración por defecto de las plantillas de Visual Studio, Identity se utiliza con Entity Framework Core y SQL Server. A continuación, se muestra cómo se configura en la clase Startup:

```
services.AddIdentity<ApplicationUser, IdentityRole>()
        .AddEntityFrameworkStores<ApplicationDbContext>()
        .AddDefaultTokenProviders();
```

Identity también se basa en middleware para autenticar cada petición HTTP entrante:

```
app.UseIdentity();
```

La dependencia clave para utilizar Identity es `Microsoft.AspNetCore.Identity`. Esto le permite utilizar todos los métodos de extensión necesarios para configurar Identity de la mejor manera posible.

La primera clase importante con Identity es la clase `UserManager<TUser>`. Proporciona una gestión de alto nivel de los usuarios del sistema de información, incluida:

- Una gestión clásica de usuarios (búsqueda, inserción, actualización, etc.) mediante métodos como `Create`, `Update` o `FindByName`. En función del método, se devuelve un resultado en forma de objeto `IdentityResult`, que indica si la operación se ha realizado correctamente.

```
var user = new ApplicationUser {
          UserName = model.Email,
          Email = model.Email
        };

var result = await _userManager.CreateAsync(
          user
         model.Password);
```

- Una gestión de contraseñas (hash y verificación) con los métodos `CheckPassword`, `HasPassword` y `AddPassword`.
- una gestión de tokens de seguridad mediante los métodos `GetSecurityStamp` y `UpdateSecurityStamp`.
- Una gestión multicuenta de usuarios mediante `AddLogin`, `RemoveLogin`, `GetLogins`, etc.
- Una gestión de roles con `IsInRole`, `GetRoles` y `AddToRole`.
- Una gestión de confirmaciones por correo electrónico y restablecimiento de contraseñas. Por ejemplo, se puede utilizar el método `SendEmail` para enviar un correo electrónico al usuario para confirmar su registro, utilizando el método `GenerateEmailConfirmationToken` para generar un token de confirmación y el método `ConfirmEmail` ,para confirmar este registro en la base de datos. Lo mismo se puede hacer por SMS, utilizando el método `GenerateChangePhoneNumberToken`.

```
var code = await _userManager
   .GenerateEmailConfirmationTokenAsync(user);

var callbackUrl = Url.Action(
   "ConfirmEmail",
   "Account",
   new { userId = user.Id, code = code },
```

```
    protocol: HttpContext.Request.Scheme);

await _emailSender.SendEmailAsync(
    model.Email,
    "Confirmación",
    $"Por favor, confirme aquí: <a href='{callbackUrl}'>link</a>");
```

En las capas más bajas del framework, la clase `UserManager<TUser>` inyecta un servicio de tipo `IUserStore<TUser>`. Este servicio actuará sobre la base de datos para realizar las operaciones solicitadas por el `UserManager` y le proporcionará la información que necesita para procesar las operaciones completamente. Cuando el `UserManager` comprueba la contraseña:

- solicita la contraseña del usuario a través de `UserStore`,
- comprueba el hash de la contraseña utilizando un servicio como `IPasswordHasher`.

El equipo de Identity ha implementado un mecanismo muy interesante dentro de este API. Los desarrolladores no siempre necesitan gestionar roles o verificar contraseñas dentro de su sistema. Sin embargo, con las clases `UserStore` y `UserManager` del framework, estas implementaciones están muy presentes y pueden llevar a una excesiva complejidad en el código cuando no hay necesidad de ello.

Las capacidades del `UserManager` se controlan a través de las distintas interfaces implementadas por el `UserStore`. El `UserStore` implementa toda la gestión de Identity posible:

```
public abstract class UserStore<TUser, TRole, TContext, TKey,
TUserClaim, TUserRole, TUserLogin, TUserToken> :
        IuserLoginStore<TUser>,
        IuserRoleStore<TUser>,
        IuserClaimStore<TUser>,
        IuserPasswordStore<TUser>,
        IuserSecurityStampStore<TUser>,
        IuserEmailStore<TUser>,
        IuserLockoutStore<TUser>,
        IuserPhoneNumberStore<TUser>,
        IqueryableUserStore<TUser>,
        IuserTwoFactorStore<TUser>,
        IuserAuthenticationTokenStore<TUser>
```

Gracias a un sistema inteligente de detección de interfaces, el `UserManager` sabe qué operaciones puede o no realizar a través del `UserStore` (código extraído directamente del código fuente).

```
/// <summary>
/// Gets a flag indicating whether the backing user store
supports user roles.
/// </summary>
/// <value>
/// true if the backing user store supports user roles, otherwise
false.
/// </value>
public virtual bool SupportsUserRole
{
    get
    {
        ThrowIfDisposed();
        return Store is IuserRoleStore<TUser>;
    }
}
```

Si el desarrollador no necesita toda esta compleja gestión, puede simplemente volver a implementar su propio `UserStore<TUser>` para implementar sólo los mecanismos que le interesan. El siguiente código muestra un `UserStore` que sólo implementa usuarios, contraseñas y claims (reclamaciones) de usuario.

```
public class CustomUserStore :
        IuserStore<UserData>,
        IuserPasswordStore<UserData>,
        IUserClaimStore<UserData>
```

Basta con inyectar esta clase en el contenedor de servicios, que sustituirá a la existente y el desarrollador podrá seguir utilizando el UserManager sin cambiar nada más en su sistema.

```
services.AddScoped<IUserStore<UserData>, CustomUserStore>();
```

La segunda clase importante con Identity es `SignInManager`. Encierra operaciones específicas para autenticar y registrar a un usuario en el sistema. Los métodos importantes son:

- `SignIn`: conecta al usuario con el sistema sin ninguna verificación especial. El método puede recibir un objeto `AuthenticationProperties` como parámetro para personalizar el mecanismo de autenticación. Por ejemplo, utilizando la propiedad `AuthenticationProperties.IsPersistent`, el desarrollador puede indicar al framework que debe crear una cookie de autenticación para mantener al usuario conectado más allá de la sesión del cliente.
- `PasswordSignIn`: inicia la sesión del usuario con una comprobación de contraseña. El método también comprobará que el usuario no está bloqueado. Este método sólo admite la opción de persistencia de conexión.
- `TwoFactorSignIn`: conecta al usuario mediante un modo de autenticación 2FA ("*Two-Factor*"), es decir, autenticación mediante verificación intermedia (SMS, correo electrónico, tarjeta de crédito, posición GPS, etc.).
- `ExternalLoginSignIn`: conecta al usuario a través de un método de autenticación externo, como Facebook, Google, Twitter, etc.
- `SignOut`: desconecta al usuario.

También existen otros métodos, pero se utilizan menos, que permiten hacer las siguientes acciones:

- refrescar la conexión del usuario mediante `RefreshSignIn`,
- validar el token de seguridad del usuario mediante `ValidateSecurityStamp`,
- actualizar y configurar la información de autenticación externa del usuario mediante `UpdateExternalAuthenticationTokensAsync` y `ConfigureExternalAuthenticationProperties`,
- gestionar el bloqueo de usuarios con `IsLockedOut`, `LockedOut` y `ResetLockout`.

Casi todos estos métodos devuelven un objeto de tipo `SignInResult`, que indica si la operación ha tenido éxito o no, e incluye cierta información adicional sobre los motivos del fallo. El siguiente código, tomado directamente del código fuente del framework, muestra los distintos valores de retorno que puede proporcionar el objeto tras una operación de conexión:

```
/// <summary>
/// Returns a flag indication whether the sign-in was successful.
/// </summary>
/// <value>
///    True if the sign-in was successful, otherwise false.
/// </value>
public bool Succeeded {
 get;
 protected set;
}

/// <summary>
/// Returns a flag indication whether the user attempting to
sign-in is locked out.
/// </summary>
/// <value>
///    True if the user attempting to sign-in is locked out,
otherwise false.
/// </value>
public bool IsLockedOut {
 get;
 protected set;
}

/// <summary>
/// Returns a flag indication whether the user attempting to
sign-in is not allowed to sign-in.
/// </summary>
/// <value>
///    True if the user attempting to sign-in is not allowed to
sign-in, otherwise false.
/// </value>
public bool IsNotAllowed {
 get;
 protected set;
}/// <summary>
/// Returns a flag indication whether the user attempting to
```

```
sign-in requires two factor authentication.
/// </summary>
/// <value>
///    True if the user attempting to sign-in requires two factor
authentication, otherwise false.
/// </value>
public bool RequiresTwoFactor {
 get;
 protected set;
}
```

Integrar la autenticación externa, a través de Facebook por ejemplo, es extremadamente sencillo con ASP.NET Core. Todo lo que necesita es un App ID y un App Secret, ambos procedentes de la aplicación de Facebook que acaba de crear para el sitio.

Observación

El objetivo de esta sección no es explicar cómo crear una aplicación de Facebook. La documentación de ASP.NET Core lo cubre de forma rápida y eficaz:
https://docs.asp.net/en/latest/security/authentication/sociallogins.html

Una vez que dispongas de estos dos datos, sólo tiene que utilizar el método `UseFacebookAuthentication` para integrar el middleware de autenticación de Facebook en el sitio web.

```
app.UseFacebookAuthentication(new FacebookOptions()
{
   AppId = Configuration["Authentication:Facebook:AppId"],
   AppSecret =
Configuration["Authentication:Facebook:AppSecret"]
});
```

Puede hacer lo mismo con otros inicios de sesión externos como los de Google, Twitter, LinkedIn, etc.

Por último, hemos mencionado anteriormente la posibilidad de autenticar al usuario con un intermediario de tipo Two-Factor.

Observación

El resto de esta sección utilizará Twilio, un servicio de mensajería de texto y VoIP basado en la nube. Los ejemplos de código supondrán que el desarrollador ya tiene una cuenta con un token y un SID de Twilio. También es necesario instalar un paquete NuGet en el proyecto.

A continuación, el servicio ilustra un servicio de envío de SMS y correo electrónico utilizando Twilio:

```
public class MessageSender: IEmailSender, IsmsSender
{
    public MessageSender(IOptions<AuthMessageSMSSenderOptions>
optionsAccessor)
    {
        Options = optionsAccessor.Value;
    }

    public AuthMessageSMSSenderOptions Options { get; }

    public Task SendEmailAsync(string email, string subject,
stringmessage)
    {
        // Servicio de e-mail
        return Task.FromResult(0);
    }

    public Task SendSmsAsync(string number, string message
    {
        var twilio = new Twilio.TwilioRestClient(
            Options.SID,           // Identificador de la cuenta
proporcionado por el dashboard
            Options.AuthToken);    // Token de autenticación

        var result = twilio.SendMessage(Options.SendNumber,
number, message);

        return Task.FromResult(0);
    }
}
```

La clase de opción utilizada es:

```
public class AuthMessageSMSSenderOptions
{
    public string SID { get; set; }
    public string AuthToken { get; set; }
    public string SendNumber { get; set; }
}

// Registro de la clase de opción
services.Configure<AuthMessageSMSSenderOptions>(Configuration);
```

A continuación, para gestionar la autenticación multifactor, basta con utilizar el UserManager:

- `SetTwoFactorEnabledAsync`, para activar la autenticación multifactor.
- `GenerateChangePhoneNumberTokenAsync`, para generar un código que se enviará por SMS a través del servicio.
  También existe un método para el correo electrónico y todos utilizan el método `GenerateUserTokenAsync` como método subyacente.
- `VerifyTwoFactorTokenAsync`, para verificar el código que el usuario ha recibido y luego introducido en el sistema.

De este modo, el desarrollador puede proteger adecuadamente su sistema. Pueden ofrecer a los usuarios varias formas de conectarse a través de redes sociales y todos estos mecanismos se integran perfectamente con ASP.NET Core, a través del middleware.

3. Autorizaciones

Las autorizaciones son los procesos que determinan si un usuario tiene o no derecho a realizar una determinada acción. El sistema de autorización es completamente independiente del sistema de autenticación, lo que facilita la desvinculación de los módulos del sistema web. El namespace importante aquí es `Microsoft.AspNetCore.Authorization`.

ASP.NET Core distingue entre varios conceptos de autorización dentro de su framework:

- La autorización simple, que responde simplemente a la pregunta: ¿estoy conectado al sitio?
- Autorización basada en funciones.
- Autorización basada en claims. Por ejemplo, el usuario debe ser empleado de la empresa (y no cliente, por ejemplo) antes de acceder a determinadas páginas.
- Autorización basada en *policy*. Un ejemplo sería la edad mínima requerida para acceder a la página solicitada.
- Autorización basada en recursos: ¿tengo derecho a ver este documento? ¿tengo derecho a modificar este documento?
- Autorización basada en la vista: ¿tengo derecho a acceder al botón que me permite modificar este registro?

El resto de esta sección detallará e ilustrará cada uno de estos conceptos con ejemplos de código.

La autorización simple es el modo de autorización más sencillo: simplemente comprueba que el usuario está autenticado para acceder a la página. Para ello, el desarrollador simplemente utiliza el atributo `[Authorize]` en sus controladores o acciones (o ambos).

```
[Authorize]
public class MyController : Controller
{
    public ActionResult Index(){}
    public ActionResult Create(){}
    public ActionResult Update(){}
    public ActionResult GetSingle(){}
}
```

La ventaja de añadir atributos a los controladores y acciones es que puede afinar las autorizaciones. Existe otro atributo que permite a cualquier usuario acceder a la página: `[AllowAnonymous]`. Entonces es posible bloquear todo un controlador, excepto una acción en particular.

```
[Authorize]
public class MyController : Controller
{
    public ActionResult Index(){}
    public ActionResult Create(){}
    public ActionResult Update(){}

    [AllowAnonymus]
    public ActionResult GetSingle(){}
}
```

Observación

El atributo `[AllowAnonymus]` siempre tiene prioridad sobre el atributo `[Authorize]`, incluso si elige la disposición opuesta al ejemplo anterior.

El atributo `[Authorize]` se puede enriquecer y el desarrollador puede indicar que un usuario debe pertenecer a un rol (o función), para poder acceder a la página. Los roles se indican mediante una cadena de caracteres y separados por una coma. Las diferentes formas de escribirlos son las siguientes:

```
[Authorize(Roles = "Administrador")]
public class MyController : Controller
{}

[Authorize(Roles = "Administrador, Manager")]
public class MyController : Controller
{}

[Authorize(Roles = "Administrador")]
[Authorize(Roles = "Manager")]
public class MyController : Controller
{}
```

Evidentemente, si se aplican varios atributos al mismo tiempo, el usuario deberá satisfacer todos los roles para poder acceder a la página. También es posible especificar un rol preciso para una acción del controlador:

```
[Authorize(Roles = "Manager")]
public class MyController : Controller
{
    public ActionResult Index(){}
    public ActionResult Create(){}
    public ActionResult Update(){}
```

```
    [Authorize(Roles = "Administrator")]
     public ActionResult GetSingle(){}
}
```

Para ello, el framework simplemente llama al método `IsInRole` de la clase `ClaimPrincipal`.

En segundo lugar, ASP.NET Core admite autorizaciones por claims. A la Identity de un usuario se le pueden asignar una o varias claims (durante su creación), lo que permite averiguar qué es y qué no es, mediante pares clave/valor. Se basan en políticas de autorización, lo que significa que el desarrollador debe crear su propia política para comprobar si un claim está realmente presente o no. La clase de opción `AuthorizationOption`, accesible a través del método `AddAuthorization`, se utiliza para registrar su propia política de autorización. Las políticas se declaran en la clase `Startup`.

```
services.AddAuthorization(options =>
{
  options.AddPolicy("AdminOnly", policy =>
                      policy.RequireClaim("AdminId"));
});
```

Con esta nueva póliza, el claim se verifica del siguiente modo:

```
[Authorize(Policy = "AdminOnly")]
public IActionResult AdminPanel()
{
    return View();
}
```

Observación

Es posible comprobar que la petición contiene valores muy específicos. El método `RequireClaim` acepta una matriz de valores como segundo parámetro, de modo que la autorización sólo se acepta si la reclamación tiene los valores esperados.

El framework permite ser aún más preciso y meticuloso en la comprobación de la autorización de los usuarios. Los desarrolladores pueden aplicar requisitos a cada petición de autorización (mediante *policy*, es decir, políticas de autorización muy precisas). Estos requisitos serán comprobados por gestores inyectados en el contenedor de servicios. Estos gestores son libres de realizar las acciones necesarias para validar los requisitos. En resumen, se necesita:

– Una policy, que luego se aplica a un controlador o a una acción.

```
services.AddAuthorization(options =>
{
    options.AddPolicy("EstUnHomme",
        policy => policy.Requirements.Add(
                   new GenreRequirement(Genre.Masculin));
}
```

– Un requisito, que definirá la restricción para que la autorización sea válida.

```
public class GenderRequirement : IauthorizationRequirement
{
    public GenderRequirement(Gender gender)
    {
        Gender = gender;
    }

    protected Gender Gender { get; set; }
}
```

– Un handler para comprobar que el usuario ha validado el requisito.

```
public class GenderHandler
                  : AuthorizationHandler<GenderRequirement> {

  protected override Task HandleRequirementAsync(
   AuthorizationContext context,
   GenderRequirement requirement) {

   // Recuperación del género del usuario
   if (!context.User.HasClaim(c => c.Type == ClaimTypes.Gender) {
     return Task.FromResult(0);
    }

    var genderClaim = context.User.FindFirst(c => c.Type ==
ClaimTypes.Gender)
```

```
// Supongamos que hemos creado una enumeración Gender
// Conversión a esta enumeración
var gender = (Gender) Enum.Parse(
 typeof(Gender),
 genderClaim,
 ignoreCase: true);
// Si el género es correcto, el claim tiene éxito
if (gender == requirement.Gender) {
 context.Succeed(requirement);
} else { // En caso contrario se rechaa la autorización
 context.Fail(requirement);
}

return Task.FromResult(0  }
```

Lo único que tiene que hacer es registrar el handler en el contenedor de servicios. Automáticamente, a través del parámetro genérico, el framework encontrará el handler a utilizar para validar el requisito en cuestión.

```
services.AddScoped<IAuthorizationHandler, GenderHandler>();
```

Observación

Las acciones importantes aquí son `context.Succeed` y `context.Fail`, que indican si se ha cumplido el claim. Es posible tener varios gestores para la misma petición. En nuestro caso, es suficiente con que varios handlers implementen la misma clase genérica `AuthorizationHandler<GenderRequirement>`.

Observación

Es posible inyectar servicios en los handlers, como acceso a bases de datos, caché o servicios de loggers.

El framework incluye un servicio de verificación de autorización llamado `IAuthorizationService`, que se puede inyectar en cualquier controlador u otro servicio. El método importante de este servicio es `AuthorizeAsync`. Permite:

– validar a un usuario en un recurso mediante varias claims,

– validar a un usuario en un recurso mediante una política de autorización.

```
Task<bool> AuthorizeAsync(ClaimsPrincipal user,
                          object resource,
                          IEnumerable<IAuthorizationRequirement>
requirements);
Task<bool> AuthorizeAsync(ClaimsPrincipal user,
                          object resource,
                          string policyName);
```

En función de los requisitos o la policy especificados, el framework activará los handlers correspondientes. El código del handler validará si el usuario tiene o no acceso al recurso. El código siguiente ilustra un handler para un documento:

```
public class DocumentAuthorizationHandler
              : AuthorizationHandler<MyRequirement, Document>
{
    public override Task HandleRequirementAsync(
            AuthorizationHandlerContext context,
            MyRequirement requirement,
            Document ressource)
    {
        // Validación de los permisos sobre el documento

        return Task.CompletedTask;
    }
}
```

Por último, es posible utilizar este servicio directamente en la vista para determinar si el usuario tiene o no acceso a una parte de la vista.

```
@if (await AuthorizationService.AuthorizeAsync(
                                    User,
                                    Model,
                                    Operations.Edit))
{
    <p>
```

```
        <a  class="btn btn-default"
            role="button"
            href="@Url.Action(
                    "Edit",
                    "Document",
                    new { id = Model.Id })">
            Edit
        </a>
    </p>
}
```

Por último, es posible aplicar filtros de autorización a todo el pipeline MVC (el proceso de determinación de una ruta), a los controladores o a las acciones de los controladores. Estos filtros controlan el acceso a estos elementos y son muy libres en términos de autorización: aquí el desarrollador puede hacer cualquier comprobación que desee sobre cualquier elemento del contexto de autorización (el usuario, la petición HTTP o cualquier otra cosa) y también, es más libre en términos de respuesta. Los desarrolladores pueden redirigir directamente al filtro si lo desean. Para crear su filtro, simplemente implemente la interfaz `IAsyncAuthorizationFilter`. Para utilizarlo, añádelo a la lista de filtros MVC:

```
services.AddMvc(options => {
    options.Filters.Add(new MyAuthorizationFilter());
});
```

Los filtros son muy similares a los middleware, en el sentido de que pueden interceptar peticiones. Los filtros de autorización son específicos para las peticiones que requieren autorización. Sin embargo, los filtros son una parte integral de MVC, pero el middleware no lo es. En los filtros, el desarrollador tendrá acceso a información mucho más precisa sobre la petición del usuario como, por ejemplo, si la validación del modelo ha generado errores o no.

ASP.NET Core proporciona una serie de mecanismos que permiten al desarrollador comprobar las autorizaciones de los usuarios. Estos procesos tienen distintos niveles de sofisticación y, con muy poco código, el desarrollador puede introducir fácilmente código específico para validar a un usuario. Es importante analizar detenidamente el sistema de autorización que el equipo quiere implantar en el proyecto, para evitar duplicidades y colocar el código donde corresponde.

El sistema de autorización se puede integrar fácilmente con el API Identity. Las reclamaciones se gestionan a través de la cookie de autenticación que Identity genera cuando el usuario inicia sesión. Los desarrolladores pueden añadir sus propios claims a través de su `UserStore` y la interfaz `IUserClaimStore<TUser>`. El propio middleware se encarga de recuperar los valores de la cookie de autenticación e insertarlos en el objeto `ClaimPrincipal` en el contexto HTTP. Si no se utiliza Identity, el desarrollador deberá gestionar las reclamaciones en la clase `ClaimPrincipal` mediante un sistema desarrollado por él mismo.

Observación

Recomendamos encarecidamente ceñirse al enfoque de autenticación y autorización de ASP.NET Core, es decir, utilizar Identity, el atributo `Autorize`, roles, requisitos, policy y otros handlers. Estos mecanismos ahorran una enorme cantidad de tiempo durante el desarrollo del sitio web.

4. Protección de datos

Un sitio web necesita poder almacenar datos sensibles en la máquina del cliente y obviamente esto plantea una serie de problemas de seguridad: ¿cómo cifrar los datos correctamente? ¿Cómo garantizar que los datos devueltos por el cliente no han sido alterados? Estas preguntas giran en torno a tres cuestiones clave:

- la autenticidad de los datos transmitidos al cliente,
- confidencialidad de los datos,
- aislar los datos para evitar en lo posible su alteración.

El equipo de ASP.NET Core responsable del API de protección de datos ha revisado por completo la implementación de este API, teniendo en cuenta:

- simplicidad de configuración del API. Se debe poder utilizar sin ninguna configuración previa,
- facilidad de uso,

– la no complejidad de los principios utilizados en el API. El desarrollador debe poder utilizar los sistemas de seguridad sin tener que conocer los algoritmos de cifrado.

El resultado es un API de protección de datos totalmente nuevo, ultramodular y configurable a varios niveles según las necesidades del desarrollador. Las distintas API se denominan de la siguiente manera:

– **Consumer API**: API de alto nivel que permite utilizar fácilmente el sistema de protección de datos con la configuración predeterminada.
– **Configuration API**: API para configurar el sistema de protección, lo que permite afinar el mecanismo.
– **Extensibility API**: API de bajo nivel que permite sustituir y volver a implementar la mayor parte del mecanismo de protección de datos.

Existen varios espacios de nombres dentro de este sistema. En primer lugar, `Microsoft.AspNetCore.DataProtection.Abstractions` contiene todas las abstracciones e interfaces que los desarrolladores pueden utilizar mediante inyección de dependencias o que pueden implementar para ofrecer su propio sistema de protección.
A continuación está `Microsoft.AspNetCore.DataProtection`, que proporciona una implementación básica del sistema para operaciones criptográficas, configuración, gestión de claves, etc. Le sigue `Microsoft.AspNetCore.DataProtection.Extensions`, que expone algunos métodos de extensión útiles para los desarrolladores. Por último, está `Microsoft.AspNetCore.DataProtection.SystemWeb`, que permite utilizar el nuevo mecanismo de protección en proyectos ASP.NET más antiguos y `Microsoft.AspNetCore.Cryptography.KeyDerivation`, que implementa el proceso hash de contraseñas mediante PBKDF2 (*Password-Based Key Derivation Function 2*). Con el paso del tiempo, esta técnica de generación de claves de hash o cifrado de contraseñas se ha convertido en un estándar, se utiliza ampliamente hoy en día y se utiliza por defecto en ASP.NET Core para hacer hash de las contraseñas de usuario.

Empecemos por el Consumer API. Ofrece un alto nivel de abstracción que es fácil de usar para los desarrolladores. Dos interfaces son importantes aquí:

- **IDataProtector**: interfaz de protección y recuperación de valores.
- **IDataProtectionProvider**: se utiliza para recuperar una instancia de IDataProtector.

Una buena práctica aquí es inyectar un objeto de tipo `IDataProtectionProvider` y posteriormente, recuperar un objeto de tipo `IDataProtector` a través del método `IDataProtectionProvider.CreateProtector()`. El método acepta una cadena de caracteres como parámetro, lo que permite particionar el cifrado de datos. El código siguiente ilustra el uso de estos servicios:

```
public class MyClass {
 IDataProtector _protector;

 // El provider se inyecta a través de DI
 public MyClass(IDataProtectionProvider provider) {
  _protector = provider.CreateProtector("MyProject.MyClass.v1");
 }

 public void RunSample() {
  Console.Write("Entrada de usuario: ");
  string input = Console.ReadLine();

  // Protección
  string protectedPayload = _protector.Protect(input);
  Console.WriteLine($ "Protect : {protectedPayload}");

  // Recuperación del dato
  string unprotectedPayload =
_protector.Unprotect(protectedPayload);
  Console.WriteLine($ "Unprotect : {unprotectedPayload}");
 }
```

El resultado es el siguiente:

```
/*
 * SALIDA
 *
 * Entrada de usuario: Hello world!
 * Protect : CfDJ8ICcgQwZZhlAlTZT...OdfH66i1PnGmpCR5e441xQ
 * Unprotect : Hello world!
 */
```

Los servicios de protección de datos se añaden a la clase `Startup` mediante el método `AddDataProtection()`.

La cadena de caracteres que se pasa como parámetro al provider desempeña un papel clave en la protección de datos. Permite particionar los datos protegidos, aislando así a los distintos consumidores del sistema. La cadena se utiliza durante todo el proceso de cifrado de los datos, por lo que éstos están mejor protegidos frente a los ataques, que si el `IDataProtector` pudiera leer cualquier dato protegido. El siguiente diagrama resume este mecanismo:

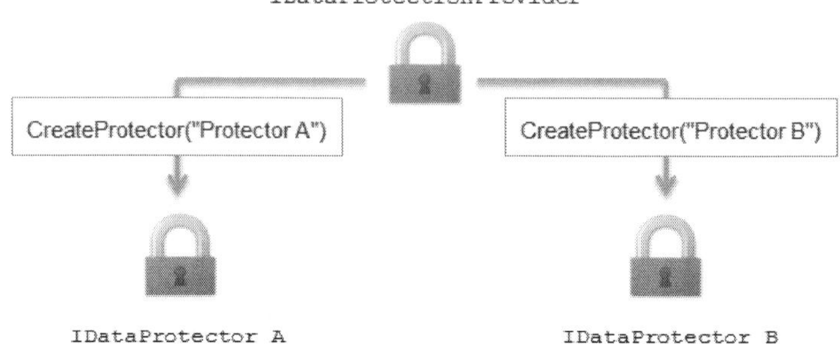

Proceso de separación de los Protector.

Aquí la regla es simple: el `IDataProtector` A no puede leer datos protegidos por el `IDataProtector` B. Más detalladamente, tenemos:

- Para un objeto `IDataProtectionProvider` dado, se crea un objeto `IDataProtector` basado en una cadena de caracteres única.
- Dos `IDataProtectors` sólo son realmente idénticos si proceden del mismo `IDataProtectionProvider` y con la misma cadena de caracteres, en el orden correcto.
- La cadena no debe ser nula.

En cuanto al algoritmo de protección, el framework proporciona una implementación del algoritmo hash PBKDF2 en forma de método `KeyDerivation.Pbkdf2`. Tiene las siguientes características:

- Compatibilidad con varias PRF (*Pseudo Random Function*°), incluidas `HMACSHA1`, `HMACSHA256` y `HMACSHA512`.
- Optimización del algoritmo en función del sistema operativo utilizado.

El siguiente ejemplo ilustra el uso de este algoritmo:

```
string password = Console.ReadLine();

// Generación de una sal de 128-bits
byte[] salt = new byte[128 / 8];
using(var rng = RandomNumberGenerator.Create()) {
 rng.GetBytes(salt);
}

// hash a través de una subclave de 256 bits
// HMACSHA1 con 10.000 iteraciones
string hashed = Convert.ToBase64String(KeyDerivation.Pbkdf2(
 password: password,
 salt: salt,
 prf: KeyDerivationPrf.HMACSHA1,
 iterationCount: 10000,
 numBytesRequested: 256 / 8));
```

Observación

El algoritmo PBKDF2 utiliza lo que se conoce como "sal". En criptografía, el salting es una técnica que se utiliza para añadir información al proceso de hashing, de modo que dos piezas idénticas de información no conduzcan al mismo resultado.

Más concretamente, Identity ya utiliza este algoritmo criptográfico para hacer hash de las contraseñas a través de la clase `PasswordHasher`.

Observación

Es posible limitar la protección de datos en el tiempo. Para ello, el API proporciona un servicio específico basado en la interfaz `ITimeLimitedDataProtector`.

A continuación, a través de Configuration API, el desarrollador puede gestionar mejor la configuración del API de protección de datos. En concreto, el método de extensión `AddDataProtection` devuelve un objeto de tipo `IDataProtectionBuilder` que expone varios métodos para configurar los parámetros del API. Los métodos importantes son los siguientes:

- `PersistKeysToFileSystem`: se utiliza para especificar una nueva ubicación para almacenar las claves de protección. Por defecto, las claves se almacenan en la carpeta %LOCALAPPDATA%.
- `ProtectKeysWith*`: se utiliza para cambiar el sistema de protección de claves utilizando varios métodos de extensión que siguen el mismo patrón. Por ejemplo, el método `ProtectKeysWithCertificate` se utiliza para cifrar claves utilizando un certificado.
- `SetDefaultKeyLifetime`: sirve para establecer el tiempo de vida de las claves de protección. El valor por defecto es de 90 días.
- `SetApplicationName`: por defecto, las claves están aisladas de una aplicación web a otra. Sin embargo, es posible compartirlas mediante este método para configurar las claves como pertenecientes a la misma aplicación.
- `UseCryptographicAlgorithms`: facilita el cambio del algoritmo de cifrado a través de la clase `AuthenticatedEncryptionSettings`. Por defecto, los algoritmos de cifrado son AES-256-CBC para el cifrado y HMACSHA256 para la validación.

```
services.AddDataProtection()
        .UseCryptographicAlgorithms(
            new AuthenticatedEncryptionSettings()
          {
        EncryptionAlgorithm = EncryptionAlgorithm.AES_256_CBC,
        ValidationAlgorithm = ValidationAlgorithm.HMACSHA256
 });
```

- UseCustomCryptographicAlgorithms: permite al desarrollador especificar su propio algoritmo de cifrado a través de la clase ManagedAuthenticatedEncryptionSettings.

```
serviceCollection.AddDataProtection()
    .UseCustomCryptographicAlgorithms(new
ManagedAuthenticatedEncryptionSettings()
    {
        // Un tipo heredado de SymmetricAlgorithm
        EncryptionAlgorithmType = typeof(Aes),

        // Tamaño de la clave
        EncryptionAlgorithmKeySize = 256,

        // Un tipo heredado de KeyedHashAlgorithm
        ValidationAlgorithmType = typeof(HMACSHA256)
    });
```

Todos estos métodos están a disposición del desarrollador para configurar su sistema de protección. Este mismo sistema está aislado de una aplicación a otra (aunque se puede modificar mediante el método SetApplicationName). Este aislamiento se basa, en particular, en un identificador único utilizado por cada aplicación al cifrar las claves, lo que garantiza que una aplicación no pueda descifrar los datos de otra. Los servicios de tipo IDataProtector ya incluyen automáticamente este identificador en su cifrado. Este identificador puede proceder de dos lugares diferentes:

- la ruta de configuración si la aplicación está alojada en IIS,
- de la ruta física de la aplicación si no lo es.

Observación

Toda la teoría de la protección de datos implica que las aplicaciones web son fiables y no pretenden arruinar el entorno de ejecución o el sistema del usuario.

Por último, el desarrollador puede modificar las capas inferiores del sistema de protección de datos a través del Extensibility API.

Observación

Como recordatorio, esta capa sólo se debe volver a implementar si es necesario, si el sistema requiere un sistema de protección muy específico. Aún así, deberías intentar utilizar las APIs de más alto nivel en la medida de lo posible.

Varias interfaces son importantes. La primera es `IAuthenticatedEncryptor`: contiene toda la lógica de negocio para encriptar y desencriptar datos según el algoritmo que implemente. Tiene los dos métodos siguientes:

```
Decrypt(
     ArraySegment<byte> ciphertext,
     ArraySegment<byte> additionalAuthenticatedData) : byte[]

Encrypt(
     ArraySegment<byte> plaintext,
     ArraySegment<byte> additionalAuthenticatedData) : byte[]
```

Ambos métodos devuelven matrices de bytes con los datos cifrados (o descifrados) generados a partir de la información original, es decir:

- el texto a encriptar,
- AAD (*Additional Authenticated Data*), utilizado para adjuntar información de autenticación a los datos cifrados.

Observación

Todas las excepciones lanzadas en estos métodos deben ser del tipo `CryptographicException`.

A continuación, se utiliza la interfaz `IAuthenticatedEncryptorDescriptor` para crear instancias de `IAuthenticatedEncryptor`. El método `CreateEncryptorInstance` se utiliza para crear la clase `encryptor`. El encriptador consumirá algoritmos de encriptación y otra información utilizada para hacer hash de las claves, dependiendo de los requisitos del sistema. Sin embargo, no necesita saber de dónde proviene esta información. Es la clase descriptor la que le proporcionará esta información. La primera ventaja es la capa de abstracción, que facilita la modificación de la información de creación del cifrador según sea necesario.

La segunda ventaja es la exportación de la información de cifrado desde el cifrador. Si el cifrador poseyera todo el conocimiento de cifrado, el reinicio de la aplicación haría que se perdiera toda esta información. El descriptor está ahí para exportar esta información, facilitando su recuperación cuando se reinicie la aplicación. El método utilizado es `ExportToXml` y requiere un objeto de tipo `XmlSerializedDescriptorInfo` para almacenar la información del descriptor.

El mecanismo de deserialización/serialización de un descriptor se implementa mediante la clase `IAuthenticatedEncryptorDescriptorDeserializer` y el método `ImportFromXml`.
Al final, otra interfaz recrea el descriptor según la importación XML: `IAuthenticatedEncryptorConfiguration`. Es importante pensar en esta clase como una interfaz de alto nivel que encapsula toda la lógica de creación de descriptores, para finalmente crear cifradores. El método utilizado es `CreateNewDescriptor`.

Las siguientes interfaces son las últimas importantes que hay que conocer cuando se trata de la protección de datos con ASP.NET Core. Ahora llegamos a la gestión de claves de cifrado. La interfaz `IKey` representa una clave de cifrado utilizada para proteger datos. Tiene las siguientes propiedades:

- fecha de activación,
- fecha de creación,
- fecha de caducidad,
- estado de revocación,
- identificador único de tipo GUID.

Observación

La interfaz `IKey` también se puede utilizar para crear un cifrador vinculado a la clave mediante el método `CreateEncryptorInstance`.

La interfaz IKeyManager se utiliza entonces para gestionar las claves de cifrado dentro del sistema de protección. El código siguiente enumera los métodos importantes del servicio:

```
// Creación de una nueva clave
IKey CreateNewKey(
     DateTimeOffset activationDate,
     DateTimeOffset expirationDate);

// Recuperación de todas las claves
IReadOnlyCollection <IKey> GetAllKeys();

// Revocación de una clave
void RevokeKey(Guid keyId, string reason = null);

// Revocación de todas las claves
void RevokeAllKeys(
     DateTimeOffset revocationDate,
     string reason = null);
```

Por último, es importante mencionar la clase `XmlKeyManager`, que es una implementación concreta de `IKeyManager`. Como su nombre indica, gestiona claves de cifrado en formato XML.

Observación

Esta sección no entrará en los detalles de la aplicación, ya que no es el objetivo del capítulo. Sin embargo, es interesante conocer el proceso general de creación de una clave.

Esta clase tiene las siguientes dependencias:

- `IAuthenticatedEncryptorConfiguration`: especifica los algoritmos utilizados por la nueva clave.
- `IXmlRepository`: controla la ubicación de almacenamiento de las claves. Se proporcionan dos implementaciones por defecto, `FileSystemXmlRepository` y `RegistryXmlRepository`.

- IXmlEncryptor: servicio de cifrado de claves (opcional).
- IKeyEscrowSink: servicio de almacenamiento de claves a largo plazo (opcional).

Cuando se crea una nueva clave, se utiliza un objeto de tipo IAuthenticatedEncryptorConfiguration para crear un descriptor que luego se serializa en XML. Si existe un servicio de almacenamiento a largo plazo para la clave, se llama a este servicio para almacenar el XML recién creado. A continuación, el XML se cifra utilizando un IXmlEncryptor, si el servicio está presente. Por último, la clave cifrada se almacena mediante un objeto IXmlRrepository. El siguiente diagrama resume el proceso de creación de claves (tomado de la documentación oficial):

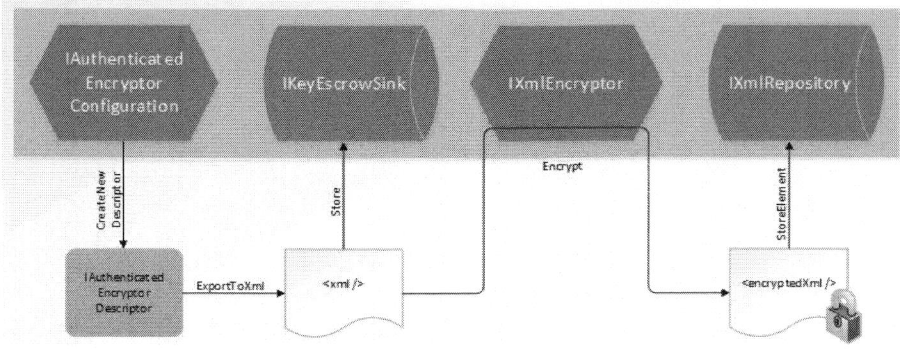

Proceso de creación de claves usando XML

Extremadamente completa, el API de protección de datos puede parecer complicado a primera vista, pero ofrece multitud de mecanismos de seguridad a los desarrolladores. Su gran fuerza es, sin duda, su apertura, manteniendo al mismo tiempo las cuestiones de seguridad de un sistema web en el centro del API. El equipo responsable del desarrollo del API ha hecho todo lo posible por ofrecer un conjunto de clases, interfaces, métodos e implementaciones para todos los niveles y todas las necesidades. La complejidad puede resultar confusa en ocasiones, pero es necesario mantener esta apertura para que los desarrolladores puedan recrear su propio sistema de seguridad si lo necesitan. Por último, las API de alto nivel se adaptan muy bien a los problemas de seguridad tradicionales.

5. Gestión de CORS

CORS es el acrónimo de *Cross Origin Resource Sharing*. Para entender bien este concepto, es importante recordar que a los navegadores no se les permite hacer llamadas AJAX en dominios que no sean el suyo propio, por razones de seguridad. Esto se conoce como *same-origin policy*. Esto evita que los sitios web maliciosos lean datos sensibles en otros sitios, en particular a través de Web API. Sin embargo, en el contexto de la comunicación entre sistemas web, esto plantea un problema. ¿Cómo puede un sitio web que supuestamente se comunica con otro sistema web para intercambiar datos, recuperar información si el navegador no autoriza este tipo de llamada? La norma del W3C lo ha previsto todo con CORS.

Observación

Esta cuestión está cobrando protagonismo estos días con la interconexión de los sistemas web. Para facilitar el intercambio de datos, los sitios web se llaman automáticamente entre sí a través de servicios web y otras API.

Pero al final, ¿qué entendemos por "el mismo origen"? Dos recursos tienen el mismo origen si el esquema de URL, el host y el puerto, son iguales. Por ejemplo, las siguientes URL tienen el mismo origen:

- http://misitio.com/recurso1.html.
- http://misitio.com/miestilo2.css.
- http://misitio.com/miimagen.jpg.

Sin embargo, las siguientes URL no tienen el mismo origen:

- http://misitio.net: dominio diferente.
- http://misitio.com:9000/recurso1.html: puerto diferente.
- https://misitio.com/recurso1.html: esquema diferente.
- http://www.misitio.com/recurso1.html: subdominio diferente.

CORS flexibiliza las restricciones del navegador, autorizando a determinados dominios a solicitar el sitio y rechazando todos los demás. CORS se activa en la clase `Startup` a través del paquete `Microsoft.AspNetCore.Cors`. El siguiente código muestra cómo se añaden los servicios CORS:

```
public void ConfigureServices(IServiceCollection services)
{
    services.AddCors();
}
```

El mecanismo CORS necesita un middleware para funcionar. Este se añade mediante el método `UseCors`. El método recibe una expresión lambda como parámetro para configurar CORS a través de un objeto de tipo `CorsPolicy-Builder`.

```
public void Configure(IApplicationBuilder app)
{
    // Utilización de CORS
    app.UseCors(builder =>
       builder.WithOrigins("http://misitio.com"));
}
```

Observación

Es posible pasar varias cadenas de caracteres en los métodos de la clase `CorsPolicyBuilder`. La mayoría de ellos aceptan una lista en forma de `string[] params`.

Los métodos más importantes son:

- `WithOrigins`: añade los orígenes aceptados por el sistema.
- `WithHeaders`: añade las cabeceras aceptadas por el sistema.
- `WithExposedHeaders`: añade cabeceras, expuestas al cliente, que son aceptadas por el sistema.
- `WithMethods`: añade los métodos HTTP (`GET, POST`, etc) aceptados por el sistema.

– `AllowCredentials`: añade soporte para información de autenticación aceptada por el sistema. Algunos ejemplos típicos son las cookies. También se añade la cabecera `Access-Control-Allow-Credentials`. Una llamada con credenciales se realiza de la siguiente manera (en jQuery):

```
$.ajax({
    type: 'get',
    url: 'http://www.example.com/home',
    xhrFields: {
        withCredentials: true
    }
```

El mismo tipo de método se puede encontrar en la forma `AllowAny*`, donde la estrella puede indicar `Method`, `Header` u `Origin`. De esta forma, el sitio web aceptaría cualquier encabezado o cualquier origen.

Observación

Sin embargo, hay que tener cuidado con los riesgos de seguridad del sistema.

Para configurar su sitio web correctamente con CORS, es importante saber cómo funciona CORS. La especificación CORS utiliza varias cabeceras HTTP para gestionar la seguridad entre orígenes de las peticiones AJAX. Si el navegador lo permite, añadirá una cabecera `Origin` especificando el dominio de la petición HTTP.

```
GET http://myservice.azurewebsites.net/api/test HTTP/1.1
Referer: http://myclient.azurewebsites.net/
Accept: */*
Accept-Language: en-US
Origin: http://myclient.azurewebsites.net
Accept-Encoding: gzip, deflate
User-Agent: Mozilla/5.0 (compatible; MSIE 10.0; Windows NT 6.2;
WOW64; Trident/6.0)
Host: myservice.azurewebsites.net
```

Si el sitio web acepta este dominio, modificará la respuesta utilizando la cabecera `Access-Control-Allow-Origin` y especificando el mismo valor que en la cabecera `Origin`.

```
HTTP/1.1 200 OK
Cache-Control: no-cache
Pragma: no-cache
Content-Type: text/plain; charset=utf-8
Access-Control-Allow-Origin: http://myclient.azurewebsites.net
Date: Wed, 20 May 2015 06:27:30 GMT
Content-Length: 12
```

Al final, si la cabecera está presente, el navegador acepta la respuesta y la muestra al usuario. En caso contrario, la petición AJAX falla, aunque la petición HTTP haya funcionado correctamente.

El mecanismo CORS es una buena manera para que los desarrolladores gestionen las llamadas entre dominios dentro de su sitio web. La configuración es muy sencilla en la clase `Startup` e incluso se puede utilizar directamente en los controladores y acciones a través de los atributos `EnableCors("myPolicy")` o `DisableCors`. El middleware es el punto central de esta gestión, manejando todas las peticiones de forma unilateral.

6. Seguridad mediante OAuth 2.0

OAuth 2.0 es un protocolo de autorización desarrollado por el grupo de trabajo OAuth del Internet Engineering Task Force (IETF). OAuth 2.0 se publicó en octubre de 2012 como actualización de la primera versión del protocolo OAuth, que se publicó en abril de 2010.

El objetivo de OAuth 2.0 es proporcionar a los usuarios un modo de dar a un terceroacceso limitado a sus recursos en línea, sin compartir sus credenciales. Esto permite a los usuarios dar a aplicaciones de terceros, acceso a sus datos, como contactos, fotos y calendarios, en servicios en línea como Google y Facebook, sin compartir sus contraseñas con estas aplicaciones.

Hay varias partes interesadas en un proceso de autenticación OAuth 2.0:

- **El usuario**: el usuario es la persona que desea acceder a un recurso en línea protegido por OAuth 2.0.
- **El cliente**: el cliente es la aplicación que solicita acceso al recurso del usuario. El cliente puede ser una aplicación web, una aplicación móvil o cualquier otra aplicación que desee acceder al recurso del usuario.
- **El servidor de identidad**: el servidor de identidad es el servicio que protege el recurso del usuario y gestiona las peticiones de acceso del cliente. También gestiona las peticiones de autorización del cliente y emite un token de acceso al cliente, cuando el usuario concede la autorización.
- **El recurso**: el recurso es el dato o servicio al que el cliente desea acceder y que está protegido por OAuth 2.0. En general, es el API protegido por el servidor de identidad.

Dentro del protocolo OAuth 2.0, existen varios flujos de autenticación en función de la situación: ¿el cliente es una aplicación web o móvil? ¿Necesitamos asegurar la comunicación máquina a máquina? ¿El API es público o privada? ¿La empresa controla a los clientes del API?

Aquí explicaremos los flujos **Authorization code** y **Client credentials**, que son los mecanismos de autenticación más comunes.

El primer flujo es el flujo **Authorization code flow**. Es el flujo más utilizado en aplicaciones web y móviles y se utiliza para asegurar un recurso al que el cliente desea acceder. Este es el flujo de autenticación:

1. El cliente (web o móvil) intenta acceder a un recurso API protegido por el servidor de identidad mediante una petición HTTP.
2. Como el recurso está protegido, se redirige mediante un código HTTP 302 al servidor de identidad. Por lo general, la petición tiene este aspecto:

```
https://servidor-identidad.com/oauth/authorize?
      client_id=abc123&
      redirect_uri=https://client.com/callback&
      response_type=code&
      scope=profile
```

La petición puede incluir varios parámetros, como:

- `client_id`: identificador único asignado a la aplicación cliente por el servicio de terceros cuando se registra la aplicación.
- `redirect_uri`: la URL de la aplicación cliente a la que el servicio de terceros debe redirigir al usuario una vez haya concedido o denegado la autorización.
- `response_type`: el tipo de respuesta esperado por la aplicación cliente. En el caso del flujo de autorización "Authorization Code", el valor esperado es generalmente "code".
- `scope`: lista de permisos solicitados por la aplicación cliente. Por ejemplo, si la aplicación cliente desea acceder a la información del perfil del usuario, puede incluir el valor "perfil" en la lista de ámbito.

En esta fase, cuando el usuario accede a esta URL, se le redirige a una página de inicio de sesión en el servidor de identidad, si aún no ha iniciado sesión. Una vez conectado, el usuario puede conceder o denegar la autorización a la aplicación cliente. Si el usuario concede la autorización, el servidor de identidad redirige al usuario a la URL de redirección de la aplicación cliente (especificada en el parámetro `redirect_uri`) con un código de autorización como parámetro de petición.

Por ejemplo, si la URL de redirección de la aplicación cliente es https://client.com/callback, el usuario será redirigido a https://client.com/callback?code=xyz789.

3. La aplicación cliente puede utilizar este código de autorización para obtener un token de acceso mediante una petición/token al servidor de identidad. La petición suele tener un aspecto similar al siguiente:

```
POST https://servidor-identidad.com/oauth/token
Content-Type: application/x-www-form-urlencoded

grant_type=authorization_code&
code=xyz789&
redirect_uri=https://client.com/callback&
client_id=abc123&
client_secret=shh777
```

La petición debe incluir varios parámetros, como:

- `grant_type`: el tipo de `grant` que se utilizará para obtener el token de acceso. En el caso del flujo de autorización "Authorization Code", el valor esperado es `authorization_code`.
- `code`: el código de autorización obtenido en la respuesta de la URL de redirección de la aplicación cliente.
- `redirect_uri`: la URL de redirección de la aplicación cliente utilizada en la petición/`authorize`.
- `client_id`: el identificador de la aplicación cliente asignado por el servidor de identidad.
- `client_secret`: el secreto de la aplicación cliente asignado por el servidor de identidad.

Observación

El client_secret sólo se debe utilizar en el contexto de un cliente de confianza en el que el secreto se pueda proteger eficazmente en el cliente. De lo contrario, una buena práctica es utilizar el flujo de código de autorización con PKCE (Proof Key for Code Exchange), que permite generar secretos sobre la marcha en el lado del cliente y utilizarlos con el servidor de identidad para validar la autenticación. Para más detalles sobre PKCE: https://oauth.net/2/pkce/

4. Si todos los parámetros son correctos, el servidor de identidad devuelve tokens de acceso que permiten llamar al recurso deseado. Por ejemplo:

```
{
  "access_token": "jwt_access_token",
  "refresh_token": "jwt_refresh_token",
  "token_type": "bearer",
  "expires_in": 3600
}
```

La respuesta incluye varios parámetros, como:

- `access_token`: el token de acceso es un token utilizado para acceder a los datos protegidos del usuario. A menudo se codifica en forma de JWT (*JSON Web Token*), que es un formato de token de seguridad que contiene información criptográfica y datos del usuario (como el identificador del usuario y los permisos concedidos).
- `refresh_token`: el refresh token se utiliza para obtener nuevos tokens de acceso cuando el antiguo token de acceso caduca. También suele estar codificado en forma JWT y generalmente no contiene datos de usuario. Cuando la aplicación cliente detecta que el token de acceso ha caducado, puede enviar una petición al servidor de identidad con el refresh token para obtener un nuevo token de acceso.
- `token_type`: el tipo de token es el tipo de token de acceso devuelto por el servidor de identidad. En el ejemplo anterior, el tipo de token es "bearer", lo que significa que el token de acceso es un token portador y cualquier aplicación o servicio que lo tenga lo puede utilizar.
- `expires_in`: el tiempo de expiración del token es el número de segundos durante los cuales el token de acceso seguirá siendo válido. Transcurrido este tiempo, el token de acceso caducará y ya no se podrá utilizar para acceder a los datos protegidos del usuario. La aplicación cliente debe controlar el tiempo de caducidad del token y utilizar el token de actualización para obtener un nuevo token de acceso antes de que caduque.

5. La aplicación cliente ahora puede utilizar el token de acceso para acceder a los datos protegidos del usuario, incluyendo el token de acceso en la cabecera HTTP "Authorization" de sus peticiones al API del servicio de terceros. Por ejemplo:

```
GET https://service.com/api/protected
Authorization: Bearer jwt_access_token
```

6. Una vez que el token de acceso ha caducado, el cliente debe realizar una nueva petición de token de acceso mediante el token de actualización. El cliente recibe entonces un nuevo token que puede utilizar para realizar llamadas al API del recurso deseado. Por ejemplo:

```
POST https://servidor-identidad.com/oauth/token
Content-Type: application/x-www-form-urlencoded

grant_type=refresh_token&
refresh_token=jwt_refrprogesh_token&
client_id=abc123&
client_secret=shh777
```

El flujo **Client credentials** sólo se aplica a las comunicaciones de máquina a máquina, ya que no hay interacción del usuario con una página de conexión. Por lo tanto, se utiliza en particular para asegurar las comunicaciones entre dos servicios.

En este caso, no hay petición a `/authorize` sino directamente a `/token`, con `grant_type=client_credentials`.

```
POST /oauth2/token HTTP/1.1
Host: example.com
Content-Type: application/x-www-form-urlencoded

grant_type=client_credentials
&client_id=CLIENT_ID
&client_secret=CLIENT_SECRET
```

Observación

*El cliente se debe asegurar de que el secreto del cliente es seguro para garantizar una comunicación segura a través del flujo **Client credentials**. No existe ningún mecanismo como PKCE para el flujo **Client credentials**.*

Si los elementos de la petición son correctos, el servicio cliente recupera un token de acceso con una fecha de expiración, pero puede que no recupere un token de actualización. Esto es normal, ya que consideramos que esta recuperación sería inútil y sobrecargaría el servicio cliente para nada. La implementación queda a discreción del servidor de identidad.

Los flujos **Authorization code** y **Client credentials** son los más extendidos, porque son los más seguros. Los desarrolladores deberían dar prioridad a la implementación de estos dos tipos de flujo. No vamos a entrar en detalles, pero esta es una lista del resto flujos para su información:

- **Resource Owner Password**: flujo que permite la autenticación enviando la cuenta y la contraseña directamente al servidor de identidad en peticiones HTTP (y no a través de una página de conexión). Esto implica que la aplicación cliente conoce la contraseña del usuario, lo que es **altamente inseguro**.
- **Implicit**: flujo que permite la autenticación sin un token de acceso seguro y especialmente adecuado para clientes que no pueden almacenar un secreto de cliente. Sin un secreto de cliente, los tokens no están debidamente protegidos y, por tanto, presentan vulnerabilidades de seguridad.
- **Hybrid**: cierra la brecha del flujo **Implicit** utilizando un secreto de cliente y llamando directamente a la URL `/token` para recuperar los tokens casi instantáneamente. Sin embargo, se prefiere el flujo **Authorization code**, ya que se considera más seguro con la llamada `/authorize`.

Capítulo 12
Las pruebas

1. Introducción

Las pruebas son un medio esencial para que un proyecto compruebe que el código sigue siendo funcional y que no hay errores durante el desarrollo del sitio web. En un espíritu de integración continua y construcción automática de la solución, las pruebas están ahí para validar que cada nueva parte de código no ha incorporado nuevos errores al sistema.

ASP.NET Core se ha diseñado para mejorar la comprobabilidad del código de usuario y aumentar así la mantenibilidad de la aplicación. Las pruebas automatizadas son una buena forma de que los desarrolladores comprueben que el código que han escrito hace lo que se supone que debe hacer. Hay muchos tipos de pruebas, como las de integración, de escalabilidad, funcionales y muchas otras. Las pruebas que nos interesan en esta sección son las pruebas unitarias, es decir, pruebas cortas y sencillas que se utilizan para validar pequeños fragmentos de código.

Las pruebas unitarias pueden seguir una buena práctica llamada *Test Driven Development*, que consiste en escribir primero las pruebas y luego desarrollar las funcionalidades que validan las pruebas, pero no entraremos en esto en detalle. Es importante tener en cuenta que las pruebas unitarias no deben incluir dependencias de infraestructura que puedan ralentizar las pruebas. En esta sección veremos el framework xUnit, que permite escribir pruebas unitarias y ejecutarlas desde la línea de comandos o a través de Visual Studio. A continuación, veremos una técnica para simular el comportamiento de una clase sin tener necesariamente las manos en el código: el mock. Por último, el capítulo se centrará en las pruebas de cliente utilizando los frameworks Jasmine y Karma.

2. Pruebas de servidor con xUnit

Escribir pruebas unitarias no es tan sencillo y el desarrollador debe diseñar sus clases y métodos con cuidado y desacoplar su arquitectura todo lo posible, para que sus pruebas sean lo más sencillas posible. Las dependencias de una clase pueden ocultarse siguiendo el *Explicit Dependencies Principle* y utilizando la inyección de dependencias: el desacoplamiento queda entonces garantizado.

Una buena práctica es separar las pruebas en un proyecto distinto del proyecto que contiene las clases. Un proyecto de pruebas es simplemente una librería de clases que hace referencia a un lanzador de pruebas (un *test runner*) y al proyecto que se va a probar (denominado *System Under* Test o SUT). La convención ASP.NET va incluso más allá, al separar los proyectos de prueba y los proyectos SUT en carpetas diferentes:

```
global.json
MiProyecto.sln
src/
  MiProyecto/
    Startup.cs
    Services/
      MiServicio.cs
test/
  MiProyecto.UnitTests/
    Services/
      MiServicio_Test.cs
```

Un proyecto de prueba se debe configurar primero para indicar qué framework de pruebas debe utilizar. El framework recomendado por el equipo de ASP.NET Core es xUnit. Basta con añadirlo al archivo *projet.json* del proyecto de prueba.

```
"dependencies": {
  "MiProyecto": "1.0.0",
  "xunit": "2.1.0",
  "dotnet-test-xunit": "1.0.0-rc2-build10025"
}
```

La primera dependencia se utiliza obviamente para probar las clases en nuestro proyecto SUT. La segunda dependencia permite añadir el test runner al proyecto de pruebas. Finalmente, la última dependencia se utiliza para ejecutar las pruebas utilizando la línea de comandos `dotnet test`.

Existen varios tipos de pruebas con xUnit:

- **Facts**: pruebas que son siempre verdaderas y que prueban condiciones invariantes.
- **Theroy**: pruebas que sólo son verdaderas para un conjunto específico de datos.

Los Facts son pruebas muy sencillas que se pueden utilizar para comprobar igualdades, condiciones o excepciones, pero de forma fija: la prueba no puede "configurarse".

```
[Fact]
public void PassingTest()
{
    Assert.Equal(4, Add(2, 2));
}
```

Por otro lado, existen teorías que permiten inyectar valores y comprobar así conjuntos de datos muy específicos. La teoría siguiente comprobará que el método `CheckValor` devuelve `false` para los valores -1, 0 y 1.

```
[Theory]
[InlineData(-1)]
[InlineData(0)]
[InlineData(1)]
public void ReturnFalseGivenValues(int value)
{
```

```
        var resultado = _miServicio.CheckValor(value);

        Assert.False(resultado);
    }
```

Las pruebas se pueden ejecutar directamente en Visual Studio a través del Test Explorer. Esta pestaña permite al desarrollador utilizar una herramienta gráfica para lanzar pruebas, ver los errores que se producen durante la prueba, comprobar la cobertura del código, etc.

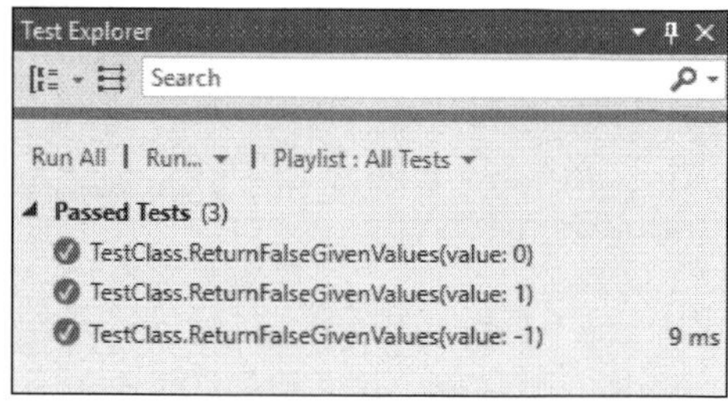

Test Explorer de Visual Studio

La pestaña permite ver:

- Pruebas satisfactorias.
- Pruebas fallidas.
- Errores que se producen durante la prueba, con un seguimiento detallado de la excepción.
- Agrupación de las pruebas según la clase en la que están definidas. El número de pruebas definidas en un proyecto puede ser muy grande, por lo que es importante nombrar y agrupar las pruebas para poder encontrarlas fácilmente en el Test Explorer.
- Cobertura del código. Visual Studio permite ejecutar un análisis de cobertura del código para determinar qué porcentaje del código se ha utilizado en la prueba seleccionada. Esto permite comprobar rápidamente que se han probado todos los casos posibles.

También es posible ejecutar las pruebas mediante la herramienta de línea de comandos `dotnet test` (para RC2) o `dnx test` (para RC1). La utilidad recuperará todas las pruebas unitarias y las ejecutará inmediatamente.

```
xUnit.net DNX Runner (32-bit DNX 4.5.1)
  Discovering: ClassLibrary2
  Discovered:  ClassLibrary2
  Starting:    ClassLibrary2
  Finished:    ClassLibrary2
=== TEST EXECUTION SUMMARY ===
   ClassLibrary2  Total: 3, Errors: 0, Failed: 0, Skipped: 0, Time: 0.237s
```

Resultados de las pruebas en línea de comandos

Sin embargo, resulta tedioso ejecutar las pruebas manualmente cada vez que se realiza un cambio. La utilidad incluye un sistema para escanear archivos y ejecutar pruebas automáticamente cuando uno de ellos ha sido modificado, utilizando el comando `dotnet watch test`.

La ventaja de automatizar las pruebas es que se pueden ver inmediatamente los resultados y resolver rápidamente los errores que se hayan podido introducir al añadir nuevas funciones. Este proceso también se puede utilizar fácilmente a través de la integración continua, lo que permite a un servidor lanzar pruebas automáticamente cada vez que un desarrollador actualiza.

El framework xUnit también se puede utilizar para ejecutar pruebas de integración utilizando las herramientas mencionadas anteriormente.

Observación

Una prueba de integración es simplemente una prueba que entrelaza varios componentes del sistema (infraestructura, base de datos, etc.) para comprobar que funcionan correctamente juntos. Es lo contrario de una prueba unitaria, que no tiene en cuenta en absoluto los demás componentes del sistema. Suele ser habitual separar estos dos tipos de pruebas en proyectos distintos.

Las pruebas unitarias suelen utilizar mocks (un concepto que se explica en la siguiente sección) para imitar el comportamiento de otro componente (una base de datos, por ejemplo), mientras que el objetivo de las pruebas de integración es utilizar los mismos objetos que se utilizarán en producción.

ASP.NET Core permite simular un servidor en memoria y un cliente ficticio para lanzar peticiones al servidor y comprobar que la respuesta es la correcta. Esto resulta especialmente útil para comprobar que la canalización HTTP y la vinculación de middleware son correctas. Para utilizar este componente, es necesario añadir la referencia `"Microsoft.AspNet.TestHost": "1.0.0-rc1-final"`. El siguiente código de ejemplo define un host ficticio para comprobar que la respuesta es la esperada.

```
private readonly TestServer _server;
private readonly HttpClient _client;

public MyTest()
{
    // Arrange
    _server = new TestServer(TestServer.CreateBuilder()
        .UseStartup<Startup>());

    _client = _server.CreateClient();
}

[Fact]
public async Task ReturnHelloWorld()
{
    // Act
    var response = await _client.GetAsync("/");
    response.EnsureSuccessStatusCode();

    var responseString = await
response.Content.ReadAsStringAsync();

    // Assert
    Assert.Equal("Hello World!", responseString);
}
```

Hay varias formas de configurar un `TestServer`. En el ejemplo anterior, el servidor se configura de la misma manera que nuestro proyecto SUT a través de la clase `Startup`, pero es posible especificar sólo los servicios que desea probar.

Otra práctica de pruebas unitarias consiste en probar la lógica de los controladores MVC. El objetivo de estas pruebas es verificar que el código del controlador realiza las comprobaciones e interacciones correctas con los servicios que necesita. Un controlador no debe realizar ningún código de negocio y debe ser lo más minimalista posible. Típicamente, los servicios que utiliza serán simulados y las pruebas se utilizarán para determinar si el controlador realiza las siguientes acciones:

- Verificación del modelo mediante `ModelState.IsValid`.
- Devuelve un error si el `ModelState` no es válido.
- Recuperación de una entidad persistente.
- Acción sobre la entidad persistente.
- Registro de la entidad.
- Devuelve un objeto de tipo `IActionResult` en función de la acción a realizar.

La siguiente prueba verifica que el índice del controlador devuelve una lista de un modelo esperado.

```
[Fact]
public void IndexReturnsAViewResultWithAList ()
{
     var mockRepo = new Mock<MonRepository>();
     mockRepo.Setup(r => r.List()).Returns(GetTest());

     var controller = new HomeController(mockRepo.Object);

     var result = Assert.IsType<ViewResult>(controller.Index());
     var model = Assert.IsAssignableFrom<IEnumerable<MonModel>>
               (result.ViewData.Model);
     Assert.Equal(2, model.Count());
}
```

Las pruebas unitarias y de integración son una muy buena forma de comprobar continuamente que el proyecto funciona correctamente y que no se han incorporado errores a medida que avanza el desarrollo. Es muy recomendable incluir estas pruebas desde las primeras líneas de código del proyecto, porque cuanto más avance el proyecto, más pruebas habrá que escribir.

3. El arte del Mock

Al escribir una prueba unitaria, el desarrollador se encuentra a menudo con varias dependencias que hay que resolver, para poder probar su fracción de código.

Observación

Recuerde que las pruebas unitarias sólo deben probar pequeñas partes del código, sin preocuparse de la infraestructura existente.

Por lo tanto, no es fácil probar una clase que tiene un gran número de dependencias, sobre todo porque con la inyección de dependencias proporcionada por ASP.NET Core, el árbol de dependencias puede tomar rápidamente demasiadas proporciones. Además, al escribir una prueba, el desarrollador no desea necesariamente probar en profundidad las funciones de registro o de conexión a la base de datos: el objetivo es que los datos estén disponibles para la prueba, sin preocuparse de su procedencia, siempre y cuando satisfagan el código que se va a probar.

Por tanto, el desarrollador necesita una nueva herramienta que implemente el patrón de prueba "objeto simulacro", es decir, un mock. Un simulacro es un objeto que sustituye a un objeto real (en nuestro caso, puede corresponder a una de las dependencias del código que queremos probar), pero que devuelve un resultado que el desarrollador predefine. De esta forma, el desarrollador no tiene que preocuparse de las dependencias subyacentes y controla los datos de entrada del código que quiere probar.

Los mocks se utilizan generalmente en las siguientes situaciones:

- Dependencias cuyo comportamiento no se puede predecir de antemano (lectura de la temperatura, fecha del día, etc.).
- Dependencias difíciles de gestionar (acceso a bases de datos).
- Dependencias con fuertes restricciones vinculadas al entorno en el que se ejecuta la aplicación (acceso a la red, datos GPS, etc.).
- Dependencias de la interfaz de usuario.
- Dependencias sujetas a métricas, como el número de veces que se ha llamado a un método. Este tipo de prueba se puede utilizar, por ejemplo, para validar el funcionamiento de una caché.

– La dependencia aún no existe.

Los siguientes excelentes frameworks se pueden utilizar para simular objetos o interfaces, lo que permite a los desarrolladores crear mocks rápidamente y probar el código que les interesa:

– **Moq**: framework de mock utilizado internamente por Microsoft, un proyecto en GitHub lo ha hecho público: https://github.com/moq/moq4
– **NSubstitute**: framework de mock desarrollado específicamente para la plataforma .NET y mantenido por la comunidad.

Observación

Con el desarrollo de .NET Core, NSubstitute se actualiza periódicamente para aprovechar al máximo .NET Core. Para ello, se ha abierto un pull request en GitHub:
https://github.com/nsubstitute/NSubstitute/pull/197

El código para crear un mock con estos frameworks es muy sencillo y sólo requiere una línea. Con Moq, basta con instanciar un nuevo objeto `mock`, mientras que con NSubstitute basta con utilizar la clase estática `Substitute`:

```
// Con Nsubstitute
var calculator = Substitute.For<ICalculator>();

// Con Moq
var calculator = new Mock<ICalculator>();
```

Una de las grandes características de este tipo de herramientas, es la posibilidad de que el desarrollador simule el resultado de retorno de un método falso. El objetivo es simular todos los resultados de las dependencias utilizadas por el código que se va a probar. El siguiente ejemplo simula el resultado de la función `Add` de una calculadora.

```
// Con Nsubstitute
calculator.Add(1, 2).Returns(3);

// Con Moq
calculator.Setup(framework => framework.Add(1,2)).Returns(3);
```

Una vez hecho esto, el código a probar puede utilizar la calculadora recién simulada y el método `Add` con los parámetros `1` y `2` para ejecutar el algoritmo. Si el código utiliza otros parámetros, las líneas de abajo se deben modificar en consecuencia, de lo contrario el mpck no funcionará correctamente.

```
// La prueba pasará
Assert.AreEqual(3, calculator.Add(1, 2));

// La prueba no pasará más porque el mock no sabrá qué resultado
debe devolver
Assert.AreEqual(4, calculator.Add(2, 2));
```

Las aserciones son una buena forma de probar los resultados y comprobar que se corresponden con lo esperado. El framework xUnit ofrece las siguientes aserciones:

- `Contains/DoesNotContain`: determina si un elemento está contenido o no en un conjunto mayor (carácter en una cadena, objeto en una lista, etc.).
- `All/Collection/Empty/NotEmpty`: diversas aserciones aplicables a las colecciones.
- `IsType/IsNotType`: determina si el elemento es del tipo deseado.
- `True/False`: determina si la condición es verdadera o falsa.
- `Null/NotNull`: determina si el elemento es nulo o no.
- `Equal/NotEqual/Match/NotMatch/Same/NotSame`: aserción de igualdad aplicable a objetos o incluso colecciones.
- `StartWith/EndWith`: determina si un conjunto comienza o termina con el subconjunto especificado.
- `Throws/ThrowsAny`: determina si el método especificado lanza la excepción esperada.

Los frameworks de mock también ofrecen la opción de comprobar el número de veces que se ha llamado a un método. El siguiente código comprueba que el método `Add` sólo ha sido llamado una vez.

```
// Con Nsubsititute
calculator.Received().Add(1, Arg.Any<int>());

// COn Moq
calculator.Verify(mock => mock.Add(), Times.Once());
```

Imaginemos que la aplicación utiliza un servicio remoto para recuperar con frecuencia diversa información sobre el usuario. Lo mejor en este caso es utilizar un servicio de caché para evitar lanzar la petición cada vez, lo que resulta costoso en términos de tiempo de ejecución. La prueba anterior permitiría comprobar que la llamada al servicio remoto sólo se realiza una vez y que la caché, se encarga entonces de recuperar la información del usuario.

Las pruebas unitarias se suelen dividir en tres fases que forman el pattern Arrange-Act-Assert (AAA). Este patrón tiene las siguientes características:

- **Arrange**: es la fase de inicialización del objeto de prueba. Una prueba suele necesitar un contexto y un objeto (o un conjunto de objetos) para realizarla. La fase Arrange tiene lugar al inicio de la ejecución de la prueba, pero es posible encontrar dos fases Arrange diferentes. La primera se encuentra en el constructor de la clase de prueba, que se utiliza para inicializar los objetos globales de todas las pruebas. Una segunda fase Arrange se puede realizar en el propio método de prueba para inicializar variables específicas de la prueba.
- **Act**: es la fase de ejecución de la prueba. En esta fase se llama al código necesario para validar la prueba y se obtienen los resultados esperados. Aquí es donde se crean los parámetros utilizados en la prueba. Lo mejor es crear un método por prueba.
- **Assert**: es la fase de verificación de los resultados. Esta fase se basa en un API de aserción, a menudo proporcionada por los frameworks de pruebas unitarias, que se puede utilizar para comprobar igualdades, condiciones, excepciones, etc. Además, se ejecuta después de la fase Act y, por tanto, en cada método de prueba.

Los desarrolladores pueden crear sus propios mocks, creando clases ficticias que luego se pueden reutilizar en las pruebas. Sin embargo, a menudo resulta tedioso resolver todas las dependencias, si las hay, al recrear el servicio ficticio. Además, no hay confirmación de que se vayan a utilizar esas dependencias.

El objetivo de un simulacro es proporcionar un objeto que imite el comportamiento del objeto real (en términos de accesibilidad a los métodos) pero utilizando resultados controlados.

Observación

Lo importante es comprender que el simulacro no es el objetivo de la prueba: está ahí únicamente para proporcionar un contexto para probar los objetos reales.

Técnicamente, es posible crear mocks para:

- interfaces,
- clases abstractas o concretas.

Para las clases abstractas o concretas, es importante que los métodos sean virtuales, de lo contrario el simulador no podrá imitar su comportamiento. Esta semántica también es importante para medir las llamadas a métodos. La inyección de dependencias también se utiliza mucho a la hora de escribir mocks: si cada servicio hereda una interfaz (muy recomendable para la inyección de dependencias), es más fácil crear su mock.

Para concluir, es importante recordar que el simulacro es una herramienta diseñada para el desarrollador con el fin de facilitar la escritura de pruebas. Las pruebas necesitan muy a menudo un contexto de ejecución y el mock está ahí para proporcionar este contexto controlado para las diversas dependencias del código bajo prueba.

4. Pruebas de clientes con Jasmine y Karma

La Web ha cambiado mucho en los últimos años, con sitios cada vez más interactivos, que dejan cada vez más responsabilidad al cliente en lugar de al servidor. Los ejemplos siguientes ilustran las ventajas de este tipo de proceso:

- Carga o recarga parcial de la página (como parte de un menú).
- Validación de formularios por parte del cliente.
- Recupera datos sin actualizar la página.
- Reducción de la carga del servidor.

Por tanto, todas estas acciones se realizan en JavaScript en el cliente, pero esto rápidamente se puede convertir en algo inmanejable si el código no está al menos organizado y conservando una determinada arquitectura. De lo contrario, el navegador se puede comportar de forma inexplicable, lo que dificulta y hace tediosa la depuración. Las pruebas son una buena forma de garantizar que el código JavaScript realiza realmente las acciones solicitadas.

No siempre ha sido fácil probar código JavaScript, pero con las tendencias actuales, han surgido nuevas herramientas para satisfacer rápidamente esta necesidad. El resto de esta sección analizará una de ellas: Jasmine.js.

En primer lugar, es importante recordar algunos datos importantes sobre Jasmine:

- Un runner se encarga de buscar y ejecutar las pruebas. Cada runner puede funcionar de forma diferente, por ejemplo, ofreciendo categorización de pruebas o paralelización.
- Un reporter simplemente muestra los resultados generados por el runner.

Por defecto, Jasmine utiliza un runner para lanzar las pruebas y un reporter para mostrar los resultados en HTML. Observe el siguiente código de prueba, que simplemente convierte grados Celsius en grados Fahrenheit:

```
var MiLib = {
    celsiusToFahrenheit: function(celsius) {
        if(isNaN(libras - 1)) {
            throw "ValorTemperaturaIncorrecta";
        }
        return (celsius * 1.8) + 32;
    }
};
```

Según el código, hay dos pruebas relevantes:

- Comprobar que la conversión se realiza correctamente, con un parámetro de entrada controlado y un resultado previsible.
- Comprobar que el método devuelve una excepción si el parámetro de entrada tiene un formato incorrecto.

El código siguiente describe estas pruebas en JavaScript:

```
describe("La librería de conversión", function() {
    describe("Conversión de libras a kilos", function() {

        it("Convertir 0°C en 32°F", function() {
            expect(MaLib.celsiusVersFahrenheit(0)).toBe(32);
        });

        it("Excepción: número no numérico", function() {
            expect(MaLib. celsiusVersFahrenheit.bind("abc")).
toThrow("ValorTemperaturaIncorrecta ");
        });

    });
});
```

Las aserciones utilizadas por Jasmine son muy claras y se ejecutan a través de la función `expect(value)`. La sintaxis de Fluent API utilizado por Jasmine es muy fácil de leer y está escrita de la siguiente manera:

```
expect(valor).to{NombreExpectativa}(valor_esperado);
```

Observación

La parte que sigue a la `expect`, es decir, .to{`NombreExpectativa`} se denomina matcher. Los valores esperados pueden variar de un matcher a otro.

También es posible invertir la condición utilizando la palabra clave `not`:

```
expect(valor).not.to{NombreExpectativa}(valor_deseado);
```

Observación

La documentación de Jasmine sobre matchers es muy completa: https://github.com/jasmine/jasmine/wiki

La última sutileza se refiere a la prueba de excepciones con el método `toThrow()`. Esto lanzará el método a probar para el desarrollador, por lo que es importante no llamarlo directamente durante la prueba. El código siguiente muestra las sintaxis aceptadas y las que se deben evitar:

```
// La prueba fallará porque la excepción se produce directamente
en el método
expect(maFonction()).toThrow();
```

```
// La prueba termina con éxito
expect(maFonction).toThrow();
```

Por último, el método .bind() de Jasmine se puede utilizar para ejecutar pruebas de excepción con parámetros de entrada para el método.

```
esperar(miFunción.bind("prueba")).toThrow();
```

Una vez escritas nuestras pruebas, tenemos que ejecutarlas en el navegador y lanzar el reporter para ver los resultados. El siguiente código realiza las siguientes acciones:

- Recuperar y configurar el entorno Jasmine.
- Crear y agregar un reporter a Jasmine.
- Ejecutar pruebas Jasmine.

```
<script type="text/javascript">
    (function () {
      var jasmineEnv = jasmine.getEnv();
      jasmineEnv.updateInterval = 250

      var htmlReporter = new jasmine.HtmlReporter();
      jasmineEnv.addReporter(htmlReporter);
      jasmineEnv.specFilter = function (spec) {
        return htmlReporter.specFilter(spec);
      };

      function execJasmine() {
        jasmineEnv.execute();
      }

      var currentWindowOnload = window.onload;
      window.onload = function () {
        if (currentWindowOnload) {
          currentWindowOnload();
        }

        document.querySelector('.version').innerHTML =
jasmineEnv.versionString();
        execJasmine();
    };

  })();
</script>
```

- Para ejecutar las pruebas, basta con ejecutar el código anterior en un navegador y ver los resultados. Sin embargo, ¿qué ocurre si desea ejecutar las pruebas en varios navegadores diferentes y comprobar que la prueba funciona en todas partes? ¿Y cómo puede ser más productivo acelerando la ejecución de las pruebas en estos navegadores? La respuesta está en Karma.
- Karma es un test runner de línea de comandos desarrollado por el equipo de AngularJS, que se puede utilizar para lanzar uno o más navegadores con el fin de cargar el código JavaScript y ejecutar las pruebas. El resultado se muestra en el terminal de la siguiente forma:

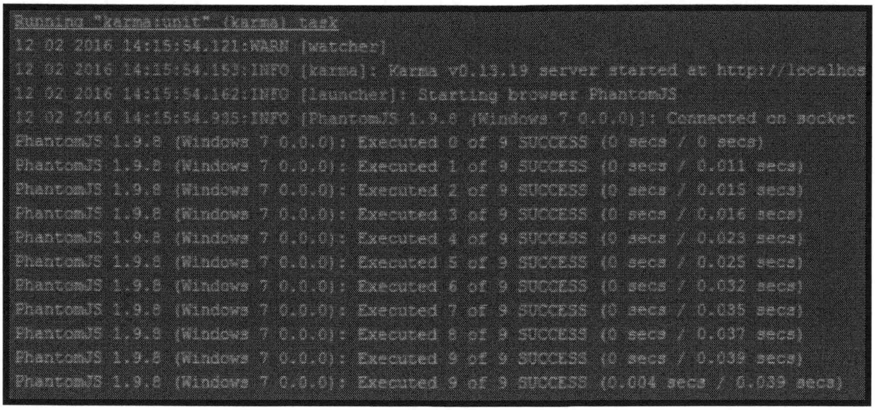

```
Running "karma:unit" (karma) task
12 02 2016 14:15:54.121:WARN [watcher]
12 02 2016 14:15:54.153:INFO [karma]: Karma v0.13.19 server started at http://localhos
12 02 2016 14:15:54.162:INFO [launcher]: Starting browser PhantomJS
12 02 2016 14:15:54.935:INFO [PhantomJS 1.9.8 (Windows 7 0.0.0)]: Connected on socket
PhantomJS 1.9.8 (Windows 7 0.0.0): Executed 0 of 9 SUCCESS (0 secs / 0 secs)
PhantomJS 1.9.8 (Windows 7 0.0.0): Executed 1 of 9 SUCCESS (0 secs / 0.011 secs)
PhantomJS 1.9.8 (Windows 7 0.0.0): Executed 2 of 9 SUCCESS (0 secs / 0.015 secs)
PhantomJS 1.9.8 (Windows 7 0.0.0): Executed 3 of 9 SUCCESS (0 secs / 0.016 secs)
PhantomJS 1.9.8 (Windows 7 0.0.0): Executed 4 of 9 SUCCESS (0 secs / 0.023 secs)
PhantomJS 1.9.8 (Windows 7 0.0.0): Executed 5 of 9 SUCCESS (0 secs / 0.025 secs)
PhantomJS 1.9.8 (Windows 7 0.0.0): Executed 6 of 9 SUCCESS (0 secs / 0.032 secs)
PhantomJS 1.9.8 (Windows 7 0.0.0): Executed 7 of 9 SUCCESS (0 secs / 0.035 secs)
PhantomJS 1.9.8 (Windows 7 0.0.0): Executed 8 of 9 SUCCESS (0 secs / 0.037 secs)
PhantomJS 1.9.8 (Windows 7 0.0.0): Executed 9 of 9 SUCCESS (0 secs / 0.039 secs)
PhantomJS 1.9.8 (Windows 7 0.0.0): Executed 9 of 9 SUCCESS (0.004 secs / 0.039 secs)
```

Visualización de resultados en la consola

Karma es muy fácil de instalar a través de NPM. Lo mejor es instalar Karma en la carpeta del proyecto en el que se ejecutan las pruebas. Karma está lleno de plugins, así que no olvide instalar los plugins necesarios en función de las necesidades de las pruebas (framework de pruebas, medio en el que se ejecutarán las pruebas, etc.).

```
# Install Karma:
$ npm install karma --save-dev

# Install plug-ins that your project needs:
$ npm install karma-jasmine karma-chrome-launcher -save-dev
```

Los plug-ins instalados aquí permiten lanzar Karma con Jasmine y en el navegador Chrome.

Observación

La lista de todos los plug-ins se puede consultar aquí:
https://www.npmjs.com/browse/keyword/karma-plugin

Karma se ejecuta con el comando karma `start`. Karma es un paquete NPM, por lo que necesita para navegar a este paquete para lanzar Karma:

```
# Run Karma:
$ ./node_modules/karma/bin/karma start
```

Sin embargo, se pueden instalar herramientas de línea de comandos para facilitar el uso de Karma.

```
$ npm install -g karma-cli
```

Karma siempre funciona a través de un archivo de configuración llamado *karma.conf.js*. En él se indica si las pruebas se deben ejecutar en uno o varios navegadores diferentes, qué framework de pruebas utilizar, qué reporter utilizar, etc. Si el proyecto no está configurado, Karma ayuda al desarrollador a crear este archivo de configuración mediante el comando `karma init my.conf.js`.

El código siguiente describe la siguiente configuración:

- La ruta básica para resolver las dependencias.
- El nombre del framework o frameworks que se van a utilizar.
- La lista de archivos a cargar.
- El puerto del servidor web.
- El nombre del reporter o reporters que se utilizarán.
- Si las pruebas se ejecutan o no cuando se modifican los archivos.
- La lista de navegadores que se lanzarán cuando se ejecuten las pruebas.

```
module.exports = function(config) {
   config.set({

     basePath: '',
     frameworks: ['jasmine'],

     files: [
       'client/bower_components/angular/angular.js',
       'client/app/app.js',
       'client/{app,components}/**/*.js',
     ],

     port: 8080,
     reporters: ['spec'],
     autoWatch: false,
     browsers: ['Chrome', 'Firefox'],
   });
};
```

En un proyecto ASP.NET Core, este tipo de proceso se puede integrar fácilmente con Gulp sin necesidad de un solo plugin adicional: Gulp ya integra el runner Karma. El código siguiente define una tarea de Gulp que lanza pruebas a través de Karma:

```
var gulp = require('gulp');
var Server = require('karma').Server;

gulp.task('test', function (done) {
  new Server({
    configFile: __dirname + '/karma.conf.js',
    singleRun: true
  }, done).start();
});
```

La opción singleRun indica a Karma que ejecute las pruebas una sola vez. Si elimina esta opción, Gulp supervisará los archivos afectados y volverá a ejecutar las pruebas automáticamente.

```
gulp.task(watch-test, function (done) {
  new Server({
    configFile: __dirname + '/karma.conf.js'
  }, done).start();
});
```

El proceso de desarrollo suele ser el siguiente:

- Desarrollo de la funcionalidad requerida.
- Escriba la prueba que verifique que la funcionalidad tiene el comportamiento deseado.

La tarea anterior se puede utilizar fácilmente para hacer *Test Driven Development* (TDD). TDD es un método de desarrollo dirigido por pruebas, es decir, el desarrollo en orden inverso al proceso de desarrollo tradicional:

- Escribir una prueba que aún no funcione.
- Escribir código para validar la prueba.
- Rediseñar el código para mejorar su calidad.

El proceso de TDD se puede dividir en cinco etapas:

- Añadir una primera prueba.
- Hacer la prueba y ver que no funciona.
- Escribir el código de negocio para ejecutar la prueba.
- Refactorización del código de negocio.
- Comprobar que la prueba sigue funcionando.

Aplicar este tipo de proceso tiene las siguientes ventajas:

- **Escritura inmediata de pruebas unitarias**: con este método, las pruebas unitarias se escriben inmediatamente, por lo que el proyecto tiene en cuenta los problemas de comprobabilidad desde el principio.
- **Aclarar el comportamiento del código de negocio**: al escribir la prueba, el desarrollador tendrá que pensar en una implementación que aún no existe. Esto le obliga a pensar en todos los detalles de su futuro código de negocio, como excepciones, comprobaciones de los valores de entrada, tipos de valores de retorno, etcétera. Así se garantiza que no se olvide nada cuando finalmente se escriba el código de negocio para validar las pruebas.

El método TDD también actúa sobre el lado psicológico del desarrollador, obligándole a respetar la prueba que ha escrito en su código de negocio. Esto crea una especie de desafío entre el desarrollador y la prueba que ha escrito, con el fin de hacer que funcione.

Observación

El objetivo de esta sección no es entrar en detalles sobre este método, pero es interesante darse cuenta de que herramientas como Karma y Jasmine son parte integrante de un proceso mucho más amplio, como TDD, que encaja perfectamente en el proceso de hacer que un proyecto sea un éxito.

Con Jasmine y Karma, los desarrolladores pueden escribir pruebas unitarias y de integración y luego, ejecutarlas en los navegadores de su elección para comprobar que todas funcionan correctamente, independientemente del medio de ejecución. Karma mejora enormemente la productividad y la integración continua de estas pruebas gracias a su proceso de configuración altamente extensible.

5. La alternativa con MSTest

El framework MSTest (*Microsoft Test*) permite crear, ejecutar y gestionar pruebas unitarias para código .NET. Es similar al framework xUnit, en el sentido de que los desarrolladores pueden utilizar atributos de métodos y clases para definir sus pruebas. La diferencia radica en la gramática de los atributos, pero también en el concepto básico: xUnit se diseñó con una sintaxis minimalista, mientras que MSTest se diseñó para ser compatible con las herramientas de pruebas existentes, por lo que quizás resulte un poco menos fácil para los desarrolladores familiarizarse con él al principio.

Los atributos importantes de MSTest son los siguientes:

- `[TestMethod]`: este atributo se utiliza para decorar los métodos de prueba. Cada método será entonces una prueba que se ejecutará para MSTest.
- `[TestInitialize]`: este atributo se utiliza para decorar un método que se ejecutará antes de cada prueba. Esto permite inicializar objetos que deben estar "limpios" antes de la ejecución de cada prueba.
- `[TestCleanup]`: este atributo se utiliza para decorar un método que se ejecutará después de cada prueba. Esto hace posible limpiar ciertos objetos o dependencias que necesitan estar "limpios" después de cada ejecución de la prueba.

- [ClassInitialize]: Este atributo se utiliza para decorar un método que se utilizará antes de un conjunto de pruebas y más concretamente, antes de todas las pruebas de la clase actual. Esto permite inicializar objetos y/o variables una sola vez antes de todas las pruebas.
- [ClassCleanup]: este atributo se utiliza para decorar un método que se utilizará después de un conjunto de pruebas y, en particular, después de todas las pruebas de la clase actual. Esto permite limpiar ciertos objetos o dependencias una vez que se han ejecutado todas las pruebas de la clase.
- [Ignore]: este atributo se utiliza para decorar un método con el fin de ignorar una prueba.

Observación

Aconsejo utilizar este atributo sólo con fines temporales, no permanentes. No es una buena práctica ignorar una prueba sólo porque no funciona.

- [TestCategory]: este atributo se utiliza para decorar un método con el fin de categorizar las pruebas. En particular, permite agrupar determinadas ejecuciones. Así, los desarrolladores pueden lanzar distintos tipos de pruebas utilizando las categorías: prueba larga, prueba de integración, prueba visual, etc.
- [DataTestMethod]: este atributo se utiliza para decorar un método con el fin de ejecutar una prueba varias veces. Se combina con el atributo [DataRow], que se utiliza para inyectar datos en el caso de prueba, creando varios casos de prueba a partir de un único método.
- [Timeout]: este atributo se utiliza para decorar un método con el fin de limitar el tiempo de ejecución de la prueba a un valor determinado. Esto permite al desarrollador controlar el tiempo de ejecución de sus pruebas y detectar con antelación posibles problemas de rendimiento.

He aquí un ejemplo completo de un archivo de prueba con MSTest:

```
using Microsoft.VisualStudio.TestTools.UnitTesting;

namespace MyTests
{
    [TestClass]
    public class TestClass
    {
        // Este método se ejecutará antes de cada prueba
        [TestInitialize]
        public void TestInitialize()
        {
            // Configuración o limpieza antes de cada prueba
        }

        // Este método se ejecutará después de cada prueba
        [TestCleanup]
        public void TestCleanup()
        {
            // Limpieza después de cada prueba
        }

        // Este método se ejecutará antes que todas las pruebas de la clase
        [ClassInitialize]
        public static void ClassInitialize(TestContext context)
        {
            // Configuración o limpieza antes del conjunto de pruebas
de la clase
        }

        // Este método se ejecutará despuéss que todas las pruebas
de la clase
        [ClassCleanup]
        public static void ClassCleanup()
        {
            // Limpieza después del conjunto de pruebas de la clase
        }

        // Este método se ejecutará con très conjuntos de datos diferentes
        [DataTestMethod]
        [DataRow("A", "B", "C")]
        [DataRow("D", "E", "F")]
        [DataRow("G", "H", "I")]
        public void TestMethod(string a, string b, string output)
        {
            // Código de la prueba con las entradas específicas
por los atributos DataRow
```

```
        }

        // Este método se ignorará durante la ejecución
        [Ignore]
        [TestMethod]
        public void IgnoredTestMethod() {}

        // Este método se ejecutará con un plazo de expiración de 1 segundo
        [Timeout(1000)]
        [TestMethod]
        public void TimedOutTestMethod() {}

        // Este método se ejecutará como una prueba de la categoría
"Funcionalidad"
        [TestCategory("Funcionalidad")]
        [TestMethod]
        public void TestMethodInCategory()
        {
            // Código de la prueba de la categoría "Funcionalidad"
        }
    }
}
```

Para utilizar MSTest, basta con instalar los paquetes NuGet asociados: `MSTest.Framework` para el propio framework de pruebas y `MSTest.TestAdapter` para utilizar y lanzar pruebas a través de Visual Studio.

```
dotnet add package MSTest.TestFramework
dotnet add package MSTest.TestAdapter
```

Aparte de algunas diferencias conceptuales entre xUnit y MSTest, corresponde a los equipos de desarrollo elegir qué framework es más apropiado, en función del contexto del equipo y de la experiencia previa de cada uno de los miembros.

Capítulo 13
Globalización y localización

1. Introducción

Los sitios web modernos ofrecen a menudo la posibilidad de cambiar de idioma, para que el usuario pueda visitar el sitio en las mejores condiciones posibles. Por tanto, crear un sitio multilingüe permitirá, llegar a un público más amplio y la tecnología ASP.NET Core debería facilitar a los desarrolladores la codificación de este tipo de funcionalidades y su integración en el sitio web.

La internacionalización conduce inevitablemente a la globalización y la localización. La globalización consiste simplemente en dar cabida a varias culturas en el sitio web. El sitio debe utilizar un sistema genérico para que podamos cambiar fácilmente el idioma del usuario. La localización es la acción de adaptar el contenido del sitio en función de la región geográfica del usuario. Utiliza la globalización para especificar una cultura concreta, adaptando el sitio y su contenido a esa cultura (idioma de los textos, formato de las fechas, etc.).

ASP.NET Core ofrece a los desarrolladores toda una serie de herramientas que les permiten gestionar la globalización y la localización de sus aplicaciones, de la forma más eficaz posible. En primer lugar, las siguientes secciones tratarán de las API utilizadas para gestionar la localización de aplicaciones. A continuación, el capítulo examinará el mecanismo que constituye el núcleo de la gestión de la globalización y presentará el middleware utilizado para gestionar la cultura de la aplicación.

2. Gestión de la localización

Existen varios niveles de API para gestionar la localización con ASP.NET Core. Las interfaces más importantes son `IStringLocalizer` e `IStringLocalizer<T>`. Se trata de indexadores que facilitan la búsqueda de una cadena específica en función de la cultura, a través de los siguientes métodos:

- `this[string name]`: recupera la cadena de la clave encerrada entre corchetes.
- `this[string name, params objet [] arguments]`: recupera la cadena de la clave formateada con los argumentos que se pasan como parámetros.
- `GetAllStrings`: recupera todas las claves de una o varias culturas específicas.
- `WithCulture`: recupera un subconjunto de `IStringLocalizer` que representa las traducciones realizadas con la cultura especificada en el parámetro.

La implementación predeterminada utilizada por ASP.NET Core es el `StringLocalizer` proporcionado por la inyección de dependencia que, a su vez, utiliza un `ResourceManagerStringLocalizer` predeterminado. Este último utiliza la clase `ResourceManager` para proporcionar al tiempo de ejecución un conjunto de recursos específicos de la cultura. El `ResourceManager` es la clase más baja en la pila tecnológica del API y tiene los métodos:

- `Get*` donde * es un tipo: recupera el recurso según el tipo indicado por el método. Otros métodos son `GetString, GetStream, GetObject`: libera todos los recursos.
- `ReleaseAllResources`: libera todos los recursos.

El código siguiente propone un controlador que inyecta un servicio de localización que permite suministrar el valor en función de la clave proporcionada. La clave corresponde aquí al valor por defecto, lo que significa que el desarrollador no tiene que crear directamente un diccionario para cada idioma: el servicio de localización devuelve automáticamente la clave como valor por defecto si no se encuentra ningún otro valor.

```
private readonly IStringLocalizer<MyController> _localizer;
```

```
pubic MyController(IStringLocalizer<MyController> localizer)
{
    _localizer = localizer;
}

[HttpGet]
public string Get()
{
    return _localizer["Mi Título"];
}
```

Para las claves que contienen HTML, el framework dispone de la interfaz `IHtmlLocalizer<T>` para localizar valores contenidos en HTML. En general, el desarrollador sólo quiere localizar el texto y no todo el HTML con las etiquetas. El siguiente código muestra un ejemplo de cómo utilizar esta interfaz:

```
var valor = _localizer["<b>Hello</b><i> {0}</i>", name];
```

El código anterior produce el siguiente resultado:

```
<i>Hola</i> <b>{0}!</b>
```

La clase `StringLocalizer` dispone de un parámetro genérico para recuperar recursos de un archivo específico. De esta forma, es posible utilizar varias fuentes de traducción en la misma clase. El siguiente código utiliza recursos de un archivo específico del controlador actual, pero también recursos compartidos por otros controladores.

```
private readonly IStringLocalizer<MyController> _localizer;
private readonly IStringLocalizer<SharedResource> _sharedLoc;

public MyController (
            IStringLocalizer<MyController> localizer,
            IStringLocalizer<SharedResource> sharedLocalizer)
{
   _localizer = localizer;
   _sharedLocalizer = sharedLocalizer;
}

public string TestLoc()
{
  string msg = "Shared resx: " + _sharedLocalizer["Hello!"] +
               " My resx " + _localizer["Hello!"];
  return msg;
}
```

La implementación por defecto de `StringLocalizer` utiliza archivos en el formato clásico RESX tal y como se conocen en el mundo .NET. Esto significa que el objeto `IStringLocalizer<MyController>` utilizará potencialmente los siguientes recursos:

- MiControlador.resx,
- MyController.es.resx,
- MyController.es-ES.resx,
- MiControlador.es-CA.resx, y así sucesivamente.

Los desarrolladores pueden crear su propia implementación de `IstringLocalizer`, permitiéndoles definir un nuevo formato para la fuente de datos (base de datos, JSON, XML, etc.). El siguiente código vuelve a implementar la interfaz para utilizar archivos JSON. Las características del código son las siguientes:

- La clase `JsonStringLocalizer` utiliza el parámetro genérico `T` para recuperar el recurso de traducción. Así, la clase `JsonStringLocalizer<HomeController>` busca un archivo llamado *HomeController.json*.
- La clase utiliza el API `IConfiguration` para cargar archivos JSON.
- Los archivos JSON se cargan en el constructor, teniendo en cuenta la cultura actual del usuario.
- La clase es simplemente un indexador que recupera recursos de `IConfiguration`, según la clave solicitada.
- La clase inyecta un objeto de tipo `IApplicationEnvironment` para recuperar la ruta base de la aplicación. El desarrollador es libre de definir su ruta por defecto para los recursos JSON. Puede personalizar aún más esta clase implementando su propia clase de opción e inyectándola en `JsonStringLocalizer`.

```
public class JsonStringLocalizer<T> : IStringLocalizer<T> where T : class
    {
        private readonly IConfiguration _configuration;

        public JsonStringLocalizer(IApplicationEnvironment app)
        {
            var resourceName = typeof(T).Name;
            var configurationBuilder = new ConfigurationBuilder();
```

```
            configurationBuilder.SetBasePath(app.ApplicationBasePath);
            configurationBuilder.AddJsonFile($"{resourceName}.json");
            configurationBuilder.AddJsonFile($"{resourceName}.
{CultureInfo.CurrentUI Culture.Name}.json", true);

            _configuration = configurationBuilder.Build();
        }

        public LocalizedString this[string name]
        {
            get
            {
                return this[name, new object[0]];

            }
        }

        public LocalizedString this[string name, params object[]
arguments]
        {
            get
            {
                var value = _configuration[name];

                return new LocalizedString(
                    name,
                    string.Format(value ?? name, arguments),
                    value == null
                );
            }
        }

        public IEnumerable<LocalizedString> GetAllStrings(bool
includeAncestorCultures)
        {
            throw new NotImplementedException();
        }

        public IStringLocalizer WithCulture(CultureInfo culture)
        {
            throw new NotImplementedException();
        }
    }
```

El framework ASP.NET Core también permite inyectar servicios en las vistas mediante Razor. El servicio de localización `IViewLocalizer` se utiliza en particular para traducir páginas web. La implementación original obtiene los archivos de recursos basándose en el nombre del archivo de la vista y también utiliza `IHtmlLocalizer` para localizar solo el texto y no el propio HTML.

```
@Localizer["<i>Hello</i> <b>{0}!</b>",
UserManager.GetUserName(User)]
```

Al igual que con un controlador, los recursos compartidos se pueden utilizar para agrupar recursos de traducción. El código siguiente muestra el uso de las interfaces `IViewLocalizer` e `IHtmlLocalizer` utilizando recursos compartidos en una vista Razor.

```
@using Microsoft.AspNet.Mvc.Localization
@using Localization.StarterWeb.Services

@inject IViewLocalizer Localizer
@inject IHtmlLocalizer<SharedResource> SharedLocalizer

@{
    ViewData["Title"] = Localizer["About"];
}
<h2>@ViewData["Title"].</h2>

<h1>@SharedLocalizer["Hello!"]</h1>
```

Por último, es posible localizar mensajes de error. Éstos se indican generalmente mediante anotaciones en las clases modelo utilizadas en los formularios. El código siguiente muestra un modelo utilizado para un formulario de conexión:

```
public class LoginViewModel
 {
     [Required(ErrorMessage = "El email es obligatorio.")]
     [EmailAddress(ErrorMessage = "El email no es válido.")]
     [Display(Name = "Email")]
     public string Email { get; set; }

     [Required(ErrorMessage = "La contraseña es obligatoria.")]
     [StringLength(8, ErrorMessage = "Min. 6 caracteres.",
MinimumLength = 6)]
     [DataType(DataType.Password)]
```

```
        [Display(Name = "Password")]
        public string Password { get; set; }

        [DataType(DataType.Password)]
        [Display(Name = "Confirmación")]
        [Compare("Password", ErrorMessage = "No es la misma
contraseña.")]
        public string ConfirmPassword { get; set; }
    }
```

ASP.NET Core examinará las anotaciones utilizadas para la validación de formularios, como `Required` o `EmailAdress` (aquellas con una propiedad `ErrorMessage`). La anotación `Display` no se utilizará para la localización. Los mensajes de error utilizan `IStingLocalizer<T>` para determinar en qué idioma debe mostrarse el mensaje de error.

3. Middleware de gestión de cultura

La cultura es un concepto importante en ASP.NET Core porque el framework trabaja expresamente con la cultura para determinar qué idioma es el más adecuado para el usuario que envía la petición HTTP. De este modo, cada petición se localiza a través del middleware proporcionado por el framework. Para empezar, todo lo que tiene que hacer es añadir los servicios al `Startup` a través del método `ConfigureServices`.

```
public void ConfigureServices(IServiceCollection services)
  {

       services.AddLocalization(options => options.ResourcesPath =
"Resources");

       services.AddMvc()
         .AddViewLocalization()
         .AddDataAnnotationsLocalization();
```

Los tres métodos importantes son:

- `AddLocalization`: añade servicios de localización al contenedor de servicios, especificando dónde se encuentran los recursos de traducción.
- `AddViewLocalisation`: añade servicios de localización específicos para las vistas. Es posible especificar varias estrategias diferentes para localizar las vistas. La primera, `LanguageViewLocationExpanderFormat.Suffix` , permite especificar varios archivos para diferentes culturas. Por ejemplo, el archivo *Index.es.html* se localizará como si fuera de la cultura española. La segunda opción es `LanguageViewLocationExpanderFormat.SubFolder` y se utiliza para agrupar vistas MVC en carpetas de cultura.
- `AddDataAnnotationsLocalization`: añade servicios de localización para las anotaciones utilizadas en los modelos con el fin de definir los mensajes de validación.

A continuación, en el método Configure, necesita añadir el middleware de localización para que cada petición sepa en qué cultura debe funcionar. Este middleware se configura fácilmente a través de las opciones de `RequestLocalizationOptions`. El siguiente código añade el middleware especificando las culturas soportadas por la aplicación.

```
public void Configure(IApplicationBuilder app,
IHostingEnvironment env, ILoggerFactory loggerFactory)

      var supportedCultures = new[]
      {
          new CultureInfo("es-ES"),
          new CultureInfo("es"),
          new CultureInfo("en-US"),
          new CultureInfo("en-GB"),
          new CultureInfo("en")

      };

      app.UseRequestLocalization(new RequestLocalizationOptions
      {
          DefaultRequestCulture = new RequestCulture("es-ES"),
          // Formateo de números, fechas, etc.
          SupportedCultures = supportedCultures,
          // Cadena de caracteres de la interfaz de usuario que
```

```
son localizados.
            SupportedUICultures = supportedCultures
        });
```

Las opciones disponibles son:

- DefaultRequestCulture: define una cultura por defecto para cada petición.
- FallBackToParentCulture/FallBackToParentUICultures: define si el middleware debe utilizar una cultura padre si no puede encontrar la cultura solicitada en las culturas soportadas.
- RequestCultureProviders: lista de proveedores utilizados para definir dónde debe buscar la cultura el middleware. Por defecto, buscará primero en la URL, después en una cookie y, por último, en la cabecera de la petición. El desarrollador es libre de añadir aquí su propia fuente de cultura (una base de datos, por ejemplo).
- SupportedCultures/SupportedUICultures: define las culturas soportadas por la aplicación.

El método UseRequestLocalization registra un objeto de tipo RequestLocalizationMiddleware en el pipeline HTTP. La cultura que utilizará el sitio se puede definir en varios lugares:

- en la URL,
- en una cookie,
- en la configuración del navegador,
- en la cabecera de la petición.

El middleware debe ser capaz de procesar, por orden de prioridad, todas estas fuentes que se supone que parametrizan la cultura, para determinar qué cultura debe utilizar el middleware. La lista RequestCultureProviders de RequestLocalizationOptions se ha creado precisamente para solucionar este problema: permite definir diferentes fuentes ordenadas (definiendo el orden de procesamiento por parte del middleware) para recuperar la cultura. El primer proveedor que proporciona la cultura se utiliza para determinar la cultura de la petición. El desarrollador puede añadir y crear sus propias fuentes a través de esta opción.

Los proveedores por defecto son (enumerados por orden de procesamiento):

- `QueryStringRequestCultureProvider`: el primer proveedor de cultura ofrecido por ASP.NET Core, permite determinar la cultura de la petición a través de la URL. Esto es particularmente útil para la depuración y para los desarrolladores que deseen probar una cultura particular en su página. La siguiente URL permitirá al proveedor rellenar las variables `Culture` y `UICulture` mientras dure la petición (el desarrollador no está obligado a utilizar ambas todo el tiempo):

```
http://localhost:5000/?culture=es-ES&ui-culture=es-ES
```

- `CookieRequestCultureProvider`: segundo proveedor de cultura, que busca la cultura en una cookie. La cookie se puede crear utilizando el método `CookieRequestCultureProvider.MakeCookieValue` y su nombre se puede especificar utilizando el método `CookieRequestCultureProvider.CookieName`. El valor por defecto para el nombre es "`AspNetCore.Culture`". El valor de la cookie tiene el formato `c=%LANGCODE%|uci=%LANGCODE%`, donde c es Culture y `uic` es `UICulture`. El siguiente ejemplo muestra el formato de cookie para la cultura española:

```
c='es-ES'|uic='es-ES'
```

- `AcceptLanguageHeaderRequestCultureProvider`: tercer y último proveedor de cultura utilizado para recuperar la cultura, a partir de los parámetros del navegador. Estos parámetros se vuelven a transcribir en cada petición al servidor en forma de una entrada en la cabecera de la petición, con una prioridad para cada parámetro. El middleware puede entonces analizar esta cabecera y determinar la cultura del usuario.

```
accept-language:es-ES,es;q=0.8,en-US;q=0.6,en;q=0.4
```

ASP.NET Core permite a los desarrolladores insertar su propio proveedor de cultura en el middleware. De hecho, un caso sencillo es el de la base de datos: el usuario podría tener la cultura actual almacenada en la base de datos para determinar la cultura actual. La ventaja del sistema de proveedores de culturas es que es posible cambiar el orden de los proveedores y el desarrollador puede entonces integrar a su proveedor al principio de la lista. El middleware procesará al proveedor en primer lugar.

El código siguiente añade un proveedor a través de la clase CustomRequest-CultureProvider. En su constructor, esta clase acepta una expresión lambda que permite indicar la cultura a través del tipo ProviderCulture-Result. Aquí es donde el desarrollador recuperará la cultura de una base de datos, por ejemplo. El proveedor se inserta en el rango 0 para ser utilizado como prioridad por el middleware.

```
services.Configure<RequestLocalizationOptions>(options =>
{
    var supportedCultures = new[]
    {
        new CultureInfo("en-US"),
        new CultureInfo("es")
    };

    options.DefaultRequestCulture = new RequestCulture(culture:
"en-US", uiCulture: "en-US");
    options.SupportedCultures = supportedCultures;
    options.SupportedUICultures = supportedCultures;

    options.RequestCultureProviders.Insert(0, new
CustomRequestCultureProvider(async context =>
    {
       // Código de negocio personalizado para la cultura
      return new ProviderCultureResult("en");
    }));
});
```

En conclusión, la globalización es un concepto importante que el desarrollador debe tener en cuenta desde el principio del desarrollo del sistema. ASP.NET Core facilita la gestión de la cultura del usuario y se integra rápidamente en cada petición HTTP. Gracias a la interfaz IStringLocalizer, es capaz de procesar diferentes fuentes de datos para la traducción de sus páginas web. La localización se vuelve totalmente transparente, gracias a unos pocos parámetros en la clase Startup.

Capítulo 14
Despliegue

1. Despliegue en Azure

El cloud computing es el uso de la potencia de cálculo y/o almacenamiento de servidores informáticos, normalmente instalados en centros de datos.

Según la definición del National Institute of Standards and Technology (NIST), el cloud computing es el acceso en modo autoservicio y a la carta a través de una red de telecomunicaciones, a recursos informáticos compartidos y configurables.

Existen diferentes formas de consumir servicios en la nube: IaaS, PaaS y SaaS son las principales. El objetivo principal es deslocalizar la infraestructura de las empresas:

- *Infrastructure as a Service* (IaaS) permite utilizar una infraestructura como servicio y ampliar una infraestructura existente, incluidas redes de almacenamiento, servidores, etc. Solo se desmaterializa el hardware.
- Con*Platform as a Service* (PaaS), el proveedor ofrece al consumidor una infraestructura ya desplegada y configurada. Los sistemas operativos instalados en estas plataformas solo tienen que alojar las herramientas de gestión de bases de datos, los servidores web o las herramientas de desarrollo.

- *Software as a Service* (SaaS) permite a los usuarios finales acceder a una serie de aplicaciones alojadas en un entorno seguro, mediante un sistema de autenticación.

Por lo general, todos los servicios ofrecidos se pueden crear y configurar a través de un portal específico ofrecido por los distintos proveedores. Entre ellos, Microsoft con Azure, Amazon y Google Cloud.

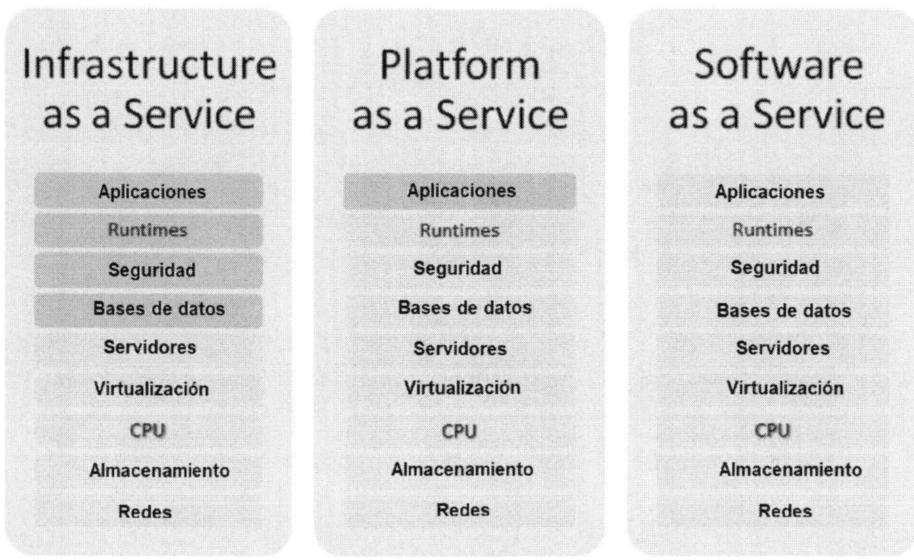

Las diferentes infraestructuras que ofrece la nube

A la hora de desplegar una aplicación ASP.NET Core en Azure, Visual Studio ayuda enormemente a los desarrolladores en este proceso. Una vez que el proyecto está listo para su despliegue, se inicia el proceso de publicación haciendo clic con el botón derecho del ratón sobre el proyecto y, a continuación, en **Publish**. Aparece esta pantalla:

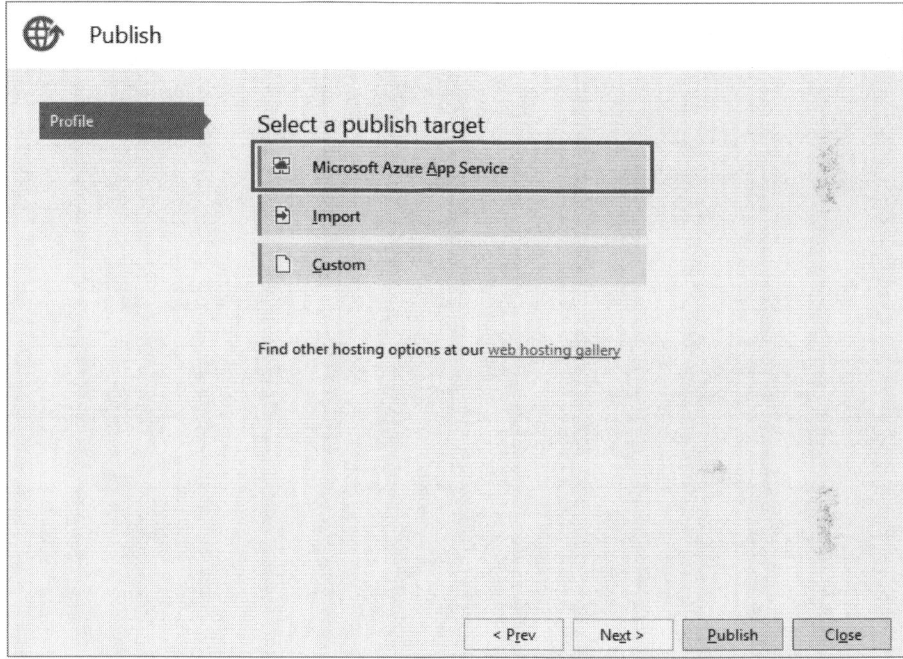

Pantalla de selección de publicaciones

Al elegir **Microsoft Azure App Service**, Visual Studio abre una nueva pantalla que le permite:

- elegir la cuenta Azure que desea utilizar,
- crear recursos para el sitio web.

Al crear un grupo de recursos adicional para el sitio web, el desarrollador debe especificar:

- el nombre de la aplicación,
- un App Service plan para el precio del sitio web. Un App Service plan representa un conjunto de funciones y capacidades que puede compartir entre varias aplicaciones, incluidas Web Apps, Mobile Apps, etc. Estos planes admiten cinco niveles de precios: Gratuito, Compartido, Básico, Estándar y Premium. Cada nivel tiene sus propias capacidades y limitaciones;
- una región para el alojamiento,
- un servidor de bases de datos.

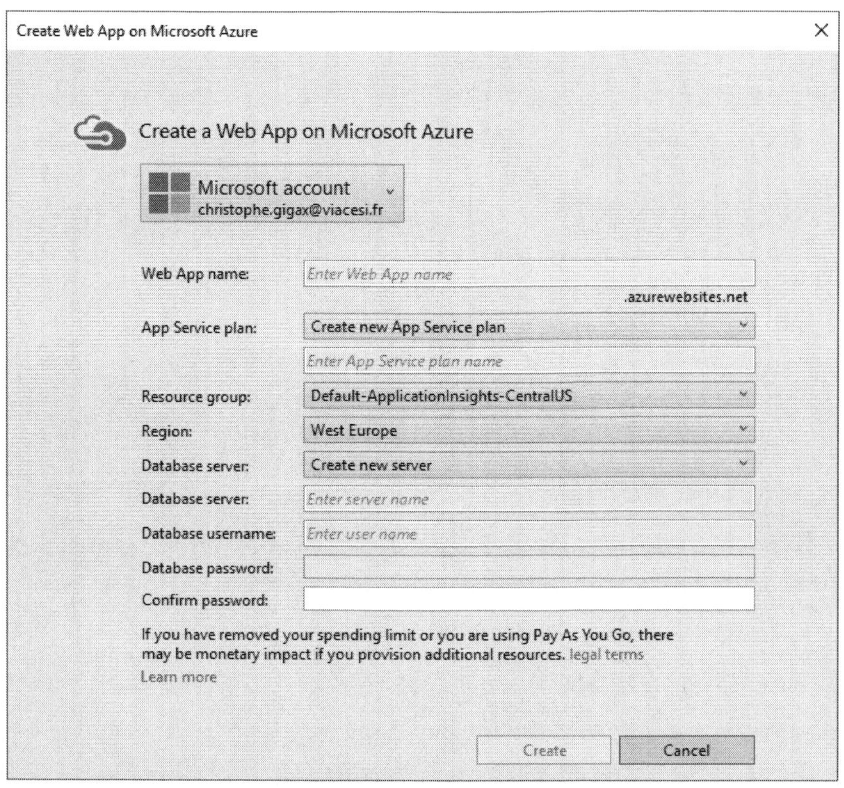

Creación de una pantalla Web App para Azure

Una vez creada la aplicación Azure, es necesario configurar el despliegue para que se conecte a esta nueva aplicación, con el fin de transferir los archivos al sitio web. Normalmente, toda la información ya está rellenada por Visual Studio. El último paso es configurar el despliegue en sí. Esta pantalla permite configurar los archivos:

- el framework .NET (Framework full o Core),
- las opciones de publicación de archivos,
- las opciones de conexión a la base de datos. A continuación, Visual Studio muestra la cadena de conexión que se utilizará cuando el sitio web se ejecute en Azure. Es importante comprobar que la información es correcta en relación con la información configurada anteriormente;
- las opciones de migración para Entity Framework. Esto se debe a que, en cada publicación, si se han aplicado cambios a la base de datos, la publicación debe actuar de la misma manera a través de las migraciones del proyecto en la base de datos remota alojada en Azure.

Una vez completada la configuración, basta con hacer clic en el botón **Publish** para iniciar la publicación mediante Visual Studio. La configuración de la publicación se guarda mediante un perfil de publicación y se puede reutilizar fácilmente de una publicación a otra.

2. Despliegue en IIS

Históricamente integrado dentro de Microsoft Windows, Internet Information Services (IIS) le permite gestionar sus aplicaciones web a través de una plataforma segura, fiable, modular y de fácil acceso para los desarrolladores. Para resumir correctamente IIS, podríamos decir que le permite:

- Desplegar y ejecutar sitios web. Las tecnologías soportadas son las de Microsoft, es decir, ASP, ASP.NET o ASP.NET Core en la actualidad. IIS también es compatible con PHP.
- Aislar las aplicaciones entre sí mediante grupos de aplicaciones (gestión separada de la memoria). Este modo de funcionamiento "sandbox" permite asignar un único proceso al sitio web, lo que reduce los riesgos de seguridad.
- Modularizar la plataforma según sea necesario, utilizando componentes IIS.

– Aumentar la capacidad de respuesta del sitio web mediante cachés.

El objetivo de esta sección es mostrar paso a paso cómo desplegar un sitio ASP.NET Core en IIS.

Observación

*A continuación, se asume que el servicio **Web Server (IIS)** está activado en la máquina. El servicio se puede activar en las características de Windows a través de la ventana **Programas y características**.*

En primer lugar, es importante instalar el paquete **.NET Core Windows Server Hosting** en el servidor. Esto instalará el runtime .NET Core, las librerías y el módulo ASP.NET Core que permite el reverse-proxy (protección de servidores internos por un único servidor visible desde el exterior) entre el servidor Kestrel de ASP.NET Core e IIS. A continuación, deberá reiniciar el servicio mediante el comando `iisreset`.

La propia aplicación también debe estar configurada para utilizar IIS. El siguiente código se utiliza en el método Main de Program.cs. El punto importante a destacar es el uso de UseIISIntegration.

```
var host = new WebHostBuilder()
   .UseKestrel()
   .UseContentRoot(Directory.GetCurrentDirectory())
   .UseIISIntegration()
   .UseStartup<Startup>()
   .Build();
```

La integración del sitio con IIS se puede configurar fácilmente utilizando `IISOptions`. Las opciones que se pueden configurar son:

– `AutomaticAuthentication`: si se establece en verdadero, el sistema autenticará automáticamente al usuario para cada solicitud y recuperará su información de autenticación, que será accesible a través del `HttpContext`.

– `ForwardClientCertificate`: si es verdadero y la cabecera *MS-ASPNETCORE-CLIENTCERT* está presente, el servidor completará la funcionalidad *ITLSConnectionFeature*.

– `ForwardWindowsAuthentication`: añade autenticación Windows al sitio web.

Microsoft ha diseñado una herramienta llamada publish-iis para facilitar el despliegue de un sitio ASP.NET Core en IIS, en particular ayudando a configurar y desplegar el *web.config*. La utilidad se integra a través de NuGet en el propio proyecto y se utiliza un script posterior a la publicación para generar el *web.config* adecuado:

```
"tools": {
  "Microsoft.AspNetCore.Server.IISIntegration.Tools":
"1.0.0-preview2-final"
},
"scripts": {
  "postpublish": "dotnet publish-iis --publish-folder
%publish:OutputPath% --framework %publish:FullTargetFramework%"
}
```

Existen varias opciones de despliegue a disposición del desarrollador. *MSDeploy* es el mecanismo más recomendado por los equipos de Microsoft y los usuarios de Visual Studio pueden integrar un script de publicación web mediante *MSDeploy* para desplegar directamente en el servidor.

Observación

Es importante crear una carpeta en el servidor a la que apuntará el sitio IIS. Esta carpeta puede estar ubicada en cualquier parte del servidor.

Por último, es necesario seguir una serie de pasos en IIS para crear el sitio web. En el **IIS Manager**, debe añadir un sitio web a la lista **Sites**. La siguiente pantalla le permite añadir un nombre, una ruta física y una serie de detalles de host para el sitio:

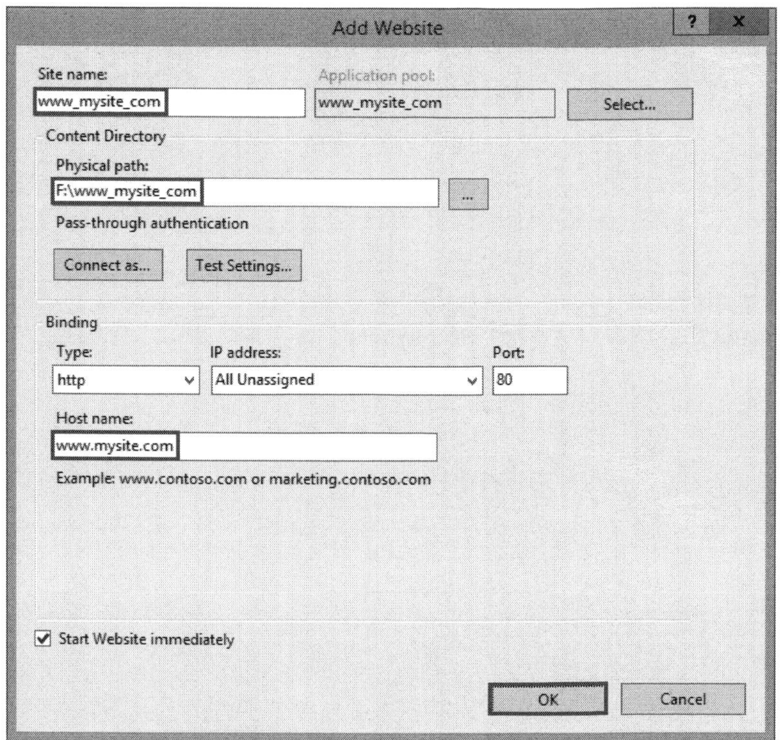

Pantalla de creación de sitios IIS

A continuación, debe crear un grupo de aplicaciones para el sitio. Esto se configura en la sección **Application Pool** de **IIS Manager**. Lo importante aquí es especificar la versión del .NET CLR con el valor **No Managed Code**.

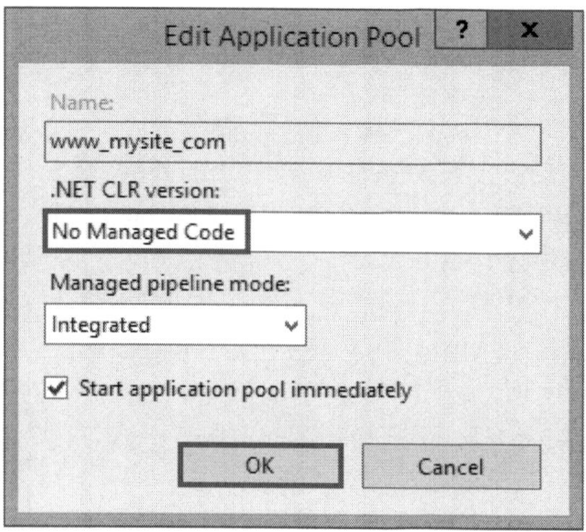

Pantalla de gestión del pool de aplicaciones

Una vez que los archivos de despliegue estén en la carpeta asociada al sitio IIS, la aplicación debería aparecer en un navegador en la URL especificada para el sitio.

3. Despliegue en Linux

El despliegue en Linux es, sin duda, uno de los mayores éxitos de ASP.NET Core. El despliegue en un entorno distinto de IIS y Windows Server es un problema que los equipos de desarrollo de Microsoft han tenido presente desde el principio. Hoy en día, es posible desplegar una aplicación ASP.NET en Linux a través de la herramienta de línea de comandos `dotnet` y es extremadamente fácil de configurar. En primer lugar, se necesita una distribución de Linux como Ubuntu 14.04 Server (como mínimo) con un usuario con permisos sudo en la máquina y un proyecto ASP.NET Core en funcionamiento.

Observación

La herramienta de línea de comandos Yeoman permite crear un proyecto ASP.NET Core funcional desde cero. Esto resulta especialmente útil en un entorno que no sea Visual Studio.

Para publicar en un entorno Linux, basta con ejecutar el siguiente comando:

```
dotnet publish
```

El comando anterior creará lo que se conoce como una *self-contained app*, es decir, una aplicación capaz de lanzarse por sí misma sin ningún recurso adicional. El desarrollador entonces es libre de copiar la carpeta recién creada en el servidor Linux. Un buen proceso de despliegue incluiría los siguientes componentes:

- Un controlador de código fuente para almacenar el código de la aplicación de forma centralizada en el servidor.
- Un servidor de build para lanzar builds automáticas del proyecto.

Usando la herramienta de línea de comandos `dotnet`, es muy fácil crear un proceso de compilación automático para desplegar en Linux. Los siguientes pasos son un ejemplo de un proceso de despliegue simple en un servidor:

- Recuperación de los paquetes NPM y Bower.

```
npm install & bower install
```

- Recuperación de dependencias NuGet.

```
dotnet restore
```

- Construcción del proyecto.

```
dotnet build
```

- Lanzamiento de las pruebas del proyecto. Esta etapa es crucial, ya que determina el resto del despliegue. Una buena práctica sería no continuar el despliegue si las pruebas no se superan. Podríamos imaginar el envío de un correo electrónico a los desarrolladores si las pruebas no son correctas.

```
dotnet test miProyectoDePrueba
```

- Despliegue del proyecto mediante la creación de una aplicación independiente.

```
dotnet publish
```

Observación

Recuerde que puede hacer casi cualquier cosa con la herramienta de comandos `dotnet`. Este tipo de pasos se pueden integrar fácilmente en un proceso de integración continua: cada vez que se realiza un push (vía Git, por ejemplo), se lanzan estos pasos para desplegar rápidamente una nueva versión de la aplicación.

Una vez que el sitio web ha sido publicado y lanzado con `dotnet` run, debería ser accesible a través de la URL `http://<serveraddress>:<port>`. Otra buena práctica es utilizar un reverse-proxy para la aplicación. Esto se encarga de una serie de mecanismos, como el load balancing (equilibrio de carga) de los servidores de aplicaciones y una serie de cuestiones de seguridad.

Observación

IIS es un ejemplo de reverse-proxy utilizado para una aplicación ASP.NET Core.

NGinx se puede utilizar para instalar un reverse-proxy en un sistema Linux:

```
// Instalación del servidor
sudo apt-get install nginx

// Lanzamiento del servidor
sudo service nginx start
```

A continuación, Nginx se debe configurar para que se pueda comportar como un reverse-proxy. Para ello, es necesario especificar el puerto en el que debe escuchar, las cabeceras que debe añadir y su gestión de caché. La configuración está disponible en la siguiente ubicación:
`/etc/nginx/sites-available/default`

```
Server {
    listen 80;
    location / {
        proxy_pass http://localhost:5000;
        proxy_http_version 1.s1;
        proxy_set_header Upgrade $http_upgrade;
        proxy_set_header Connection keep-alive;
        proxy_set_header Host $host;
        proxy_cache_bypass $http_upgrade;
    }
}
```

Observación

La diferencia con IIS se nota aquí: la configuración de IIS es totalmente transparente para el desarrollador mientras que, en Linux, la configuración del servidor requiere un esfuerzo mínimo para poner en marcha el sitio web.

Para terminar esta sección sobre el despliegue de una aplicación ASP.NET Core en Linux, es interesante saber cómo el desarrollador puede monitorizar la ejecución de su aplicación web. La herramienta `supervisor` permite monitorizar su aplicación utilizando unos pocos comandos y una configuración muy precisa en Linux.

```
sudo apt-get install supervisor
```

La herramienta utiliza un subproceso de la aplicación para interceptar todos los mensajes de la aplicación y enviar información al desarrollador. La configuración de la herramienta está en `/etc/supervisor/conf.d/`. Por ejemplo, para observar la aplicación MiSitio, la ruta del archivo sería: `/etc/supervisor/conf.d/misitio.conf`. La herramienta permite configurar los siguientes parámetros:

- la ruta de la aplicación,
- rutas de los logs,
- la definición de variables de entorno,
- los parámetros de puesta en marcha de la aplicación.

El siguiente ejemplo muestra una configuración básica para una aplicación ASP.NET Core.

```
[program:misitio]
command=/usr/bin/dotnet /var/aspnetcore/MiSitio/MiSitio.dll
directory=/var/aspnetcore/MiiSitio/
autostart=true
autorestart=true
stderr_logfile=/var/log/misitio.err.log
stdout_logfile=/var/log/misitio.out.log
environment=ASPNETCORE_ENVIRONMENT=Production
user=www-data
stopsignal=INT
```

A continuación, simplemente reinicie la herramienta utilizando los siguientes comandos:

```
sudo service supervisor stop
sudo service supervisor start
```

Con esto, el desarrollador es capaz de desplegar una aplicación ASP.NET Core en un servidor Linux con un mínimo de comandos y herramientas. La utilidad `dotnet` es muy práctica y será realmente la compañera del desarrollador a la hora de desplegar ASP.NET Core.

Capítulo 15
Arquitectura de contenedores y microservicios

1. Introducción

Docker y la contenedorización en general, se han convertido en una práctica habitual y han resuelto muchos problemas desde la aparición de estas tecnologías: despliegue, aislamiento de aplicaciones, entorno homogéneo, etc. Si su aplicación funciona en su máquina con contenedores, sin duda funcionará en sus entornos de despliegue.

La tecnología de contenedores es similar a la virtualización, pero mucho más ligera: un contenedor no lleva necesariamente un sistema operativo. Debido a esta característica tan importante, los contenedores son más apropiados para hacer que las aplicaciones sean más portables (de una máquina a otra o de una nube a otra) que las máquinas virtuales.

En este capítulo analizaremos una de las tecnologías de contenedorización más populares: Docker. Nativo de Linux y recientemente portado a Windows, Docker está ahora muy extendido y ayuda a las empresas en sus despliegues. Docker también permite construir arquitecturas empresariales más complejas basadas en contenedores, gracias a los orquestadores. En este capítulo se analizará el orquestador de código abierto más conocido: Kubernetes. Con todo ello, las arquitecturas de microservicios cobran cada vez más importancia en el mundo empresarial. Por último, en este capítulo veremos un método para diseñar tu arquitectura de microservicios.

2. Las ventajas de Docker

Docker es básicamente una tecnología de código abierto. La empresa de Silicon Valley utiliza varios componentes del núcleo Linux para diseñar sus contenedores (LXC, Libvirt...).

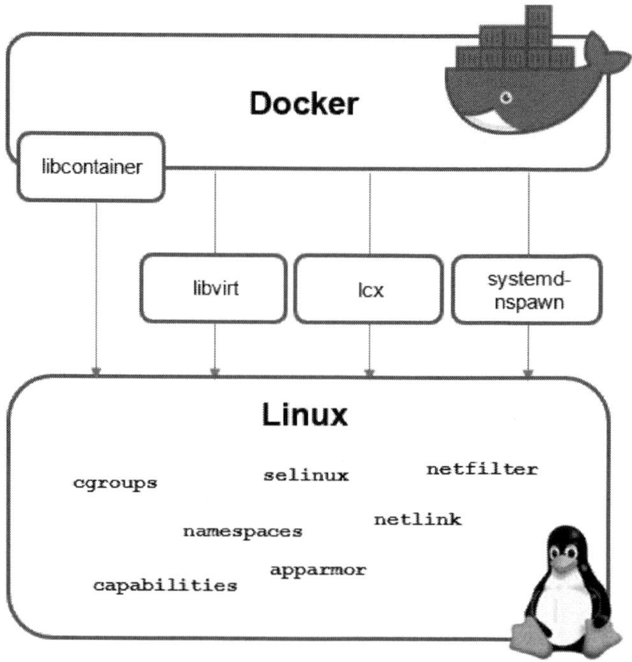

Arquitectura Docker

Lanzado por el francés Solomon Hykes, Docker facilita el despliegue de aplicaciones y la gestión del tamaño de las infraestructuras. La tecnología se basa en una pieza de API estándar (LXC en Linux y Windows Server Container en Windows) para ofrecer una capa de abstracción que permita ejecutar contenedores en cualquier máquina. Docker tiene la ventaja de ser mucho más ligero que una máquina virtual. Lanzar un contenedor también es más rápido, lo que lo convierte en la solución preferida para desplegar aplicaciones.

Docker no solo ayuda a las empresas en sus despliegues, sino que también acelera la evolución de los ecosistemas en la nube y Microsoft, Amazon y Google lo han entendido. Los contenedores facilitan el despliegue de servicios cloud *on-demand*. Por ejemplo, tiene sentido contenerizar bases de datos (MySQL, SQL Server, etc.) para que se puedan desplegar muy rápidamente en función de la demanda de los usuarios.

Esta tecnología ofrece una respuesta concreta a determinados escenarios de desarrollo. Por ejemplo, ¿quiere probar una nueva versión de un framework en su aplicación? Muy sencillo, Docker se compone de varias imágenes Docker que se apilan para crear su imagen Docker, de modo que lo único que tiene que hacer es sustituir la capa que desee por la nueva versión para probar su aplicación. Con una VM, resulta complicado cambiar de versión, porque hay que desinstalar y luego instalar la nueva versión. La pérdida de tiempo puede ser considerable.

Lo mismo ocurre con la puesta en producción de aplicaciones. Con Docker, si la aplicación funciona en su máquina, puede estar seguro de que funcionará en el entorno de producción. Docker le permite encapsular todas las dependencias relativas al sistema de información, conservando sus propios sistemas subyacentes (su máquina de desarrollo, por ejemplo). No necesita instalar las dependencias, todo está incrustado en el contenedor.

La gran ventaja de Docker es su portabilidad. Es tan portátil que es posible ejecutar imágenes Docker en objetos conectados. En cuanto los terminales incorporan núcleos Linux (Raspbian en Raspberry, por ejemplo), es posible ejecutar Docker en objetos conectados. Docker también ofrece desde hace tiempo herramientas de código abierto para manipular contenedores y probar arquitecturas en objetos conectados: LinuxKit.

Todavía existe una limitación con Docker: no es posible ejecutar imágenes creadas con Linux en Windows, y viceversa. Sin embargo, los equipos de Docker están trabajando activamente con los equipos de Microsoft para superar esta carencia (en particular con **LinuxKit**, porque se necesita, al menos, un kernel Linux para ejecutar este tipo de imagen Docker).

La documentación de Docker explica muy claramente cómo instalar Docker en Linux y Windows. En Linux, es necesario ejecutar una serie de comandos. En Windows, necesita instalar *Docker for* Windows, para que la tecnología esté disponible en su estación de trabajo. Una vez instalado, puede probar la CLI utilizando el siguiente comando:

```
> docker info
```

Este comando da acceso no sólo a la versión actual de Docker, sino también a todas las imágenes y contenedores de la estación de trabajo. Para probar la instalación más a fondo, basta con ejecutar el siguiente comando, que lanzará una imagen de prueba muy simple:

```
> docker run hello-world
```

Como la imagen no está en tu máquina (si es la primera vez), Docker descargará la imagen y lanzará el contenedor. A continuación, aparecerá un mensaje en la consola indicando que la instalación se ha realizado correctamente.

```
Unable to find image 'hello-world:latest' locally
latest: Pulling from library/hello-world
d1725b59e92d: Pulling fs layer
d1725b59e92d: Verifying Checksum
d1725b59e92d: Download complete
d1725b59e92d: Pull complete
Digest:
sha256:0add3ace90ecb4adbf7777e9aacf18357296e799f81cabc9fde470971e499788
Status: Downloaded newer image for hello-world:latest

Hello from Docker!
This message shows that your installation appears to be working correctly.
```

Utilice el siguiente comando para comprobar qué imágenes se han descargado en su máquina:

```
> Docker image ls
```

Este comando lista los contenedores que se están ejecutando actualmente en su máquina:

```
> docker container ls --all
```

Por último, para detener un contenedor, basta con ejecutar el siguiente comando:

```
> docker stop CONTENT_NAME
```

Un contenedor se construye a partir de una imagen. Pero, ¿a partir de qué se construye una imagen? Docker utiliza archivos llamados **Dockerfile** para construir imágenes. Un Dockerfile contiene una serie de instrucciones que Docker ejecutará para construir la imagen final, que se almacenará en un registro de imágenes de Docker. El sitio de Docker contiene su propio registro público: https://hub.docker.com/.

Puede publicar en este registro usted mismo y muchas grandes empresas, como Microsoft, ya han enviado imágenes Docker a este registro para que el público en general pueda utilizarlas. Alternativamente, siempre puede instalar un hub privado en sus servidores o utilizar servicios llave en mano disponibles en Azure o AWS para configurar sus hubs privados.

Una imagen se compone de capas sucesivas de otras imágenes Docker. Así, cuando construye su imagen Docker, empieza utilizando otra imagen para aprovechar los comandos lanzados previamente en esta imagen. En un **Dockerfile**, la línea siguiente permite utilizar una imagen que ya contiene la versión 2.2 del .NET Core Framework:

```
FROM microsoft/dotnet:2.2-aspnetcore-runtime AS base
```

El comando **FROM** permite esta sucesión de capas de imágenes Docker. A partir de este punto, nuestra imagen es capaz de lanzar proyectos .NET Core porque la imagen **microsoft/dotnet:2.2-aspnetcore-runtime** ya ha instalado el runtime .NET Core.

Visual Studio 2017 incluye una plantilla de proyecto con un Dockerfile ya integrado para que pueda empezar rápidamente con un proyecto ASP.NET Core con Docker. Echemos un vistazo al Dockerfile generado para comprender mejor lo que hace Docker:

```
FROM microsoft/dotnet:2.2-aspnetcore-runtime AS base
WORKDIR /app
EXPOSE 80

FROM microsoft/dotnet:2.2-sdk AS build
WORKDIR /src
COPY ["DockerWeb/DockerWeb.csproj", "DockerWeb/"]
RUN dotnet restore "DockerWeb/DockerWeb.csproj"
COPY . .
WORKDIR "/src/DockerWeb"
RUN dotnet build "DockerWeb.csproj" -c Release -o /app
```

```
FROM build AS publish
RUN dotnet publish "DockerWeb.csproj" -c Release -o /app

FROM base AS final
WORKDIR /app
COPY --from=publish /app .
ENTRYPOINT ["dotnet", "DockerWeb.dll"]
```

Las tres primeras líneas exponen el puerto 80 del contenedor al mundo exterior. Esto significa que cuando la aplicación .NET Core se está ejecutando, su puerto 80 se expondrá automáticamente al mundo exterior, garantizando los intercambios entre el mundo exterior y la aplicación .NET Core que se ejecuta dentro del contenedor.

Las siguientes líneas se utilizan para copiar el **.csproj** del proyecto en el contenedor Docker con el fin de restaurar los paquetes NuGet.

```
FROM microsoft/dotnet:2.2-sdk AS build
WORKDIR /src
COPY ["DockerWeb.csproj", "DockerWeb/"]
RUN dotnet restore "DockerWeb/DockerWeb.csproj"
```

Las siguientes tres líneas copian todo el código fuente para ejecutar el comando `dotnet build` dentro del contenedor.

```
WORKDIR "/src/DockerWeb"
COPY .
RUN dotnet build "DockerWeb.csproj" -c Release -o /app
```

Por último, Docker lanzará una publicación a través del comando `dotnet publish` y, a continuación, lanzará la aplicación resultante.

```
FROM build AS publish
RUN dotnet publish "DockerWeb.csproj" -c Release -o /app

FROM base AS final
WORKDIR /app
COPY --from=publish /app .
ENTRYPOINT ["dotnet", "DockerWeb.dll"]
```

Algunos comentarios sobre estas últimas líneas:

- `FROM build AS publish` permite utilizar únicamente la imagen con el SDK .NET Core, es decir, los comandos de *build*. Se trata de una micro-optimización, ya que la imagen es más pequeña que si tomáramos la imagen con todo el SDK .NET Core.
- `FROM base AS final` permite utilizar únicamente la imagen con el runtime .NET Core para lanzar el proyecto.

Docker tiene su propia sintaxis personalizada para ejecutar algunos comandos en un Dockerfile. La documentación al respecto es muy completa: https://docs.docker.com/engine/reference/builder/

Una vez que su archivo esté completo, simplemente ejecute el siguiente comando en la carpeta que contiene el **Dockerfile**.

```
docker build
```

Una vez hecho esto, puede ver que Docker lanza los comandos escritos en el **Dockerfile** en forma de pasos que se suceden en la consola.

```
$ docker build .
Sending build context to Docker daemon   4.86MB
Step 1/16 : FROM microsoft/dotnet:2.2-aspnetcore-runtime AS base
2.2-aspnetcore-runtime: Pulling from microsoft/dotnet
a5a6f2f73cd8: Pulling fs layer
049d20a08bf0: Pulling fs layer
2743859446fe: Pulling fs layer
2227e039e472: Pulling fs layer
2227e039e472: Waiting
2743859446fe: Verifying Checksum
2743859446fe: Download complete
049d20a08bf0: Verifying Checksum
049d20a08bf0: Download complete
a5a6f2f73cd8: Verifying Checksum
a5a6f2f73cd8: Download complete
a5a6f2f73cd8: Pull complete
049d20a08bf0: Pull complete
2743859446fe: Pull complete
2227e039e472: Verifying Checksum
2227e039e472: Download complete
2227e039e472: Pull complete
Digest: sha256:96bad363c0c833d9f927030c20a49d220f8c074193aebf1b0d717
Status: Downloaded newer image for microsoft/dotnet:2.2-aspnetcore-r
 ---> 0d704dd1eccf
Step 2/16 : WORKDIR /app
 ---> Running in 375e3834092c
Removing intermediate container 375e3834092c
 ---> 965f218795fd
Step 3/16 : EXPOSE 80
 ---> Running in a868de483f6c
```

Pasos de Docker build

Si ejecuta el comando por segunda vez, puede ver que Docker reutiliza el resultado de la última compilación en cada capa que ya se ha utilizado. Aquí es donde radica el poder de Docker: este sistema de almacenamiento en caché le permite construir rápidamente imágenes que potencialmente pueden ser muy grandes.

Al final, Docker dice que la compilación ha ido bien. No le hemos dado un nombre a nuestra imagen, pero Docker le dará un identificador único para que podamos encontrarla de nuevo.

```
 ---> ecd68d5aa833
Step 16/16 : ENTRYPOINT ["dotnet", "DockerWeb.dll"]
 ---> Running in 7b5ef05180e1
Removing intermediate container 7b5ef05180e1
 ---> f0568f9b129c
Successfully built f0568f9b129c
```

Finalización de la imagen Docker

Esta imagen se encuentra actualmente en su ordenador y puede iniciarse en cualquier momento mediante el siguiente comando:

```
docker run f0568f9b129c
```

```
$ docker run f0568f9b129c
warn: Microsoft.AspNetCore.DataProtection.KeyManagement.XmlKeyManager[35]
      No XML encryptor configured. Key {85d7de79-a843-42d0-8f9c-3521c34d4cd7
Hosting environment: Production
Content root path: /app
Now listening on: http://[::]:80
Application started. Press Ctrl+C to shut down.
```

Iniciar la imagen creada anteriormente

Podemos ver que la aplicación se inicia como si se hubiera lanzado en el PC, pero aquí el servidor se está ejecutando en el contenedor Docker.

Aquí es donde reside la fuerza de Docker: permite encapsular la ejecución de una aplicación, haciéndola portable de máquina a máquina. Dado que nuestra aplicación se ejecuta en nuestra máquina de desarrollo, estamos seguros de que se ejecutará en un entorno diferente que admita Docker (preproducción, producción, etc.).

3. Elija Kubernetes como orquestador

Docker es una tecnología que nos permite construir aplicaciones encapsuladas en contenedores que se pueden exportar de un entorno a otro con muy poca dificultad. Así que estamos empezando a construir un tipo de unidad de aplicación que se puede manejar muy fácilmente, arrancando y parando con un simple comando de Docker. Esta sencillez en la gestión de contenedores nos está llevando a construir cada vez más aplicaciones utilizando Docker, llevando a los equipos de desarrollo a diseñar un nuevo tipo de arquitectura: los microservicios.

Los microservicios nos permiten diseñar aplicaciones más pequeñas, centradas en un área funcional muy concreta del sistema en su conjunto. Dada la naturaleza ligera de los contenedores, el objetivo de los microservicios es conseguir que **varios contenedores** trabajen codo con codo, de forma que absorban la mayor parte posible de la carga generada por el uso del sistema de información.

Por tanto, gestionar varios contenedores se está convirtiendo en un problema mucho mayor que en el pasado. ¿Se pueden ejecutar varios contenedores diferentes uno al lado del otro? ¿Cómo se puede gestionar la creación/eliminación automática de contenedores en función de la carga? Para abordar estas cuestiones, Google ha transformado en código abierto una herramienta que permitía a la empresa gestionar los contenedores internos en los que se ejecutaban sus aplicaciones: **Kubernetes**.

Kubernetes es una plataforma de orquestación de contenedores de código abierto que automatiza el despliegue y la gestión de aplicaciones multicontenedor escalables. Kubernetes funciona en tándem con Docker: su aplicación se ejecuta en una imagen Docker y esta imagen es gestionada por Kubernetes para garantizar que la imagen, replicada X veces en función del uso, funciona correctamente.

Sin embargo, el orquestador es compatible con cualquier tecnología de contenedores que cumpla el estándar Open Container Initiative. Docker también ha desarrollado su propio orquestador: Swarm. Sin embargo, Kubernetes se ha hecho más popular y parece haber sido adoptado más ampliamente por la comunidad.

La arquitectura de Kubernetes se representa en el siguiente diagrama:

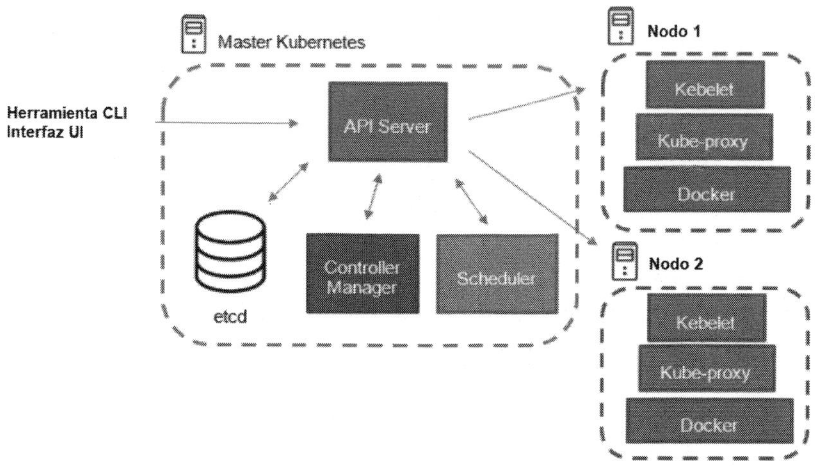

Arquitectura Kubernetes

Un clúster Kubernetes se compone siempre de un nodo **master**, siendo el resto de nodos, nodos hijos controlados por el nodo master. El nodo master se compone de las siguientes herramientas de Kubernetes:

- **API Server**: también conocido como **kube-apiserver**, el API Server es el componente central de gestión del clúster Kubernetes. Mediante la exposición de API REST, permite manipular el clúster y sus nodos a través de archivos de configuración. También almacena el estado del clúster en el almacenamiento **etcd**.
- **Controller Manager**: componente de Kubernetes utilizado para supervisar el clúster y tomar medidas en caso necesario. Es lo que permite al clúster mantener su estado operativo, es decir, el estado descrito en el último archivo de configuración. Comprueba que los nodos siguen funcionando y que el clúster tiene el número correcto de réplicas de un servicio desplegado en su interior.
- **Scheduler**: entidad que planifica el despliegue de un pod en un nodo. El planificador tiene en cuenta muchos parámetros a la hora de decidir en qué nodo desplegar el pod: recursos de servidor y software, restricciones, especificaciones de afinidad, interferencias, etc.

- **etcd**: almacenamiento persistente de tipo NoSQL con clave/valor, que permite a Kubernetes conocer el supuesto estado del clúster en cualquier momento.

A continuación, es posible comunicarse con el servidor API a través de una interfaz de línea de comandos o de una interfaz gráfica. A continuación, Kubernetes manipula lo que se conoce como objetos. Hay varios tipos y es importante estar familiarizado con la terminología:

- **Pod**: es la entidad más unitaria de Kubernetes, la más pequeña y sencilla. Un pod representa un proceso que se ejecuta en el clúster. Podemos compararlo con Docker: las imágenes son a Docker lo que los pods son a Kubernetes. Un pod encapsula una aplicación (o varias en algunos casos, pero no es recomendable) y tiene un recurso de almacenamiento, una dirección IP y opciones que dictan cómo se debe comportar el pod. Representa una unidad de despliegue y, en última instancia, corresponde a una única instancia de una aplicación en Kubernetes.
- **Service**: un servicio es un conjunto de pods agrupados bajo una misma insignia lógica: **las labels**. Los servicios se convierten en una abstracción de los pods, lo que permite a Kubernetes saber a qué pods afecta cada faceta funcional de su aplicación.
- **Volume**: un pod tiene una vida útil indefinida. Si se cae, Kubernetes volverá a creará el pod de forma idéntica, en función de la configuración especificada. Como resultado, todos los archivos del pod antiguo se pierden. Los volúmenes proporcionan una solución para mantener vivos los archivos, pero la vida útil sigue siendo la del pod. Sin embargo, el volumen permite mantener los archivos incluso si los contenedores han caído en el pod.
- **Namespace**: los espacios de nombres se pueden utilizar para dividir un clúster con el fin de ejecutar varios entornos dentro de él (desarrollo, producción, etc.). Esta división es una división lógica y permite dividir los recursos dentro del clúster en función del espacio de nombres elegido, por ejemplo.

Kubernetes permite dos modos de modificar el clúster: modo declarativo y modo imperativo. El modo **imperativo** requiere que el administrador del clúster escriba comandos que modificarán el clúster. Por ejemplo, los siguientes comandos se pueden utilizar para crear un espacio de nombres, una cita, un despliegue y un servicio.

```
kubectl create ns ghost
kubectl create quota blog --hard=pods=1 -n ghost
kubectl run ghost --image=ghost -n ghost
kubectl expose deployments ghost --port 2368 --type LoadBalancer -n ghost
```

El administrador ejecuta los comandos él mismo y posteriormente, se debe asegurar de que el clúster mantiene el estado correcto. Por ejemplo, si un pod se cae, depende del administrador reiniciarlo con los comandos adecuados. Además, una vez que el clúster se encuentra en su estado final, es difícil recordar el estado deseado del clúster: no existe una *source of truth*.

Esta técnica está plagada de problemas, sobre todo en lo que se refiere al mantenimiento del estado del cluster. Por eso existe el método **declarativo**. Este método utiliza archivos de configuración en formato YAML para controlar el clúster. Estos archivos YAML los crea el administrador del clúster y luego se envían a Kubernetes mediante el siguiente comando:

```
kubectl apply -f <miarchivo>.yaml
```

Con este comando, Kubernetes comprobará el estado del clúster con este archivo de configuración. Si encuentra una diferencia, Kubernetes ejecutará automáticamente los comandos necesarios para hacer coincidir el estado del clúster con el archivo de configuración. Esta configuración se almacena de forma persistente en **etcd**. Este método tiene varias ventajas:

- Kubernetes se encarga de lanzar comandos en función de las diferencias encontradas. El administrador describe el estado final del clúster y ya no los comandos que conducen a este estado.
- El estado se guarda, por lo que Kubernetes siempre conoce el estado del clúster.
- Kubernetes supervisa el clúster y lo compara con el estado deseado presentado con estos archivos de configuración. A continuación, emitirá los comandos necesarios si se produce una anomalía.

Por lo tanto, los archivos de configuración parecen ser la mejor solución para gestionar un clúster Kubernetes. Estos archivos, en formato YAML, deben seguir un esquema muy específico para ser entendidos por Kubernetes. Es importante recordar que YAML es una versión derivada de JSON. Esto significa que también puede utilizar archivos en formato JSON para controlar el clúster. Para probar Kubernetes localmente en su máquina, puede instalar Minikube (disponible en Mac, Linux y Windows). Esta herramienta permite simular nodos en máquinas virtuales y probar sus despliegues:
https://kubernetes.io/docs/setup/minikube/

El siguiente ejemplo muestra cómo crear un pod utilizando un archivo de configuración YAML:

```
apiVersion: v1
kind: Pod
metadata:
 name: my-site
 labels:
   app: web
spec:
 containers:
   - name: front-end
     image: nginx
     ports:
       - containerPort: 80
   - name: my-site
     image: myRegistry/mySite:v1
     ports:
       - containerPort: 88
```

Los archivos de Kubernetes siempre comienzan con **apiVersion**. Esto permite apuntar a la versión del esquema de Kubernetes que desee. A continuación, indicamos qué tipo de objeto Kubernetes queremos crear mediante el atributo **kind**. En este caso, queremos un pod. Una buena práctica es añadir constantemente metadatos a los objetos. En el caso anterior, añadimos un **name** y una **label**. En la sección **spec**, el archivo describe las imágenes Docker que Kubernetes necesita descargar. En este caso, utilizamos una imagen **nginx** y **una imagen personalizada** de la aplicación que queremos ejecutar en el pod. Una vez que este archivo está bien diseñado, basta con ejecutar el siguiente comando:

```
> kubectl create -f pod.yaml
```

El comando `create` recibe el archivo **pod.yaml** y lo envía a Kubernetes para crear el pod. El siguiente comando se utiliza para supervisar el progreso de la creación del pod:

```
> kubectl get pods
```

Al cabo de un rato, el pod cambia al estado *Running*, confirmando que la creación se ha realizado correctamente.

Gracias a los archivos de configuración, es muy fácil controlar y mantener un clúster Kubernetes. Las arquitecturas de microservicios necesitan un orquestador que garantice la alta disponibilidad de las aplicaciones. Kubernetes es una excelente opción en este sentido, sobre todo por su robustez y flexibilidad de gestión. Actualmente extendido por todo el mundo, este proyecto de código abierto es un ejemplo perfecto de herramienta desarrollada por la comunidad y utilizada por el mayor número de personas posible.

4. ¿Cómo diseña su arquitectura de microservicios?

La arquitectura de microservicios es un tipo emergente de arquitectura de software que intenta resolver los problemas asociados a las llamadas aplicaciones *monolíticas*: desarrollo tedioso, nula flexibilidad, dificultad de despliegue, escalabilidad nula, etc. El principio de los microservicios es sencillo: la aplicación se descompone en varias aplicaciones más pequeñas y autónomas que giran en torno a un **Business Domain**. El objetivo de los microservicios es volver a centrarse en el negocio y en los problemas funcionales que la aplicación intenta resolver.

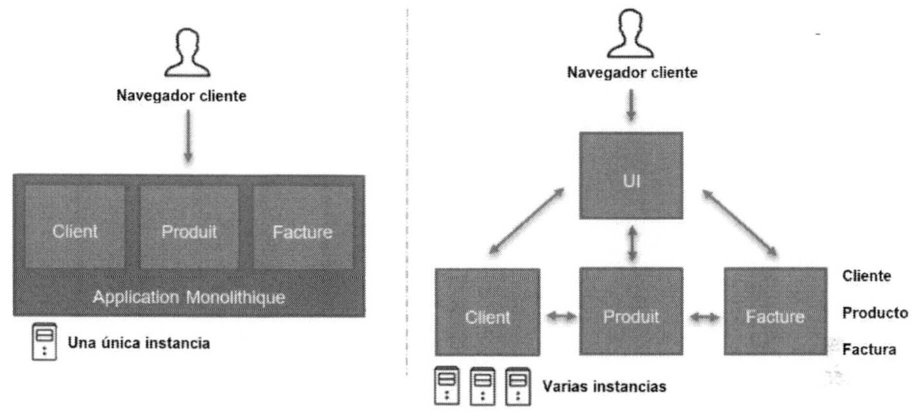

Diferencias entre aplicaciones monolíticas y microservicios

Los microservicios tienen la ventaja de ser más pequeños y, por tanto, más flexibles en términos de desarrollo, despliegue y mantenimiento. Cada microservicio debe responder a un aspecto del negocio, lo que llamamos un **contexto delimitado** (*Boundary Context* en *inglés*). En este caso, el reto de la arquitectura de microservicios consiste en garantizar que la delimitación del dominio funcional sea lo suficientemente pertinente y coherente como para garantizar microservicios lo más pequeños posible, pero suficientemente autónomos.

El tamaño de los microservicios es el problema de esta arquitectura. Parece obvio que cuanto más pequeños sean los microservicios, más fáciles serán de gestionar. Sin embargo, pronto se hace evidente que algunos microservicios se comunican mucho entre sí ya que, a menudo, si no sistemáticamente, necesitan la información de los demás para funcionar. Si se observa este comportamiento, significa que dos microservicios deberían formar una sola entidad.

En esto consisten los contextos delimitados. El análisis arquitectónico preliminar de una solución de microservicios debe desembocar en la separación del modelo de negocio inicial en varios contextos delimitados que sean lo más pequeños y autónomos posible. Cohesión es la palabra clave aquí. Cada contexto debe ser suficientemente coherente consigo mismo para evitar una comunicación excesiva con los demás.

El concepto **Domain-Driven Design** (llamémoslo DDD) es un método que pone en práctica todos los conceptos mencionados anteriormente. Durante la fase de análisis de la arquitectura del proyecto, DDD ayuda a desglosar el proyecto en contextos delimitados para identificar los subdominios que posteriormente se convertirán en los microservicios.

Observación

Eric Evans presentó por primera vez el DDD en 2004 en su libro Domain-Driven Design: Tackling Complexity in the Heart of Software. Ahora se utiliza ampliamente en todo el mundo, por lo que recomendamos su lectura.

Cuando se diseñan microservicios, el código se suele dividir en capas. Esta división en capas es tanto conceptual como técnica, ya que permite a los desarrolladores reconocer mejor las distintas partes de la aplicación separando las entidades que componen el código de una forma muy precisa. Estas capas son abstracciones lógicas diseñadas para proporcionar una mejor comprensión del código.

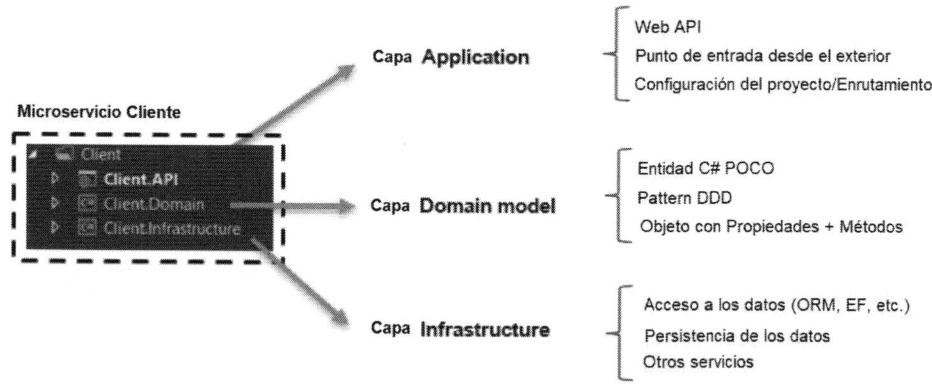

Las diferentes capas de un microservicio DDD

En pocas palabras, así es como podríamos definir las distintas partes representadas anteriormente:

- **Application**: contiene la parte operativa del microservicio, exponiendo el modelo de negocio y dominio al mundo exterior. Esta capa contiene todos los parámetros y el código necesarios para que el microservicio exista y funcione en su propio entorno. Esta parte no tiene conocimiento del negocio y simplemente coordina las interacciones entre las otras capas y/o el mundo exterior.
- **Domain model**: representa los conceptos específicos del negocio, que el microservicio debe procesar en el sistema de información. El estado del propio servicio se representa en las entidades de esta capa y representa claramente el negocio principal del microservicio.
- **Infraestructure**: representa cómo se almacenan los datos en una base de datos (u otra).

Las dependencias entre las distintas capas son importantes y no deben ser aleatorias. En primer lugar, la capa **Domain model** no debe tener ninguna dependencia con las demás capas. La librería debe permanecer neutral; se utiliza en las otras librerías como una dependencia. En segundo lugar, la capa de **Infraestructure** sólo tiene una dependencia con el **Domain model**. Esto parece obvio, ya que es la capa responsable de la persistencia de los datos. Por tanto, necesita modelos para simbolizar las entidades de la base de datos. Por último, la capa **Application** depende de ambas, ya que:

- necesita los servicios disponibles en **Infrastructure** para realizar las acciones/procesamientos necesarios para gestionar las solicitudes entrantes y satisfacer las necesidades de la empresa;
- necesita el modelo del **Domain model** para transferir/crear/actualizar datos.

La capa de **Application** es el orquestador del resto de capas.

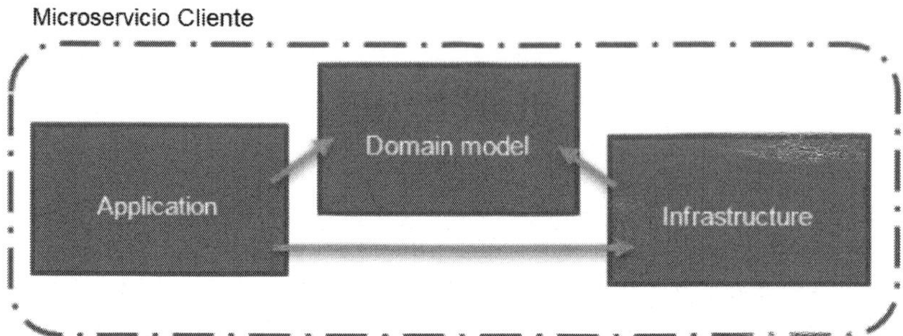

Dependencias entre capas

Como la noción de Domain model es muy importante, es esencial dividir adecuadamente los contextos para que haya coherencia en las entidades. Una entidad, en el sentido de que el identificador de esta entidad es el mismo en varios microservicios, puede ser compartida en todo el sistema, pero no necesariamente bajo el mismo modelo. Por ejemplo, tomemos una entidad **Comprador** y una entidad **Factura** y dos microservicios creados específicamente para gestionar las dos de forma independiente. El microservicio **Comprador** tendrá obviamente un modelo muy completo del comprador, pero el microservicio **Factura** no necesita un modelo tan completo: en términos absolutos, el identificador del comprador es suficiente, pero se pueden añadir otras propiedades si surge la necesidad. El contexto de cada microservicio influye en su modelo de dominio.

Otra regla es muy importante en DDD:

"Cada entidad del Domain model debe contener los datos y comportamientos propios de su contexto."

En primer lugar, esto significa que no estamos creando modelos DTO (*Data Transfer Objects*), sino modelos POCO (Plain Old CLR Object), es decir, modelos que contienen comportamiento. Según Martin Fowler y Eric Evans, los precursores de DDD, utilizar DTOs con clases de servicios resultaría en antipatterns tales como código espagueti o scripts transaccionales. Esto se conoce como dominio **anémico**. Para microservicios simples (tipo CRUD), esto podría ser suficiente, pero para un sistema complejo con varios microservicios, la mejor práctica es utilizar modelos POCO, es decir, que contengan los datos y los métodos para gestionar los datos (añadir, modificar, etc.).

Observación

Martin Fowler explica claramente esta diferencia en varios de sus artículos: https://martinfowler.com/bliki/AnemicDomainModel.html y https://martinfowler.com/eaaCatalog/domainModel.html.

Por lo tanto, en el sentido de Martin Fowler y Eric Evans, las entidades deberían tener este aspecto:

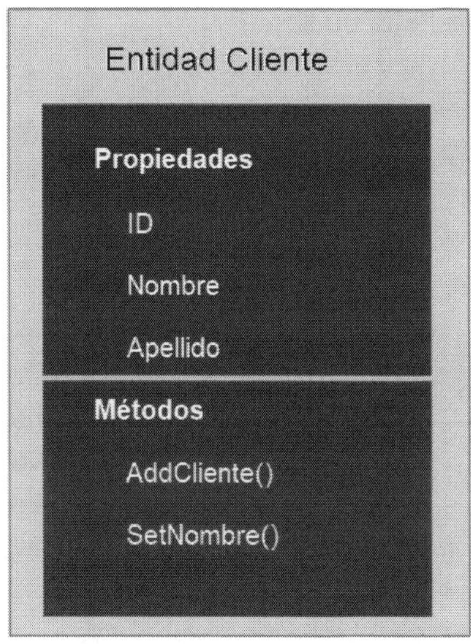

Entidad cliente que implementa datos y métodos según el contexto del Domain model

Por supuesto, es perfectamente posible tener entidades sin métodos. Esto puede ocurrir en entidades hijo muy sencillas, en las que el microservicio no necesita mucha complejidad.

Muchos debates giran en torno al modelo anémico y mucha gente piensa que es un anti-pattern. Al final, realmente depende del contexto de su proyecto y del microservicio. Para un microservicio muy sencillo, un modelo anémico es, sin duda, lo que necesita. Sin embargo, a medida que aumenta la complejidad, tiene más sentido construir modelos de tipo POCO para poder agrupar las reglas de negocio en el mismo lugar. Un modelo rico sólo será una ventaja a la hora de diseñar un sistema con DDD y permitirá que los distintos microservicios sigan siendo sostenibles a largo plazo.

El enfoque DDD se centra en el dominio de negocio y su representación en el código para formar un sistema de información que responda a los problemas del cliente, de la forma más eficiente posible. Las nociones de contexto delimitado, capa de abstracción, entidad POCO y modelo anémico son las facetas de esta metodología que hay que entender cuando se adopta una arquitectura de microservicios.

5. Utilizar Remote Procedure Calls

En el contexto de una arquitectura de microservicios, el uso de las API REST para las llamadas entre servicios presenta varias desventajas notables que es importante tener en cuenta, a la hora de diseñar la arquitectura.

En primer lugar, hay que tener en cuenta que el uso de la tecnología REST para las API requiere que los llamantes pasen por toda la capa de red, así como una costosa deserialización y serialización, lo que puede dar lugar a una alta latencia, por no hablar del código, que también puede degradar los tiempos de respuesta (con motivo o sin él). En el contexto de las API expuestas al mundo exterior o para clientes técnicos, las API REST que devuelven JSON son relevantes, ya que el formato es legible y fácilmente comprensible por un cliente. Sin embargo, en el contexto de la comunicación entre servicios, esta comprensión no es necesaria.

Por supuesto, el contenido de la petición y la respuesta se transporta en formato de texto (JSON u otro formato) y, por tanto, sobrecargará el ancho de banda mientras que, en la comunicación entre servicios, esta sobrecarga no es necesaria: simplemente queremos intercambiar datos entre dos servicios técnicos sin preocuparnos del formato, siempre que el intercambio sea eficiente.

Aquí es donde entran en juego las **Remote Procedure Calls**. Las Remote Procedure Calls (RPC) son un tipo de protocolo de comunicación que permite a una aplicación llamar a funciones o procedimientos ejecutados en un servicio remoto, como si se estuvieran ejecutando localmente. Las RPC suelen utilizar un sistema cliente-servidor, en el que la aplicación que desea ejecutar una función remota (el cliente) envía una petición al servidor, que ejecuta la función y devuelve el resultado al cliente.

Las RPC se basan en un modelo de programación similar al de las llamadas a funciones estándar, pero permiten ejecutar funciones en un ordenador remoto, abierto a una red. Esto permite a los desarrolladores crear aplicaciones distribuidas que se comunican entre sí a través de una red, utilizando protocolos de comunicación estándar como TCP/IP.

Una implementación para desarrolladores se llama **gRPC**. gRPC es un framework de comunicaciones distribuidas de código abierto desarrollado por Google. Fue creado para permitir que las aplicaciones se comuniquen de forma eficiente y segura a través de redes de gran ancho de banda, como las redes privadas y públicas. Utiliza el protocolo HTTP/2 para la transmisión de datos, lo que permite la comunicación bidireccional, la compresión eficaz de los datos y el uso eficiente del ancho de banda.

La tecnología gRPC utiliza el concepto de servicio definido por un archivo de descripción de servicio (archivo con extensión **.proto**) que describe los métodos disponibles, los tipos de datos utilizados y las restricciones de validación. Esto permite la generación automática de código de cliente y servidor en diferentes lenguajes, para facilitar la comunicación entre aplicaciones. gRPC es particularmente apreciado por su baja latencia, alto rendimiento y seguridad de extremo a extremo, utilizando comunicación binaria en lugar de formato de texto como JSON.

Se puede utilizar un archivo .proto para exponer servicios de tipo gRPC y cualquier aplicación que desee comunicarse con este servicio utilizando funciones gRPC, puede generar su cliente y llamar al servicio como si fuera una función normal en su lenguaje.

He aquí un ejemplo de archivo .proto:

```
syntax = "proto3";

option csharp_namespace = "CalculatorService";

service Calculator {
    rpc Add (AddRequest) returns (AddResponse);
    rpc Multiply (MultiplyRequest) returns (MultiplyResponse);
}

message AddRequest {
    int32 a = 1;
```

```
    int32 b = 2;
}

message AddResponse {
    int32 result = 1;
}

message MultiplyRequest {
    int32 a = 1;
    int32 b = 2;
}

message MultiplyResponse {
    int32 result = 1;
}
```

Este archivo define un servicio `Calculator` con dos métodos, `Add` y `Multiply`, que reciben mensajes `AddRequest` y `MultiplyRequest` como entrada y devuelven mensajes `AddResponse` y `MultiplyResponse` respectivamente. Los mensajes `AddRequest`, `AddResponse`, `MultiplyRequest` y `MultiplyResponse` tienen campos a y b para los números que se van a sumar o multiplicar y un campo `result` para el resultado.

He aquí un ejemplo de cómo implementar el servicio en C#:

```
class CalculatorImpl : Calculator.CalculatorBase
{
    public override Task<AddResponse> Add(AddRequest request,
ServerCallContext context)
    {
        var result = request.A + request.B;
        var response = new AddResponse { Result = result };
        return Task.FromResult(response);
    }

    public override Task<MultiplyResponse>
Multiply(MultiplyRequest request, ServerCallContext context)
    {
        var result = request.A * request.B;
        var response = new MultiplyResponse { Result = result };
        return Task.FromResult(response);
    }
}
```

Esta clase extiende `Calculator.CalculatorBase`, que se genera automáticamente a partir del fichero **.proto**. Contiene implementaciones de los métodos `Add` y `Multiply` descritos en el archivo **.proto**. Estos métodos reciben los objetos `AddRequest` y `MultiplyRequest` como entrada y devuelven los objetos `AddResponse` y `MultiplyResponse`, que también se generan automáticamente.

Lo interesante de los archivos .proto es que la mayoría de los modelos utilizados en los intercambios se autogeneran a partir de este archivo de descripción. El desarrollador sólo tiene que concentrarse en las implementaciones. En general, esta generación se realiza a través de IDEs que implementan este tipo de funcionalidad.

Este es un ejemplo de código en C# que consume el servicio de cálculo definido en el ejemplo anterior:

```
class CalculatorClient
{
    private readonly Calculator.CalculatorClient _client;

    public CalculatorClient(Calculator.CalculatorClient client)
    {
        _client = client;
    }

    public async Task<int> Add(int a, int b)
    {
        var request = new AddRequest { A = a, B = b };
        var response = await _client.AddAsync(request);
        return response.Result;
    }

    public async Task<int> Multiply(int a, int b)
    {
        var request = new MultiplyRequest { A = a, B = b };
        var response = await _client.MultiplyAsync(request);
        return response.Result;
    }
}
```

Esta clase `CalculatorClient` tiene una propiedad `_client` que es una instancia de `Calculator.CalculatorClient`, generada automáticamente a partir del archivo **.proto**. Contiene dos métodos `Add` y `Multiply`, que permiten consumir los métodos `Add` y `Multiply` del servicio de cálculo, creando objetos `AddRequest` y `MultiplyRequest` con los parámetros a y b y llamando a los métodos `AddAsync` y `MultiplyAsync` del objeto `_client`. Estos métodos devuelven los objetos `AddResponse` y `MultiplyResponse` que contienen el resultado de la operación.

Para utilizar este cliente, primero debe crear una conexión gRPC con el servidor que aloja el servicio. Esto se puede hacer utilizando la clase `GrpcChannel` de la librería gRPC para C#:

```
var channel = GrpcChannel.ForAddress("https://localhost:5001");
var client = new Calculator.CalculatorClient(channel);
var calculator = new CalculatorClient(client);
var result = await calculator.Add(3, 4);
Console.WriteLine("3 + 4 = " + result);
```

En este ejemplo, creamos un pipeline a la dirección https://localhost:5001, instanciamos un objeto `Calculator.CalculatorClient` con este pipeline y, finalmente, instanciamos nuestro objeto `CalculatorClient`, que nos permitirá consumir los métodos del servicio.

La tecnología RPC y su implementación gRPC es una muy buena forma de que las arquitecturas sigan siendo eficientes en las comunicaciones entre servicios. Los archivos .proto facilitan su uso al construir una definición común -declarada en el lado del servidor- que permite al cliente y al servidor generar todo el esqueleto y el código y facilita la vida al desarrollador.

Capítulo 16
Documentación de API

1. Introducción

La documentación de las API es un tema extremadamente importante y no debe descuidarse a la hora de crear servicios web. Más allá del aspecto puramente de "buena práctica de desarrollo", esta documentación debe permitir a cualquier persona o servicio entender el uso del API desarrollado, cómo explotarlo, qué datos se devolverá, qué acciones se llevarán a cabo y, en definitiva, cuál será el resultado de la llamada.

Afortunadamente, el estándar HTTP y los principios REST proporcionan un buen marco para los elementos técnicos de un API web: código de retorno, ruta HTTP, variables con nombre, tipo de acción HTTP, cabeceras de solicitud y respuesta, etc. Sin embargo, estos elementos no son necesariamente visibles de forma inmediata cuando el desarrollador quiere utilizar un API. Por ejemplo, la ruta de un API es directamente visible porque el desarrollador debe utilizarla para realizar la llamada, pero el código de retorno no es accesible hasta que se ha realizado la llamada. La documentación describe todos estos elementos, lo que facilita la vida a los usuarios del API.

Para escribir fácilmente esta documentación, el desarrollador tiene a su disposición todo un conjunto de herramientas, estándares y prácticas fácilmente accesibles y utilizables en sus tareas de documentación. Empezaremos con las herramientas de Swagger y su correlación con el estándar Open API, para tener una idea más clara de en qué se basa la documentación de APIs hoy en día. A continuación, veremos cómo se puede integrar la documentación en los proyectos ASP.NET Core, en particular mediante una serie de atributos y anotaciones. Por último, veremos cómo utilizar Swagger UI (la herramienta autogenerada por su parte), para proporcionar a sus clientes documentación interactiva.

2. La herramienta Swagger y el estándar Open API

Históricamente, Swagger era el nombre que se daba a las herramientas y estándares utilizados para documentar las API. Hoy en día, las herramientas llamadas Swagger están separadas del estándar, que ahora se llama Open API. Este mismo estándar fue construido y escrito por los equipos de Swagger. Swagger es un conjunto de herramientas de código abierto y comerciales desarrolladas por SmartBear Software, pionera en el campo de la calidad del software, especialmente con las herramientas SoapUI y QAComplete.

Swagger crea varias herramientas de código abierto para desarrolladores y diseñadores de APIs. La primera herramienta interesante es **Swagger Codegen**. El principio es sencillo: a partir de un archivo Open API, Swagger Codegen es capaz de generar un servidor web -que expone el API descrito- y un cliente que permite llamar al servidor y cumplir el contrato de interfaz del API. En concreto, esta herramienta acelera la generación de SDK para las API que desarrollan las empresas, de modo que los equipos se pueden centrar en las API y en su adopción. El código generado puede estar en varios lenguajes y frameworks: .NET, PHP, Python, Java, JavaScript, etc.

He aquí un ejemplo de especificación de Open API utilizada para generar una API para artículos:

```
openapi: 3.0.0
info:
 title: Articles API
 version: 1.0.0
servers:
 - url: http://localhost:8080/api/v1
paths:
 /articles:
   get:
     description: Recuperación la lista de artículos
     responses:
       200:
         description: La lista de artículos
         content:
           application/json:
             schema:
               type: array
              items:
                 $ref: '#/components/schemas/Article'
   post:
     description: Creación de un nuevo artículo
     requestBody:
       content:
         application/json:
           schema:
             $ref: '#/components/schemas/Article'
     sresponses:
       201:
         description: El artículo se ha creado con éxito
         content:
           application/json:
             schema:
               $ref: '#/components/schemas/Article'
components:
 schemas:
   Article:
     type: object
     properties:
       id:
         type: integer
         format: int64
```

```
        title:
          type: string
        author:
          type: string
```

El código del servidor generado es el siguiente:

```
[Route("api/[controller]")]
[ApiController]
public class ArticlesController : ControllerBase
{
   [HttpGet]
   public ActionResult<List<Article>> GetArticles()
   {
       // Implementation here
   }

   [HttpPost]
   public ActionResult<Article> CreateArticle([FromBody]
Article article)
   {
       // Implementation here
   }
}
```

El código de cliente generado es el siguiente:

```
public class ArticlesClient
{
   private readonly HttpClient _client;
   private readonly string _endpoint =
"http://localhost:5000/api/articles";

   public ArticlesClient(HttpClient client)
   {
       _client = client;
   }

   public async Task<List<Article>> GetArticlesAsync()
   {
       var response = await _client.GetAsync(_endpoint);

       response.EnsureSuccessStatusCode();

       return await response.Content.ReadAsAsync<List<Article>>();
   }

   public async Task<Article> CreateArticleAsync(Article article)
```

```
    {
        var response = await _client.PostAsJsonAsync(_endpoint, article);

        response.EnsureSuccessStatusCode();

        return await response.Content.ReadAsAsync<Article>();
    }
}
```

Claramente, Swagger Codegen simplifica la construcción de esqueletos de proyecto y el desarrollador sólo se tiene que centrar en el código de negocio dentro de los métodos de API generados. La herramienta garantiza el cumplimiento de los contratos de API descritos en la especificación.

A continuación, la herramienta **Swagger Editor** permite diseñar sus APIs con una visualización precisa del resultado de la documentación en tiempo real. La herramienta se caracteriza por lo siguiente:

- La pantalla del diseñador se divide en dos.
- A la izquierda se encuentra el archivo Open API para editar la especificación del API.
- A la derecha se muestra una vista previa en directo de la representación de la documentación.

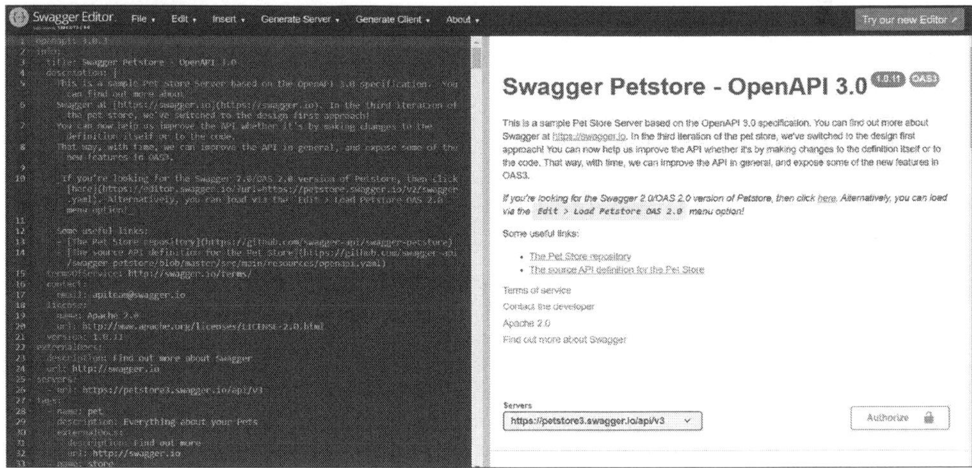

Ejemplo de espacio de trabajo en Swagger Editor

Esta herramienta es especialmente útil a la hora de diseñar un API y garantiza que la especificación del API está correctamente correlacionada con su documentación, que será autogenerada por Swagger.

Por último, tenemos la herramienta **Swagger UI**. Esta herramienta permite autogenerar documentación a partir de una especificación OpenAPI y también proporcionará documentación interactiva -utilizable directamente desde una página web- permitiendo al consumidor del API probar e interactuar con el API en vivo. Trataremos estos aspectos con más detalle en la sección Swagger UI y documentación interactiva de este capítulo.

Todas estas herramientas se basan en la definición de un estándar llamado **OpenAPI**. La especificación OpenAPI es un estándar abierto para describir APIs. Define un formato de descripción estándar para las API RESTful, que se puede utilizar para describir la funcionalidad, las entradas y las salidas de las API.

Las principales características de OpenAPI son:

- **Interoperabilidad**: OpenAPI es un estándar abierto que cualquier plataforma o lenguaje de programación puede utilizar.
- **Documentación automatizada**: OpenAPI genera automáticamente la documentación del API basándose en la descripción proporcionada en el archivo OpenAPI.
- **Validación de sintaxis**: OpenAPI puede validar la sintaxis de la descripción del API para garantizar que es válida y coherente.
- **Fácil de leer y entender**: OpenAPI utiliza una sintaxis clara y sencilla que permite a los desarrolladores comprender rápidamente las funciones y operaciones disponibles en una API.
- **Capacidad de generación de código**: OpenAPI puede generar automáticamente código de cliente o servidor basado en la descripción del API, lo que puede ahorrar tiempo y recursos a los desarrolladores.
- **Compatibilidad con herramientas de terceros**: OpenAPI es compatible con numerosas herramientas de terceros, como generadores de documentación, herramientas de prueba de API, proxies de API, etc.

El estándar OpenAPI tiene versiones. La primera versión que vio la luz fue la 2.0 (antes conocida como Swagger). Esta versión se publicó en 2015 y se utilizó ampliamente para describir API RESTful. Incluía una sintaxis básica para describir las operaciones, parámetros y modelos de datos asociados a un API. Actualmente, está activa la versión 3.0.7. Esta versión se publicó en 2017 e incluye varias novedades y mejoras respecto a la versión 2.0, como la gestión de operaciones asíncronas, la integración de la validación de esquemas JSON y la definición de múltiples servidores para un API.

Un archivo de especificación OpenAPI es un documento que describe la funcionalidad y las operaciones disponibles en un API. Suele estar escrito en YAML o JSON e incluye la siguiente información:

- **info**: este bloque contiene información general sobre el API, como el título, la descripción, la versión y los datos de contacto del autor. Este es un ejemplo en YAML:

```
openapi: 3.0.0
info:
 title: Example API
 description: An example API that demonstrates the use of OpenAPI
 version: 1.0.0
 contact:
   name: John Doe
   email: john.doe@example.com
```

- **servers**: este bloque describe los servidores disponibles para acceder al API, incluyendo su URL de base y las variables de entorno asociadas. Este es un ejemplo en YAML:

```
servers:
 - url: https://api.example.com/v1
   description: The production server
 - url: https://staging-api.example.com/v1
   description: The staging server
```

- **paths**: este bloque describe las rutas disponibles para acceder a las operaciones del API. Para cada ruta, puede describir los métodos HTTP (como GET, POST, PUT, etc.) compatibles y las operaciones asociadas. Este es un ejemplo en YAML:

```
paths:
 /users:
   get:
     description: Recuperación de la lista de usuarios
     responses:
       200:
         description: La lista de usuarios
         content:
           application/json:
             schema:
               type: array
               items:
                 $ref: '#/components/schemas/User'
   post:
     description: Creación de un nuevo usuario
     requestBody:
       content:
         application/json:
           schema:
             $ref: '#/components/schemas/User'
     responses:
       201:
        description: El usuario se ha creado correctamente
```

La estructura YAML es sencilla y -con algunas anotaciones claras- permite describir las API en varios aspectos técnicos: rutas, código de retorno, contenido de la respuesta, modelo devuelto, etc.

3. Integración en controladores

Swagger se puede integrar fácilmente en una solución ASP.NET Core, en particular añadiendo atributos a los controladores de API de los proyectos web. Para empezar, necesitamos añadir el paquete NuGet que nos permite utilizar Swagger dentro de nuestro proyecto.

```
dotnet add package Swashbuckle.AspNetCore
```

A continuación, debe configurar el proyecto en el archivo `Startup.cs` y más concretamente en el método `ConfigureServices` con el siguiente código:

```
public void ConfigureServices(IServiceCollection services)
{
   services.AddSwaggerGen(c =>
   {
       c.SwaggerDoc("v1", new OpenApiInfo { Title = "My API",
Version = "v1" });
   });
   services.AddControllers();
}
```

El método `AddSwaggerGen` añade todos los servicios necesarios para generar la documentación en el proyecto. A continuación, es posible añadir varias documentaciones (versión, conjunto de API, etc.) y el objeto `OpenApiInfo` se puede utilizar para especificar alguna información específica de cada documentación. Esto significa que es posible - en un solo proyecto web - generar varias documentaciones de API según sus necesidades.

Por último, en el método `Configure`, es necesario añadir el acceso a esta documentación a través de su propia ruta.

```
public void Configure(IApplicationBuilder app, IWebHostEnvironment
env)
{
   app.UseSwagger();
   app.UseSwaggerUI(c =>
   {
       c.SwaggerEndpoint("/swagger/v1/swagger.json", "My API
V1");
   });
   app.UseRouting();
   app.UseEndpoints(endpoints =>
   {
       endpoints.MapControllers();
   });
}
```

El método `SwaggerEndpoint` se utiliza para indicar qué documentación es accesible a través de qué ruta. En el ejemplo anterior, la documentación titulada `My API V1` (configurada en el método anterior) es accesible a través de la ruta `/swagger/v1/swagger.json`.

Swashbuckle.AspNetCore proporciona varios atributos que se pueden utilizar para describir las acciones del controlador WebAPI en una solución ASP.NET Core:

- [ProducesResponseType]: este atributo se utiliza para describir los códigos de estado HTTP esperados para cada tipo de respuesta devuelta por una acción. Por ejemplo:

```
[ProducesResponseType(typeof(Product), 200)]
[ProducesResponseType(typeof(IDictionary<string, string>),
400)]
[ProducesResponseType(typeof(void), 500)]
public IActionResult GetProduct(int id)
{
// Código de acción
}
```

- [ApiExplorerSettings]: este atributo se utiliza para controlar si una acción se debe incluir o no en la documentación Swagger. Por ejemplo:

```
[ApiExplorerSettings(IgnoreApi = true)]
public IActionResult GetProduct(int id)
{
// Código de la acción
}
```

- [HttpGet], [HttpPost], etc. Los atributos HTTP estándar de ASP.NET Core se pueden utilizar para describir el método HTTP asociado a una acción.
- [FromQuery], [FromBody], etc. Desde atributos ASP.NET Core estándar se pueden utilizar para describir las fuentes de datos para los parámetros de acción.
- [SwaggerOperation]: este atributo se utiliza para describir detalles adicionales de una acción, como la descripción, las etiquetas, etc. Por ejemplo:

```
[SwaggerOperation(Description = "Recupera la lista de productos
por categoría", Tags = new[] { "Product" })]
[HttpGet]
public IActionResult GetProducts([FromQuery] string category)
{
// Código de la acción
}
```

Estos atributos se pueden combinar para describir completamente las acciones de su controlador WebAPI en su documentación Swagger. El desarrollador tiene a su disposición todas las herramientas del SDK para construir su documentación de forma limpia y hacerla fácilmente utilizable por los consumidores.

4. Swagger UI y documentación interactiva

Swagger UI es una herramienta de código abierto que genera una interfaz de usuario para visualizar e interactuar con una API REST documentada con OpenAPI. Swagger UI proporciona una interfaz de usuario basada en navegador para explorar las API documentadas, ejecutar solicitudes y ver las respuestas.

La especificación OpenAPI puede estar en formato JSON o YAML. La herramienta admite operaciones CRUD estándar (`GET`, `POST`, `PUT`, `DELETE`), así como otros tipos de operaciones personalizadas, cabeceras de autorización personalizadas, parámetros de consulta, así como contenidos de consulta, opciones de paginación y mucho más.

Con Swagger UI, los desarrolladores pueden entender rápidamente cómo utilizar e interactuar con un API, sin tener que escribir código ni configurar herramientas externas. Esto facilita enormemente la adopción del API y mejora la experiencia del usuario.

Observación

Se recomienda encarecidamente utilizar una herramienta de autogeneración de documentación -como Swagger UI o similar- en lugar de escribir a mano documentación a medio mantener. De hecho, el código fuente se convierte en la única fuente de verdad para la documentación y ayuda a garantizar la correcta adopción de sus APIs.

Para añadir Swagger UI a un proyecto ASP.NET Core, basta con añadir el siguiente código al método Configure:

```
app.UseSwagger();
app.UseSwaggerUI(c =>
{
    c.SwaggerEndpoint("/swagger/v1/swagger.json", "My API V1");
});
```

De este modo, se puede acceder a la documentación interactiva directamente en la aplicación web a través de la ruta http://<dominio>:<puerto>/swagger.

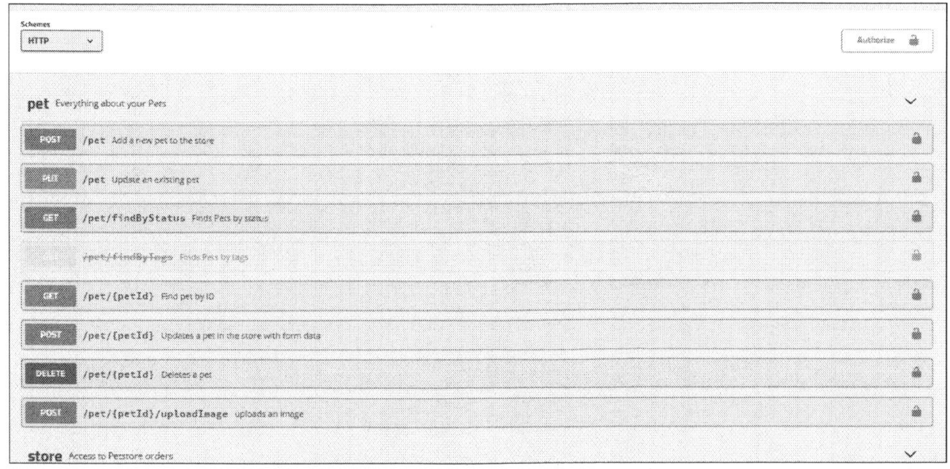

Interfaz web generada por Swagger UI para pruebas de API en directo

El método `UseSwaggerUI()` se utiliza para configurar la interfaz de usuario de Swagger en una aplicación ASP.NET Core. Admite varias opciones para personalizar el aspecto y el comportamiento de la interfaz de usuario de Swagger. Estas son algunas de las opciones más utilizadas:

- `SwaggerEndpoint`: Swagger genera un archivo OpenAPI dentro del proyecto basado en los distintos atributos de sus APIs. El método SwaggerEndpoint especifica la ubicación del archivo de especificación OpenAPI JSON generado a partir de los atributos. Este método es especialmente útil si quiere exponer varios documentos OpenAPI.

- `RoutePrefix`: especifica el prefijo URL de la interfaz de usuario Swagger.
- `DefaultModelsExpandDepth`: especifica la profundidad predeterminada de la expansión del modelo en la interfaz de usuario Swagger.
- `DefaultModelRendering`: especifica el modo de visualización por defecto de los modelos en la interfaz de usuario Swagger.
- `DisplayRequestDuration`: indica si la duración de la solicitud se debe mostrar en la interfaz de usuario Swagger.

Hay muchas otras opciones que puede utilizar para personalizar la interfaz de usuario de Swagger. Puede encontrar una lista completa de opciones y ejemplos de su uso en la documentación oficial de Swashbuckle.AspNetCore.

B

C

D

E

F

G

I

J

K

L

M

N

O

P

R

S

T

U

V

X

Z